友々義桃山々記畫矣雖
作者寧能有加乎補々
遍復靳焉予等方且詩文哉
又適南行景時泊舟駐麓
邦四君子於亭下而能爲補
之補之陽明居士王守仁識

王阳明 全集

王阳明◎著

中国文史出版社

图书在版编目（CIP）数据

王阳明全集：1－5/王阳明著．—北京：中国文史出版社，2014.8（2020.11 重印）

ISBN 978－7－5034－5084－6

Ⅰ．①王…　Ⅱ．①王…　Ⅲ．①王守仁（1472－1528）－文集　Ⅳ．①B248．2－53

中国版本图书馆 CIP 数据核字（2020）第 202130 号

责任编辑：殷　旭
封面设计：周　飞

出版发行：**中国文史出版社**
社　　址：北京市海淀区西八里庄路 69 号 邮编：100036
电　　话：010－81136606 81136602 81136603（发行部）
传　　真：010－81136655
印　　装：三河市华晨印务有限公司
经　　销：全国新华书店
开　　本：880×1230 毫米　1/32
印　　张：51.25　　　字数：1150 千字
版　　次：2014 年 8 月北京第 1 版
印　　次：2020 年 11 月第 4 次印刷
定　　价：198.00 元（全五册）

王阳明全集

目录

卷三　书信

书一 始正德己巳至庚辰……2
与辰中诸生 己巳……2
答徐成之 辛未……3
答黄宗贤应原忠 辛未……3
答汪石潭内翰 辛未……4
寄诸用明 辛未……5
答王虎谷 辛未……6
与黄宗贤 辛未……6
二 壬申……7
三 癸酉……8
四 癸酉……8
五 癸酉……8
六 丙子……10
七 戊寅……10
与王纯甫 壬申……10

二 癸酉 …… 12
三 甲戌 …… 13
四 甲戌 …… 13
寄希渊 壬申 …… 14
二 壬申 …… 14
三 癸酉 …… 15
四 己卯 …… 15
与戴子良 癸酉 …… 16
与胡伯忠 癸酉 …… 16
与黄诚甫 癸酉 …… 17
二 丁丑 …… 18
答王天宇 甲戌 …… 18
二 甲戌 …… 19
寄李道夫 乙亥 …… 20
与陆原静 丙子 …… 21
二 戊寅 …… 22
与希颜台仲明德尚谦原静 丁丑 …… 23
与杨仕德薛尚谦 丁丑 …… 23
寄闻人邦英邦正 戊寅 …… 23
二 戊寅 …… 24
三 庚辰 …… 24
寄薛尚谦 戊寅 …… 25
二 戊寅 …… 25
三 戊寅 …… 26

寄诸弟 戊寅 …… 26
与安之 己卯 …… 27
答甘泉 己卯 …… 28
二 庚辰 …… 29
答方叔贤 己卯 …… 29
与陈国英 庚辰 …… 30
复唐虞佐 庚辰 …… 30

书二 始正德辛巳至嘉靖乙酉 …… 32
与邹谦之 辛巳 …… 32
二 乙酉 …… 32
与夏敦夫 辛巳 …… 33
与朱守忠 辛巳 …… 33
与席元山 辛巳 …… 34
答甘泉 辛巳 …… 34
答伦彦式 辛巳 …… 35
与唐虞佐侍御 辛巳 …… 36
答方叔贤 辛巳 …… 37
二 癸未 …… 37
与杨仕鸣 辛巳 …… 38
二 癸未 …… 39
三 癸未 …… 39
与陆原静 辛巳 …… 40
二 壬午 …… 40

答舒国用 癸未……42
与刘元道 癸未……43
答路宾阳 癸未……44
与黄勉之 甲申……44
二 甲申……45
答刘内重 乙酉……48
与王公弼 乙酉……49
答董沄萝石 乙酉……50
与黄宗贤 癸未……51
寄薛尚谦 癸未……51

书三 始嘉靖丙戌至戊子……52
寄邹谦之 丙戌……52
二 丙戌……53
三 丙戌……55
四 丙戌……56
五 丙戌……57
答友人 丙戌……58
答友人问 丙戌……58
答南元善 丙戌……60
二 丙戌……62
答季明德 丙戌……63
与王公弼 丙戌……64
二 丁亥……65

与欧阳崇一 丙戌……65
寄陆原静 丙戌……65
答甘泉 丙戌……66
答魏师说 丁亥……67
与马子莘 丁亥……67
与毛古庵宪副 丁亥……68
与黄宗贤 丁亥……69
答以乘宪副 丁亥……70
与戚秀夫 丁亥……70
与陈惟浚 丁亥……71
寄安福诸同志 丁亥……72
与钱德洪王汝中 丁亥……72
二 戊子……73
三 戊子……73
答何廷仁 戊子……74

书四……75
答佟太守求雨 癸亥……75
答毛宪副 戊辰……76
与安宣慰 戊辰……77
二 戊辰……77
三 戊辰……78
答人问神仙 戊辰……80
答徐成之 壬午……80

二 壬午 …… 82
答储柴墟 壬申 …… 85
二 壬申 …… 88
答何子元 壬申 …… 89
上晋溪司马 戊寅 …… 90
二 己卯 …… 91
上彭幸庵 壬午 …… 92
寄杨邃庵阁老 壬午 …… 93
二 癸未 …… 93
三 丁亥 …… 95
四 丁亥 …… 95
寄席元山 癸未 …… 96
答王亹庵中丞 甲申 …… 96
与陆清伯 甲申 …… 97
与黄诚甫 甲申 …… 97
二 甲申 …… 98
三 乙酉 …… 98
与黄勉之 乙酉 …… 98
复童克刚 乙酉 …… 99
与郑启范侍御 丁亥 …… 100
答方叔贤 丁亥 …… 101
二 丁亥 …… 101
与黄宗贤 丁亥 …… 102
二 丁亥 …… 102

三 丁亥 …… 103
四 戊子 …… 104
五 戊子 …… 105
答见山冢宰 丁亥 …… 105
与霍兀崖宫端 丁亥 …… 106
答潘直卿 丁亥 …… 107
寄翟石门阁老 戊子 …… 107
寄何燕泉 戊子 …… 107

书五 …… 109
家书墨迹四首 …… 109
赣州书示四侄正思等 …… 113
又与克彰太叔 …… 113
寄正宪男手墨二卷 …… 115
又 …… 117
与郭善甫 …… 119
寄杨仕德 …… 119
与顾惟贤 …… 119
与当道书 …… 124
与汪节夫书 …… 125
寄张世文 …… 125
与王晋溪司马 …… 126
与陆清伯书 …… 134
与许台仲书 …… 134

又 …… 135
与林见素 …… 135
与杨邃庵 …… 136
与萧子雍 …… 137
与德洪 …… 137

卷四　诗赋

赋骚七首 …… 140
太白楼赋 丙辰 …… 140
九华山赋 壬戌 …… 141
吊屈平赋 丙寅 …… 143
思归轩赋 庚辰 …… 144
咎言 丙寅 …… 145
守俭弟归曰仁歌楚声为别予亦和之 …… 145
祈雨辞 正德丙子南赣作 …… 146
归越诗三十五首 弘治壬戌年，以刑部主事告病归越并楚游作 …… 146
游牛峰寺四首 …… 146
又四绝句 …… 147
姑苏吴氏海天楼次邝尹韵 …… 147
山中立秋日偶书 …… 147
夜雨山翁家偶书 …… 148
寻春 …… 148
西湖醉中漫书二首 …… 148

九华山下柯秀才家 …… 148
夜宿无相寺 …… 148
题四老围棋图 …… 149
无相寺三首 …… 149
化城寺六首 …… 149
李白祠二首 …… 150
双峰 …… 150
莲花峰 …… 150
列仙峰 …… 150
云门峰 …… 150
芙蓉阁二首 …… 150
书梅竹小画 …… 151
山东诗六首 弘治甲子年起复，主试山东时作 …… 151
登泰山五首 …… 151
泰山高次王内翰司献韵 …… 152
京师诗八首 弘治乙丑年改除兵部主事时作 …… 153
忆龙泉山 …… 153
忆诸弟 …… 153
寄舅 …… 153
送人东归 …… 153
寄西湖友 …… 153
赠阳伯 …… 154
故山 …… 154
忆鉴湖友 …… 154

狱中诗十四首 正德丙寅年十二月，以上疏忤逆瑾，下锦衣狱作 …… 154
不寐 …… 154
有室七章 …… 154
读易 …… 155
岁暮 …… 155
见月 …… 155
天涯 …… 155
屋罅月 …… 156
别友狱中 …… 156
赴谪诗五十五首 正德丁卯年赴谪贵阳龙场驿作 …… 156
答汪抑之三首 …… 156
阳明子之南也其友湛元明歌九章以赠崔子钟和之以五诗于是阳明子作八咏以答之 …… 157
南游三首 …… 157
忆昔答乔白岩因寄储柴墟三首 …… 158
一日怀抑之也抑之之赠既尝答以三诗意若有歉焉是以赋也 …… 158
梦与抑之昆季语湛崔皆在焉觉而有感因记以诗三首 …… 159
因雨和杜韵 …… 159
赴谪次北新关喜见诸弟 …… 159
南屏 …… 160
卧病静慈写怀 …… 160
移居胜果寺二首 …… 160
忆别 …… 160

泛海 …………………………………………………… 161
武夷次壁间韵 ………………………………………… 161
草萍驿次林见素韵奉寄 ……………………………… 161
玉山东岳庙遇旧识严星士 …………………………… 161
广信元夕蒋太守舟中夜话 …………………………… 161
夜泊石亭寺用韵呈陈娄诸公因寄储柴墟都宪及
　乔白岩太常诸友 …………………………………… 162
过分宜望钤冈庙 ……………………………………… 162
杂诗三首 ……………………………………………… 162
袁州府宜春台四绝 …………………………………… 163
夜宿宣风馆 …………………………………………… 163
萍乡道中谒濂溪祠 …………………………………… 163
宿萍乡武云观 ………………………………………… 163
醴陵道中风雨夜宿泗州寺次韵 ……………………… 164
长沙答周生 …………………………………………… 164
陟湘于迈岳麓是尊仰止先哲因怀友生丽泽兴感伐木
　寄言二首 …………………………………………… 164
游岳麓书事 …………………………………………… 165
次韵答赵太守王推官 ………………………………… 166
天心湖阻泊既济书事 ………………………………… 166
居夷诗 ………………………………………………… 167
去妇叹五首 …………………………………………… 167
罗旧驿 ………………………………………………… 168
沅水驿 ………………………………………………… 168

钟鼓洞 …………………………………………………………… 168
平溪馆次王文济韵 ………………………………………………… 168
清平卫即事 ……………………………………………………… 168
兴隆卫书壁 ……………………………………………………… 169
七盘 ……………………………………………………………… 169
初至龙场无所止结草庵居之 ……………………………………… 169
始得东洞遂改为阳明小洞天三首 ………………………………… 169
谪居绝粮请学于农将田南山永言寄怀 …………………………… 170
观稼 ……………………………………………………………… 170
采蕨 ……………………………………………………………… 170
猗猗 ……………………………………………………………… 170
南溟 ……………………………………………………………… 171
溪水 ……………………………………………………………… 171
龙冈新构 ………………………………………………………… 171
诸生来 …………………………………………………………… 171
西园 ……………………………………………………………… 172
水滨洞 …………………………………………………………… 172
山石 ……………………………………………………………… 172
无寐二首 ………………………………………………………… 172
诸生夜坐 ………………………………………………………… 173
艾草次胡少参韵 ………………………………………………… 173
凤雏次韵答胡少参 ……………………………………………… 173
鹦鹉和胡韵 ……………………………………………………… 173
诸生 ……………………………………………………………… 174

游来仙洞早发道中 …………………………… 174
别友 ………………………………………… 174
赠黄太守澍 ………………………………… 174
寄友用韵 …………………………………… 175
秋夜 ………………………………………… 175
采薪二首 …………………………………… 175
龙冈漫兴五首 ……………………………… 176
答毛拙庵见招书院 ………………………… 176
老桧 ………………………………………… 176
却巫 ………………………………………… 177
过天生桥 …………………………………… 177
南霁云祠 …………………………………… 177
春晴 ………………………………………… 177
陆广晓发 …………………………………… 178
雪夜 ………………………………………… 178
元夕二首 …………………………………… 178
家僮作纸灯 ………………………………… 178
白云堂 ……………………………………… 179
来仙洞 ……………………………………… 179
木阁道中雪 ………………………………… 179
元夕雪用苏韵二首 ………………………… 179
晓霁用前韵书怀二首 ……………………… 180
次韵陆佥宪元日喜晴 ……………………… 180
元夕木阁山火 ……………………………… 180

夜宿汪氏园 …… 180
春行 …… 180
村南 …… 181
山途二首 …… 181
白云 …… 181
答刘美之见寄次韵 …… 181
寄徐掌教 …… 182
书庭蕉 …… 182
送张宪长左迁滇南大参次韵 …… 182
南庵次韵二首 …… 182
观傀儡次韵 …… 182
徐都宪同游南庵次韵 …… 183
即席次王文济少参韵二首 …… 183
赠刘侍御二首 …… 183
夜寒 …… 184
冬至 …… 184
春日花间偶集示门生 …… 184
次韵送陆文顺佥宪 …… 184
次韵陆佥宪病起见寄 …… 184
次韵胡少参见过 …… 185
雪中桃次韵 …… 185
舟中除夕二首 …… 185
溆浦山夜泊 …… 185
过江门崖 …… 185

辰州虎溪龙兴寺闻杨名父将到留韵壁间 …………………… 186
武陵潮音阁怀元明 …………………… 186
阁中坐雨 …………………… 186
霁夜 …………………… 186
僧斋 …………………… 187
德山寺次壁间韵 …………………… 187
沅江晚泊二首 …………………… 187
夜泊江思湖忆元明 …………………… 187
睡起写怀 …………………… 188
三山晚眺 …………………… 188
鹅羊山 …………………… 188
泗州寺 …………………… 188
再经武云观书林玉玑道士壁 …………………… 188
再过濂溪祠用前韵 …………………… 189
庐陵诗六首 正德庚午三月迁庐陵尹作 …………………… 189
游瑞华二首 …………………… 189
古道 …………………… 189
立春口道中短述 …………………… 189
公馆午饭偶书 …………………… 189
午憩香社寺 …………………… 190
京师诗二十四首 正德庚午年十月，升南京刑部主事。辛未年入觐，调北京吏部主事作 …………………… 190
夜宿功德寺次宗贤韵二绝 …………………… 190
别方叔贤四首 …………………… 190

白湾六章 …… 191
寄隐岩 …… 191
香山次韵 …… 191
夜宿香山林宗师房次韵二首 …… 191
别湛甘泉二首 …… 192
赠别黄宗贤 …… 192
归越诗五首 正德壬申年升南京太仆寺少卿，便道归越作 …… 192
四明观白水二首 …… 192
杖锡道中用张宪使韵 …… 193
又用曰仁韵 …… 193
书杖锡寺 …… 193
滁州诗三十六首 正德癸酉年到太仆寺作 …… 194
梧桐江用韵 …… 194
林间睡起 …… 194
赠熊彰归 …… 194
别易仲 …… 194
送守中至龙盘山中 …… 195
龙蟠山中用韵 …… 195
琅琊山中三首 …… 195
答朱汝德用韵 …… 195
送惟乾二首 …… 196
别希颜二首 …… 196
山中示诸生五首 …… 196
龙潭夜坐 …… 197

送德观归省二首 …………………………………………………… 197
送蔡希颜三首 ……………………………………………………… 197
赠守中北行二首 …………………………………………………… 198
郑伯兴谢病还鹿门雪夜过别赋赠三首 …………………… 198
门人王嘉秀实夫萧琦子玉告归书此见别意兼寄
声辰阳诸贤 ………………………………………………………… 198
滁阳别诸友 ………………………………………………………… 199
寄浮峰诗社 ………………………………………………………… 199
栖云楼坐雪二首 …………………………………………………… 199
与商贡士二首 ……………………………………………………… 200
南都诗四十七首 正德甲戌年四月升南京鸿胪寺卿作 ………… 200
题岁寒亭赠汪尚和 ………………………………………………… 200
与徽州程毕二子 …………………………………………………… 200
山中懒睡四首 ……………………………………………………… 200
题灌山小隐二绝 …………………………………………………… 201
六月五章 …………………………………………………………… 201
守文弟归省携其手歌以别之 ……………………………… 202
书扇面寄馆宾 ……………………………………………………… 202
用实夫韵 …………………………………………………………… 202
游牛首山 …………………………………………………………… 202
送徽州洪侹承瑞 …………………………………………………… 203
病中大司马乔公有诗见怀次韵奉答二首 ………………… 203
送诸伯生归省 ……………………………………………………… 203
寄冯雪湖二首 ……………………………………………………… 203

诸用文归用子美韵为别 …… 204
题王实夫画 …… 204
赠潘给事 …… 204
与沅陵郭掌教 …… 204
别族太叔克彰 …… 205
登凭虚阁和石少宰韵 …… 205
登阅江楼 …… 205
狮子山 …… 205
游清凉寺三首 …… 205
寄张东所次前韵 …… 206
别余缙子绅 …… 206
送刘伯光 …… 206
冬夜偶书 …… 206
寄潘南山 …… 207
送胡廷尉 …… 207
与郭子全 …… 207
次栾子仁韵送别四首 …… 207
书悟真篇答张太常二首 …… 208
赣州诗三十六首 正德丙子年九月升南赣佥都御史以后作 …… 208
丁丑二月征漳寇进兵长汀道中有感 …… 208
回军上杭 …… 208
喜雨三首 …… 209
闻曰仁买田霅上携同志待予归二首 …… 209
祈雨二首 …… 209

还赣 …………………………………………………… 210
借山亭 …………………………………………………… 210
桶冈和邢太守韵二首 ………………………………… 210
通天岩 …………………………………………………… 210
游通天岩次邹谦之韵 ………………………………… 211
又次陈惟浚韵 ………………………………………… 211
忘言岩次谦之韵 ……………………………………… 211
圆明洞次谦之韵 ……………………………………… 211
潮头岩次谦之韵 ……………………………………… 211
天成素有志于学兹得告东归林居静养其所就可知矣
　临别以此纸索赠漫为赋此遂寄声山泽诸贤 ……… 211
坐忘言岩问二三子 …………………………………… 212
留陈惟浚 ……………………………………………… 212
栖禅寺雨中与惟乾同登 ……………………………… 212
茶寮纪事 ……………………………………………… 212
回军九连山道中短述 ………………………………… 213
回军龙南小憩玉石岩双洞绝奇徘徊不忍去因寓以
　阳明别洞之号兼留此作三首 ……………………… 213
再至阳明别洞和邢太守韵二首 ……………………… 213
夜坐偶怀故山 ………………………………………… 214
怀归二首 ……………………………………………… 214
送德声叔父归姚 并序 ………………………………… 214
示宪儿 ………………………………………………… 215
赠陈东川 ……………………………………………… 215

江西诗一百二十首 正德己卯年,奉敕往福建处叛军。至丰城,遭宸濠之变,趋还吉安,集兵平之。八月,升副都御史,巡按江西作 …………………… 215
鄱阳战捷 …………………………………………… 215
书草萍驿二首 ……………………………………… 215
西湖 ………………………………………………… 216
寄江西诸士夫 ……………………………………… 216
太息 ………………………………………………… 216
宿净寺四首 ………………………………………… 216
归兴 ………………………………………………… 217
即事漫述四首 ……………………………………… 217
泊金山寺二首 ……………………………………… 218
舟夜 ………………………………………………… 218
舟中至日 …………………………………………… 218
阻风 ………………………………………………… 218
用韵答伍汝真 ……………………………………… 218
过鞋山戏题 ………………………………………… 219
杨邃庵待隐园次韵五首 …………………………… 219
登小孤书壁 ………………………………………… 219
登蟂矶次草泉心刘石门韵二首 …………………… 220
望庐山 ……………………………………………… 220
除夕伍汝真用待隐园韵即席次答五首 …………… 220
元日雾 ……………………………………………… 221
二日雨 ……………………………………………… 221
三日风 ……………………………………………… 221

立春二首 …………………………………………………… 222
游庐山开先寺 ……………………………………………… 222
又次壁间杜牧韵 …………………………………………… 222
舟过铜陵野云县东小山有铁船因往观之果见其
　仿佛因题石上 …………………………………………… 222
山僧 ………………………………………………………… 223
江上望九华山二首 ………………………………………… 223
观九华龙潭 ………………………………………………… 223
庐山东林寺次韵 …………………………………………… 223
又次邵二泉韵 ……………………………………………… 223
远公讲经台 ………………………………………………… 224
太平宫白云 ………………………………………………… 224
书九江行台壁 ……………………………………………… 224
又次李佥事素韵 …………………………………………… 224
繁昌道中阻风二首 ………………………………………… 225
江边阻风散步至灵山寺 …………………………………… 225
泊舟大同山溪间诸生闻之有挟册来寻者 ………………… 225
岩下桃花盛开携酒独酌 …………………………………… 225
白鹿洞独对亭 ……………………………………………… 225
丰城阻风 …………………………………………………… 226
江上望九华不见 …………………………………………… 226
江施二生与医官陶野冒雨登山人多笑之戏作歌 ………… 226
游九华道中 ………………………………………………… 227
芙蓉阁 ……………………………………………………… 227

重游无相寺次韵四首 …………………………………… 227
登莲花峰 ………………………………………………… 227
重游无相寺次旧韵 ……………………………………… 228
登云峰望始尽九华之胜因复作歌 ……………………… 228
双峰遗柯生乔 …………………………………………… 228
归途有僧自望华亭来迎且请诗 ………………………… 228
无相寺金沙泉次韵 ……………………………………… 228
夜宿天池月下闻雷次早知山下大雨三首 ……………… 229
文殊台夜观佛灯 ………………………………………… 229
书汪进之太极岩二首 …………………………………… 229
劝酒 ……………………………………………………… 229
重游化城寺二首 ………………………………………… 230
游九华 …………………………………………………… 230
弘治壬戌尝游九华值时阴雾竟无所睹至是正德庚辰
　复往游之风日清朗尽得其胜喜而作歌 ……………… 230
岩头闲坐漫成 …………………………………………… 231
将游九华移舟宿寺山二首 ……………………………… 231
登云峰二三子咏歌以从欣然成谣二首 ………………… 231
有僧坐岩中已三年诗以励吾党 ………………………… 232
春日游齐山寺用杜牧之韵二首 ………………………… 232
重游开先寺戏题壁 ……………………………………… 232
贾胡行 …………………………………………………… 232
送邵文实方伯致仕 ……………………………………… 233
纪梦 并序 ………………………………………………… 233

无题 …… 234
游落星寺 …… 234
游通天岩示邹陈二子 …… 235
青原山次黄山谷韵 …… 235
睡起偶成 …… 235
立春 …… 236
游庐山开先寺 …… 236
登小孤次陆良弼韵 …… 236
月下吟三首 …… 236
月夜二首 …… 237
雪望四首 …… 237
火秀宫次一峰韵三首 …… 237
归怀 …… 238
啾啾吟 …… 238
居越诗三十四首 正德辛巳年归越后作 …… 239
归兴二首 …… 239
次谦之韵 …… 239
再游浮峰次韵 …… 239
夜宿浮峰次谦之韵 …… 239
再游延寿寺次旧韵 …… 240
碧霞池夜坐 …… 240
秋声 …… 240
林汝桓以二诗寄次韵为别 …… 240
月夜二首 …… 241

秋夜 …… 241
夜坐 …… 241
心渔歌为钱翁希明别号题 …… 241
登香炉峰次萝石韵 …… 242
观从吾登炉峰绝顶戏赠 …… 242
书扇赠从吾 …… 242
嘉靖甲申冬二十一日再登秦望自弘治戊午登后二十七年矣将下适董萝石与二三子来复坐久之暮归同宿云门僧舍 …… 242
山中漫兴 …… 242
挽潘南山 …… 243
和董萝石菜花韵 …… 243
天泉楼夜坐和萝石韵 …… 243
咏良知四首示诸生 …… 243
示诸生三首 …… 244
答人问良知二首 …… 244
答人问道 …… 244
寄题玉芝庵 丙戌 …… 245
别诸生 …… 245
后中秋望月歌 …… 245
书扇示正宪 …… 245
送萧子雍宪副之任 …… 245
中秋 …… 246

嘉靖丙戌十二月庚申始得子年已五十有五矣六月静斋二丈昔与先公同举于乡闻之而喜各以诗来贺蔼然世交之谊也次韵为谢二首 …… 246
两广诗二十一首 嘉靖丁亥起，平思田之乱 …… 246
秋日饮月岩新构别王侍御 …… 246
复过钓台 …… 247
方思道送西峰 …… 247
西安雨中诸生出候因寄德洪汝中并示书院诸生 …… 247
德洪汝中方卜书院盛称天真之奇并寄及之 …… 248
寄石潭二绝 …… 248
长生 …… 248
南浦道中 …… 248
重登黄土脑 …… 249
过新溪驿 …… 249
梦中绝句 …… 249
谒伏波庙二首 …… 249
破断藤峡 …… 250
平八寨 …… 250
南宁二首 …… 250
往岁破桶冈宗舜祖世麟老宣慰实来督兵今兹思田之役乃随父致仕宣慰明辅来从事目击其父子孙三世皆以忠孝相承相尚也诗以嘉之 …… 250
题甘泉居 …… 251
书泉翁壁 …… 251

雨霁游龙山次五松韵 …… 251
雪窗闲卧 …… 251
次韵毕方伯写怀之作 …… 252
春晴散步 …… 252
又 …… 252
次魏五松荷亭晚兴 …… 252
又 …… 252
次张体仁联句韵 …… 253
又 …… 253
又 …… 253
题郭诩濂溪图 …… 253
西湖醉中谩书 …… 253
文衡堂试事毕书壁 …… 254
白发谩书一绝 …… 254
游泰山 …… 254
雪岩次苏颖滨韵 …… 254
试诸生有作 …… 254
再试诸生 …… 255
夏日登易氏万卷楼用唐韵 …… 255
再试诸生用唐韵 …… 255
次韵陆文顺佥宪 …… 255
太子桥 …… 256
与胡少参小集 …… 256
再用前韵赋鹦鹉 …… 256

送客过二桥 …… 256
复用杜韵一首 …… 256
先日与诸友有郊园之约是日因送客后期小诗写怀 …… 257
待诸友不至 …… 257
夏日游阳明小洞天喜诸生偕集偶用唐韵 …… 257
将归与诸生别于城南蔡氏楼 …… 257
诸门人送至龙里道中二首 …… 258
赠陈宗鲁 …… 258
醉后歌用燕思亭韵 …… 258
题施总兵所翁龙 …… 258
黄楼夜涛赋 …… 259
来雨山雪图赋 …… 260

卷五　杂著

杂　著 …… 264
书汪汝成格物卷 癸酉 …… 264
书石川卷 甲戌 …… 264
与傅生凤 甲戌 …… 265
书王天宇卷 甲戌 …… 266
书王嘉秀请益卷 甲戌 …… 267
书孟源卷 乙亥 …… 267
书杨思元卷 乙亥 …… 268
书玄默卷 乙亥 …… 268

书顾维贤卷 辛巳 …… 269
书张思钦卷 乙酉 …… 270
书中天阁勉诸生 乙酉 …… 270
书朱守乾卷 乙酉 …… 271
书正宪扇 乙酉 …… 271
书魏师孟卷 乙酉 …… 272
书朱子礼卷 甲申 …… 272
书林司训卷 丙戌 …… 273
书黄梦星卷 丁亥 …… 274
墓志铭 墓表 墓碑 传 碑刻 赞 箴 祭文 …… 275
易直先生墓志 壬戌 …… 275
陈处士墓志铭 癸亥 …… 276
平乐同知尹公墓志铭 癸亥 …… 277
徐昌国墓志 辛未 …… 279
凌孺人杨氏墓志铭 乙亥 …… 281
文橘庵墓志 乙亥 …… 282
登仕郎马文重墓志铭 丙子 …… 283
明封刑部主事浩斋陆君墓碑志 丙子 …… 283
谥襄惠两峰洪公墓志铭 …… 284
赠翰林院编修湛公墓表 壬申 …… 287
节庵方公墓表 乙酉 …… 288
湛贤母陈太孺人墓碑 甲戌 …… 289
程守夫墓碑 甲申 …… 290
太傅王文恪公传 丁亥 …… 291

平茶寮碑 丁丑 …… 294
平浰头碑 丁丑 …… 295
田州立碑 丙戌 …… 295
田州石刻 …… 295
陈直夫南宫像赞 …… 295
三箴 …… 296
南镇祷雨文 癸亥 …… 297
瘗旅文 戊辰 …… 298
祭郑朝朔文 甲戌 …… 299
祭浰头山神文 戊寅 …… 300
祭徐曰仁文 戊寅 …… 301
祭孙中丞文 己卯 …… 302
祭外舅介庵先生文 辛巳 …… 303
祭文相文 …… 303
又祭徐曰仁文 甲申 …… 304
祭国子助教薛尚哲文 甲申 …… 304
祭朱守忠文 甲申 …… 305
祭洪襄惠公文 …… 306
祭杨士鸣文 丙戌 …… 307
祭元山席尚书文 丁亥 …… 308
祭吴东湖文 丁亥 …… 309
祭永顺宝靖土兵文 戊子 …… 309
祭军牙六纛之神文 戊子 …… 311
祭南海文 戊子 …… 311

祭六世祖广东参议性常府君文 戊子 …… 311
书同门科举题名录后 …… 312
书宋孝子朱寿昌孙教读源卷 …… 313
书汪进之卷 …… 313
书赵孟立卷 …… 314
书李白骑鲸 …… 314
书三酸 …… 314
书韩昌黎与太颠坐叙 …… 314
春郊赋别引 …… 315
告谕庐陵父老子弟 …… 316
教场石碑 …… 319
铭一首 …… 320
箴一首 …… 320
阳朔知县杨君墓志铭 …… 321
刘子青墓表 …… 322
祭刘仁征主事 …… 322
祭陈判官文 …… 323
祭张广溪司徒 …… 324

卷三　书信

书一 始正德己巳至庚辰

与辰中诸生 己巳

谪居两年，无可与语者。归途乃得诸友，何幸何幸。方以为喜，又遽尔别去，极怏怏也。绝学之余，求道者少；一齐众楚，最易摇夺。自非豪杰，鲜有卓然不变者。诸友宜相砥砺夹持，务期有成。近世士夫亦有稍知求道者，皆因实德未成而先揭标榜，以来世俗之谤，是以往往隳堕无立，反为斯道之梗。诸友宜以是为鉴，刊落声华，务于切己处着实用力。

前在寺中所云静坐事，非欲坐禅入定。盖因吾辈平日为事物纷拏，未知为己，欲以此补小学收放心一段工夫耳。明道云："才学便须知有着力处，既学便须知有着力处。"诸友宜于此处着力，方有进步，异时始有得力处也。"学要鞭辟近里着己"、"君子之道暗然而日章"、"为名与为利，虽清浊不同，在其利心则一"、"谦受益"、"不求异于人，而求同于理"，此数语宜书之壁间，常目在之。举业不患妨功，惟患夺志。只如前日所约，循循为之，亦自两无相碍。所谓知得洒扫应对，便是精义入神也。

答徐成之 辛未

汝华相见于逆旅，闻成之启居甚悉；然无因一面，徒增悒怏。吾乡学者几人，求其笃信好学如吾成之者谁欤？求其喜闻过，忠告善道如吾成之者谁欤？过而莫吾告也，学而莫吾与也，非吾成之思而谁思欤？嗟吾成之，幸自爱重。

自人之失其所好，仁之难成也久矣。向吾成之在乡党中，刻厉自立，众皆非笑，以为迂腐，成之不为少变。仆时虽稍知爱敬，不从众非笑，然尚未知成之之难得如此也。今知成之之难得，则又不获朝夕相与，岂非大可憾欤。修己治人，本无二道。政事虽剧，亦皆学问之地，谅吾成之随在有得。然何从一闻至论，以洗凡近之见乎。爱莫为助。近为成之思进学之功，微觉过苦。先儒所谓志道恳切，固是诚意；然急迫求之，则反为私己，不可不察也。日用间何莫非天理流行，但此心常存而不放，则义理自熟。孟子所谓“勿忘勿助，深造自得”者矣。学问之功何可缓，但恐着意把持振作，纵复有得，居之恐不能安耳。成之之学，想亦正不如此。以仆所见，微觉其有近似者，是以不敢不尽。亦以成之平时之乐闻，且欲以是求教也。

答黄宗贤应原忠 辛未

昨晚言似太多，然遇二君亦不得不多耳。其间以造诣未熟，言之未莹则有之，然却自是吾侪一段的实工夫。思之未合，请勿轻放过，当有豁然处也。圣人之心，纤翳自无所容，自不消磨刮。若常人之心，如斑垢驳杂之镜，须痛加刮磨一番，尽去其驳蚀，然后纤尘即见，才拂便去，亦自不消费力。到此已是识得仁体矣。若驳杂未去，其间固自有一点明处，尘埃之落，固亦见得，亦才拂便去。至于堆积于驳蚀之上，终弗之能见也。此学利困勉之所由异，幸弗以为烦难而疑之也。凡人情好易而恶难，其间亦自有私意气习缠蔽，在识破后，自然不见其难矣。古之人至有出万死而乐为之者，亦见得耳。向时未见得向里面意思，此工夫自无可讲处。今已见此一层，却恐好易恶难，便流入禅释去也。昨论儒释之异，明道所谓“敬以直内”则有之，“义以方外”则未。毕竟连“敬以直内”亦不是者，已说到八九分矣。

答汪石潭内翰 辛未

承批教。连日疮甚，不能书，未暇请益。来教云：“昨日所论乃是一大疑难。”又云：“此事关系颇大，不敢不言。”仆意亦以为然，是以不能遽已。夫喜怒哀乐，情也。既曰不可，谓未发矣。喜怒哀乐之未发，则是指其本体而言，性也。斯言自子思，非程子而始有。执事既不以为然，则当自子思《中庸》始矣。喜怒哀乐之与思与知觉，皆心之所发。心统性情。性，心体也；情，心用也。程子云：“心，一也。有指体而言者，寂然不动是也；有指用而言者，感而遂通是也。”斯言既无以加矣，执事姑求之体用之说。夫体用一源也，知体之所以为用，则知用之所以为体者矣。虽然，体微而难知也，用显而易见也。执事之云不亦宜乎？夫谓“自朝至暮，未尝有寂然不动之时”者，是见其用而不得其所谓体也。君子之于学也，因用以求其体。凡程子所谓“既思，既是已发；既有知觉，即是动”者，皆为求中于喜怒哀乐未发之时者言也，非谓其无未发者也。朱子于未发之说，其始亦尝疑之，今其集中所与南轩论难辩析者，盖往复数十而后决，其说则今之《中庸》《注疏》是也。其于此亦非苟矣。独其所谓“自戒惧而约之，以至于至静之中；自谨独而精之，以至于应物之处”者，亦若过于剖析。而后之读者遂以分为两节，而疑其别有寂然不动、静而存养之时，不知常存戒慎恐惧之心，则其工夫未始有一息之间，非必自其不睹不闻而存养也。吾兄疑且于动处加工，勿使间断。动无不和，即静无不中。而所谓寂然不动之体，当自知之矣。未至而揣度之，终不免于对答说相轮耳。然朱子但有知觉者在，而未有知觉之说，则亦未莹。吾兄疑之，盖亦有见。但其所以疑之者，则有因噎废食之过，不可以不审也。君子之论，苟有以异于古，姑毋以为决然，宜且循其说而究之，极其说而果有不达也，然后从而断之，是以其辩之也明，而析之也当。盖在我者，有以得其情也。今学如吾兄，聪明超特如吾兄，深潜缜密如吾兄，而犹有未悉如此，何邪？吾兄之心，非若世之立异自高者，要在求其是而已，故敢言之无讳。有所未尽，不惜教论；不有益于兄，必有益于我也。

寄诸用明 辛未

得书，足知迩来学力之长，甚喜。君子惟患学业之不修，科第迟速，所不论也。况吾平日所望于贤弟，固有大于此者，不识亦尝有意于此否耶？便中时报知之。

阶阳诸侄闻去岁皆出投试，非不喜其年少有志，然私心切不以为然。不幸遂至于得志，岂不误却此生耶。凡后生美质，须令晦养厚积。天道不翕聚，则不能发散，况人乎？花之千叶者无实，为其华美太发露耳。诸贤侄不以吾言为迂，便当有进步处矣。

书来劝吾仕，吾亦非洁身者，所以汲汲于是，非独以时当敛晦，亦以吾学未成。岁月不待，再过数年，精神益弊，虽欲勉进而有所不能，则将终于无成。皆吾所以势有不容已也。但老祖而下，意皆不悦，今亦岂能决然行之？徒付之浩叹而已。

答王虎谷 辛未

承示：别后看得一“性”字亲切。孟子云：“尽其心者，知其性也；知其性，则知天矣。”此吾道之幸也，喜慰何可言。“弘毅”之说极是。但云“既不可以弃去，又不可以减轻；既不可以住歇，又不可以不至”，则是犹有不得已之意也。不得已之意与自有不能已者，尚隔一层。程子云：“知之而至，则循理为乐，不循理为不乐。”自有不能已者，循理为乐者也。非真能知性者未易及此。知性则知仁矣。仁，人心也。心体本自弘毅，不弘者蔽之也，不毅者累之也。故烛理明则私欲自不能蔽累；私欲不能蔽累，则自无不弘毅矣。弘非有所扩而大之也，毅非有所作而强之也，盖本分之内，不加毫末焉。曾子“弘毅”之说，为学者言，故曰“不可以不弘毅”，此曾子穷理之本，真见仁体而后有是言。学者徒知不可不弘毅，不知穷理，而惟扩而大之以为弘，作而强之以为毅，是亦出于一时意气之私，其去仁道尚远也。此实公私义利之辨，因执事之诲而并以请正。

与黄宗贤 辛未

所喻皆近思切问，足知为功之密也，甚慰。夫加诸我者，我所不欲也，无加诸人；我所欲也，出乎其心之所欲，皆自然而然，非有所强，勿施于人，则勉而后能。此仁恕之别也。然恕，求仁之方，正吾侪之所有事也。子路之勇，而夫子未许其仁者，好勇而无所取裁，所勇未必皆出天理之公也。事君而不避其难，仁者不过如是。然而不知食辄之禄为非义，则勇非其所宜，勇不得为仁矣。然勇为仁之资，正吾侪之所尚欠也。鄙见如此，明者以为何如？未尽，望便示。

二 壬申

使至，知近来有如许忙，想亦因是大有得力处也。仆到家，即欲与曰仁成雁荡之约，宗族亲友相牵绊，时刻弗能自由。五月终，决意往；值烈暑，阻者益众且坚，复不果。时与曰仁稍寻傍近诸小山，其东南林壑最胜绝处，与数友相期，俟宗贤一至即往。又月余，曰仁凭限过甚，乃翁督促，势不可复待。乃从上虞入四明，观白水，寻龙溪之源，登杖锡，至于雪窦，上千丈岩以望天姥、华顶，若可睹焉。欲遂从奉化取道至赤城，适彼中多旱，山田尽龟裂，道傍人家徬徨望雨，意惨然不乐，遂从宁波买舟还余姚。往返亦半月余，相从诸友亦微有所得，然无大发明。其最所歉然，宗贤不同兹行耳。归又半月，曰仁行去，使来时已十余日。思往时在京，每恨不得还故山，往返当益易，乃今益难。自后精神意气当日不逮前，不知回视今日，又何如也。念之可叹可惧。留居之说，竟成虚约。亲友以曰仁既往，催促日至，滁阳之行，难更迟迟，亦不能出是月。闻彼中山水颇佳胜，事亦闲散。宗贤有惜阴之念，明春之期，亦既后矣。此间同往者，后辈中亦三四人，习气已深，虽有美质，亦消化渐尽。此事正如淘沙，会有见金时，但目下未可必得耳。

三 癸酉

滁阳之行，相从者亦二三子；兼复山水清远，胜事闲旷，诚有足乐者。故人不忘久要，果能乘兴一来耶？得应原忠书，诚如其言，亦大可喜。牵制文义，自宋儒已然，不独今时。学者遂求脱然洗涤，恐亦甚难，但得渐能疑辩，当亦终有觉悟矣。自归越后，时时默念年来交游，益觉人才难得，如原忠者，岂易得哉。京师诸友，迩来略无消息。每因已私难克，辄为诸友忧虑一番。诚得相聚一堂，早晚当有多少砥砺切磋之益。然此在各人，非可愿望得。

四 癸酉

春初，姜翁自天台来，得书，闻山闻况味，悬企之极；且承结亭相待，既感深谊，复愧其未有以副也。甘泉丁乃堂夫人忧，近有书来索铭，不久且还增城。道途邈绝，草亭席虚，相聚尚未有日。仆虽相去伊迩，而家累所牵，迟迟未决，所举遂成北山之移文矣。应原忠久不得音问，想数会聚？闻亦北上，果然否？此间往来极多，友道则实寥落。敦夫虽住近，不甚讲学；纯甫近改北验封，且行；曰仁又公差未还；宗贤之思，靡日不切。又得草堂报，益使人神魂飞越，若不能一日留此也，如何如何。去冬解册吏到，承欲与原忠来访，此诚千里命驾矣，喜慰之极。日切瞻望，然又自度鄙劣，不足以承此。曰仁入夏当道越中来此，其时得与共载，何乐如之。

五 癸酉

书来，及纯甫事，恳恳不一而足，足知朋友忠爱之至。世衰俗降，友朋中虽平日最所爱敬者，亦多改头换面，持两端之说，以希俗取容，意思殊为衰飒可悯。若吾兄真可谓信道之笃而执德之弘矣，何幸何幸。仆在留都，与纯甫住密迩，或一月一见，或间月不一见，辄有所规切，皆发于诚爱恳恻，中心未尝怀纤毫较计。纯甫或有所疏外，此心直可质诸鬼神。其后纯甫转官北上，始觉其有恝然者。寻亦痛自悔责，以为吾人相与，岂宜有如此芥蒂，却有堕入世间较计坑陷中，亦成何等胸次。当下冰消雾释矣。其后人言屡屡而至，至有为我愤辞厉色者。仆皆惟以前意处之，实是未忍一日而忘纯甫。盖平日相爱之极，情之所钟，自如此也。旬日间复有相知自北京来，备传纯甫所论。仆窃疑有浮薄之徒，幸吾党间隙，鼓弄交构，增饰其间，未必尽出于纯甫之口。仆非矫为此说，实是故人情厚，不忍以此相疑耳。仆平日之厚纯甫，本非私厚；纵纯甫今日薄我，当亦非私薄。然则仆未尝厚纯甫，纯甫未尝薄仆也，亦何所容心于其间哉。往往见世俗朋友易生嫌隙，以为彼盖苟合于外，而非有性分之契，是以如此，私窃叹悯。自谓吾党数人，纵使散处敌国仇家，当亦断不至是。不谓今日亦有此等议论，此亦惟宜自反自责而已。孟子云："爱人不亲反其仁，行有不得者，皆反求诸己。"自非履涉亲切，应未识斯言味永而意恳也。

仆近时与朋友论学，惟说"立诚"二字。杀人须就咽喉上着刀，吾人为学当从心髓入微处用力，自然笃实光辉。虽私欲之萌，真是洪炉点雪，天下之大本立矣。若就标末妆缀比拟，凡平日所谓学问思辩者，适足以为长傲遂非之资，自以为进于高明光大，而不知陷于狠戾险嫉，亦诚可哀也已。以近事观之，曾见得吾侪往时所论，自是向里。此盖圣学的传，惜乎沦落湮埋已久；往时见得，犹自恍惚，仆近来无所进，只于此处看较分晓，直是痛快，无复可疑。但与吾兄别久，无告语处耳。原忠数聚论否？近尝得渠一书，所见迥然与旧不同，殊慰殊慰。今亦寄一简，不能详细，见时望并出此。归计尚未遂，旬月后且图再举。会其未定，临楮耿耿。

六 丙子

宅老数承远来，重以嘉贶，相念之厚，愧何以堪。令兄又辱书惠，礼恭而意笃，意家庭旦夕之论，必于此学有相发明者，是以波及于仆。喜幸之余，愧何以堪。别后工夫，无因一扣，如书中所云，大略知之。"用力习熟，然后居山"之说，昔人尝有此，然亦须得其源。吾辈通患，正如池面浮萍，随开随蔽。未论江海，但在活水，浮萍即不能蔽。何者？活水有源，池水无源，有源者由己，无源者从物。故凡不息者有源，作辍者皆无源故耳。

七 戊寅

得书，见相念之厚，所引一诗尤恳恻至情，读之既感且愧，几欲涕下。人生动多牵滞，反不若他流外道之脱然也，奈何奈何。近收甘泉书，颇同此憾。士风日偷，素所目为善类者，亦皆雷同附和，以学为讳。吾人尚栖栖未即逃避，真处堂之燕雀耳。原忠闻且北上，恐亦非其本心。仕途如烂泥坑，勿入其中，鲜易复出。吾人便是失脚样子，不可不鉴也。承欲枉顾，幸甚幸甚。好事多阻，恐亦未易如愿，努力图之。笼中病翼，或能附冥鸿之末而归，未可知也。

与王纯甫 壬申

别后，有人自武城来，云纯甫始到家，尊翁颇不喜，归计尚多秖悟。始闻而惋然，已而复大喜。久之，又有人自南都来者，云“纯甫已莅任，上下多不相能”。始闻而惋然，已而复大喜。吾之惋然者，世俗之私情；所为大喜者，纯甫当自知之，吾安能小不忍于纯甫，不使动心忍性，以大其所就乎？譬之金之在冶，经烈焰，受钳锤，当此之时，为金者甚苦；然自他人视之，方喜金之益精炼，而惟恐火力锤煅之不至。既其出冶，金亦自喜其挫折煅炼之有成矣。某平日亦每有傲视行辈、轻忽世故之心，后虽稍知惩创，亦惟支持抵塞于外而已。及谪贵州三年，百难备尝，然后能有所见，始信孟氏“生于忧患”之言非欺我也。尝以为“君子素其位而行，不愿乎其外。素富贵，行乎富贵；素贫贱，行乎贫贱；素患难，行乎患难；故无人而不自得”。后之君子，亦当素其位而学，不愿乎其外。素富贵，学处乎富贵；素贫贱患难，学处乎贫贱患难；则亦可以无入而不自得。向尝为纯甫言之，纯甫深以为然，不审迩来用力却如何耳。

近日相与讲学者，宗贤之外，亦复数人，每相聚辄叹纯甫之高明。今复遭时磨励若此，其进益不可量，纯甫勉之。

汪景颜近亦出宰大名，临行请益，某告以变化气质。居常无所见，惟当利害，经变故，遭屈辱，平时愤怒者到此能不愤怒，忧惶失措者到此能不忧惶失措，始是能有得力处，亦便是用力处。天下事虽万变，吾所以应之不出乎喜怒哀乐四者。此为学之要，而为政亦在其中矣。景颜闻之，跃然如有所得也。甘泉近有书来，已卜居萧山之湘湖，去阳明洞方数十里耳。书屋亦将落成，闻之喜极。诚得良友相聚会，共进此道，人间更复有何乐。区区在外之荣辱得丧，又足挂之齿牙间哉？

二 癸酉

纯甫所问，辞则谦下，而语意之间，实自以为是矣。夫既自以为是，则非求益之心矣。吾初不欲答，恐答之亦无所入也。故前书因发其端，以俟明春渡江而悉。既而思之，人生聚散无常，纯甫之自是，盖其心尚有所惑而然，亦非自知其非而又故为自是以要我者，吾何可以遂已？故复备举其说以告纯甫。

来书云："学以明善诚身，固也。但不知何者谓之善？原从何处得来？今在何处？其明之之功当何如？人头当何如？与诚身有先后次第否？诚是诚个甚的？此等处细微曲折，仅欲扣求启发，而因献所疑，以自附于助我者。"反复此语，则纯甫近来得力处在此，其受病处亦在此矣。纯甫平日徒知存心之说，而未尝实加克治之功，故未能动静合一，而遇事辄有纷扰之患。今乃能推究若此，必以渐悟往日之堕空虚矣。故曰纯甫近来用功得力处在此。然已失之支离外驰而不觉矣。夫心主于身，性具于心，善原于性，孟子之言性善是也。善即吾之性，无形体可指，无方所可定，夫岂自为一物，可从何处得来者乎？故曰受病处亦在此。纯甫之意，盖未察夫圣门之实学，而尚狃于后世之训诂，以为事事物物，各有至善，必须从事事物物求个至善，而后谓之明善，故有"原从何处得来，今在何处"之语。纯甫之心，殆亦疑我之或堕于空虚也，故假是说以发我之蔽。吾亦非不知感纯甫此意，其实不然也。夫在物为理，处物为义，在性为善，因所指而异其名，实皆吾之心也。心外无物，心外无事，心外无理，心外无义，心外无善。吾心之处事物，纯乎理而无人伪之杂，谓之善，非在事物有定所之可求也。处物为义，是吾心之得其宜也，义非在外可袭而取也。格者，格此也；致者，致此也，必曰事事物物上求个至善，是离而二之也。伊川所云“才用彼即晓此”，是犹谓之二。性无彼此，理无彼此，善无彼此也。纯甫所谓“明之之功当何如？人头处当何如？与诚身有先后次第否？诚是诚个甚的？”且纯甫之意，必以明善自有明善之功，诚身又有诚身之功也。若区区之意，则以明善为诚身之功也。夫诚者，无妄之谓。诚身之诚，则欲其无妄之谓。诚之之功，则明善是也。故博学者，学此也；审问者，问此也；慎思者，思此也；明辩者，辩此也；笃行者，行此也。皆所以明善而为诚之之功也。故诚身有道，明善者，诚身之道也；不明乎善，不诚乎身矣。非明善之外别有所谓诚身之功也。诚身之始，身犹未诚也，故谓之明善；明善之极，则身诚矣。若谓自有明善之功，又有诚身之功，是离而二之也，难乎免于毫厘千里之谬矣。其间欲为纯甫言者尚多，纸笔未能详悉。尚有未合，不妨往复。

三 甲戌

得曰仁书，知纯甫近来用功甚力，可喜可喜。学以明善诚身，只兀兀守此昏昧杂扰之心，却是坐禅入定，非所谓“必有事焉”者矣。圣门宁有是哉？但其毫厘之差，千里之谬，非实地用功，则亦未易辩别。后世之学，琐屑支离，正所谓采摘汲引，其间亦宁无小补？然终非积本求原之学。句句是，字字合，然而终不可入尧舜之道也。

四 甲戌

屡得汪叔宪书，又两得纯甫书，备悉相念之厚，感愧多矣。近又见与曰仁书，贬损益至，三复赧然。夫趋向同而论学或异，不害其为同也；论学同而趋向或异，不害其为异也。不能积城反躬而徒腾口说，此仆往年之罪，纯甫何尤乎？因便布此区区，临楮倾念无已。

寄希渊 壬申

所遇如此，希渊归计良是，但稍伤急迫。若再迟二三月，托疾而行，彼此形迹泯然，既不激怒于人，亦不失己之介矣。圣贤处末世，待人应物，有时而委曲，其道未尝不直也。若已为君子而使人为小人，亦非仁人忠恕恻怛之心。希渊必以区区此说为大周旋，然道理实如此也。区区叨厚禄，有地方之责，欲脱身潜逃固难。若希渊所处，自宜进退绰然，今亦牵制若此，乃知古人挂冠解绶，其时亦不易值也。

二 壬申

向得林苏州书，知希颜在苏州，其时守忠在山阴矣。近张山阴来，知希颜已还山阴矣。而守忠又有金华之出。往岁希颜居乡而守忠客祁，今兹复尔，二友之每每相违，岂亦有数存焉邪。为仁由己，固非他人所能与。而相观砥砺之益，则友诚不可一日无者。外是子雍、明德辈相去数十里，决不能朝夕继见，希颜无亦有独立无与之叹欤？曩评半圭，诚然诚然。方今山林枯槁之士，要亦未可多得，去之奔走声利之场者则远矣。人品不齐，圣贤亦因材成就。孔门之教，言人人殊，后世儒者始有归一之论，然而成德达材者鲜，又何居乎？希颜试于此思之，定以为何如也？

三 癸酉

希颜茕然在疚，道远无因一慰。闻友朋中多言希颜孝心纯笃，哀伤过节，其素知希颜者，宜为终身之慕。毋徒毁伤为也。

守忠来，承手札喻及出处，此见希颜爱我之深，他人无此也。然此义亦惟希颜有之，他人无此也。牵于世故，未能即日引决，为愧为怍，然亦终须如希颜所示耳。患难忧苦，莫非实学。今虽倚庐，意思亦须有进。向见季明德书，观其意向甚正，但未及与之细讲耳。"学问之道无他，求其放心而已"，盖一言而足。至其功夫节目，则愈讲而愈无穷者。孔子犹曰"学之不讲，是吾忧也"，今世无志于学者无足言，幸有一二笃志之士，又为无师友之讲明，认气作理，冥悍自信，终身勤苦而卒无所得，斯诚可哀矣。

读《礼》之余，与明德相论否？幸以其所造者示知。某无大知识，亦非好为人言者。顾今之时，人心陷溺已久，得一善人，惟恐其无成。期与诸君共明此学，固不以自任为嫌而避之。譬之婚姻，聊为诸君之媒妁而已。乡里后进中有可言者，即与接引，此本分内事，勿谓不暇也。

楼居已完否？餬口之出非得已，然其间亦有说。闻朋友中多欲希颜高尚不出，就中亦须权其轻重。使亲老饘粥稍可继，则不必言高尚，自不宜出。不然，却恐正其私心，不可不察也。

四 己卯

正月初二得家信，祖母于去冬十月背弃，痛割之极。縻于职守，无由归遁。今复恳疏，若终不可得，将遂为径往之图矣。

近得郑子冲书，闻与当事者颇相牴牾。希渊德性谦厚和平，其于世间荣辱炎凉之故，视之何异飘风浮霭，岂得尚有芥蒂于其中耶。即而询之，果然出于意料之外，非贤者之所自取也。虽然，有人于此，其待我以横逆，则君子必自反曰："我必无礼。"自反而有礼，又自反曰："我必不忠。"希渊克己之功日精日切，其肯遂自以为忠乎？往年区区谪官贵州，横逆之加，无月无有。迄今思之，最是动心忍性砥砺切磋之地。当时亦止搪塞排遣，竟成空过，甚可惜也。

闻教下士甚有兴起者，莆故文献之区，其士人素多根器。今得希渊为之师，真如时雨化之而已，吾道幸甚。近有责委，不得已，不久且入闽。苟求了事，或能乘便至莆一间语，不尽不尽。

与戴子良 癸酉

汝成相见于滁，知吾兄之质，温然纯粹者也。今兹乃得其为志，盖将从事于圣人之学，不安于善人而已也，何幸何幸。有志者事竟成，吾兄勉之。学之不明，已非一日，皆由有志者少。好德，民之秉彝，可谓尽无其人乎？然不能胜其私欲，竟沦陷于习俗，则亦无志而已。故朋友之间，有志者甚可喜，然志之难立而易坠也，则亦深可惧也。吾兄以为何如？宗贤已南还，相见且未有日。京师友朋如贵同年陈佑卿、顾惟贤，其他如汪汝成、梁仲用、王舜卿、苏天秀，皆尝相见。从事于此者，其余尚三四人，吾与诸友当自识之。自古有志之士，未有不求助于师友。匆匆别来，所欲与吾兄言者百未及一。沿途歆叹雅意，诚切怏怏。相会未卜，惟勇往直前，以遂成此志是望。

与胡伯忠 癸酉

某往在京，虽极歆慕，彼此以事未及从容一叙，别去以为憾。

期异时相遇，决当尽意剧谈一番耳。昨未出京师，即已预期彭城之会，谓所未决于心，在兹行矣。及相见又复匆匆而别，别又复以为恨。不知执事之心亦何如也？

君子与小人居，决无苟同之理，不幸势穷理极而为彼所中伤，则安之而已。处之未尽于道，或过于疾恶，或伤于愤激，无益于事，而致彼之怨恨仇毒，则皆君子之过也。昔人有言："事之无害于义者，从俗可也。"君子岂轻于从俗，独不以异俗笃心耳。"与恶人居，如以朝衣朝冠坐于涂炭者"，伯夷之清也。"虽袒裼裸裎于我侧，彼焉能浼我哉？"柳下惠之和也。君子以变化气质为学，则惠之和，似亦执事之所宜从者。不以三公易其介，彼固未尝无伯夷之清也。"德辅如毛，民鲜克举之。""我仪图之，惟仲山甫举之。"爱莫助之，仆于执事之谓矣。正人难得，正学难明；流俗难变，直道难容。临笔惘然，如有所失；言不尽意，惟心亮。

与黄诚甫 癸酉

立志之说，已近烦渎，然为知己言，竟亦不能舍是也。志于道德者，功名不足累其心；志于功名者，富贵不足以累其心。但近世所谓道德，功名而已；所谓功名，富贵而已。"仁人者，正其谊不谋其利，明其道不计其功。"一有谋计之心，则虽正谊明道，亦功利耳。诸友即索居，曰仁又将远别，会中须时相警发，庶不就弛靡。诚甫之足，自当一日千里，任重道远，吾非诚甫谁望邪。临别数语，彼此暗然；终能不忘，乃为深爱。

二 丁丑

区区正月十八日始抵赣，即兵事纷纷。二月往征漳寇，四月班师。中间曾无一日之暇，故音问缺然。然虽扰扰中，意念所在，未尝不在诸友也。养病之举，恐已暂停，此亦顺亲之心，未为不是。不得以此日萦于怀，无益于事，徒使为善之念不专。何处非道，何处非学，岂必山林中耶？希颜、尚谦、清伯登第，闻之喜而不寐。近尝寄书云："非为今日诸君喜，为阳明山中异日得良伴喜也。"吾于诚甫之未归亦然。

答王天宇 甲戌

书来，见平日为学用功之概，深用喜慰。今之时，能稍有志圣贤之学，已不可多见；况又果能实用其力者，是岂易得哉。辱推拟过当，诚有所不敢居；然求善自辅，则鄙心实亦未尝不切切也。今乃又得吾天宇，其为喜幸可胜言哉。厚意之及，良不敢虚；然又自叹爱莫为助，聊就来谕商榷一二。

天宇自谓"有志而不能笃"，不知所谓志者果何如？其不能笃者又谁也？谓"圣贤之学能静，可以制动"，不知若何而能静？静与动有二心乎？谓"临政行事之际，把捉摸拟，强之使归于道，固亦卒有所未能，然造次颠沛必于是"者，不知如何其为功？谓"开卷有得，接贤人君子便自触发"，不知所触发者何物？又"赖二事而后触发"，则二事之外所作何务？当是之时，所谓志者果何在也？凡此数语，非天宇实用其力不能有。然亦足以见讲学之未明，故尚有此耳。或思之有得，不厌寄示。

二 甲戌

承书惠，感感。中间问学之意，恳切有加于旧，足知进于斯道也。喜幸何如。但其间犹有未尽区区之意者。既承不鄙，何敢不竭。然望详察，庶于斯道有所发明耳。

来书云："诚身以格物，乍读不能无疑，既而细询之希颜，始悉其说。"区区未尝有"诚身格物"之说，岂出于希颜邪？鄙意但谓君子之学以诚意为主，格物致知者，诚意之功也。犹饥者以求饱为事，饮食者，求饱之事也。希颜颇悉鄙意，不应有此。或恐一时言之未莹耳。幸更细讲之。

又云："《大学》一书，古人为学次第。朱先生谓'穷理之极而后意诚'，其与所谓'居敬穷理'、'非存心无以致知'者，固相为矛盾矣。盖居敬存心之说补于传文，而圣经所指，直谓其穷理而后心正。初学之士，执经而不考传，其流之弊，安得不至于支离邪。"《大学》次第，但言物格而后知至，知至而后意诚。若"躬理之极而后意诚"，此则朱先生之说如此。其间亦自无大相矛盾。但于《大学》本旨，却恐未尽合耳。"非存心无以致知"，此语不独于《大学》未尽，就于《中庸》"尊德性而道问学"之旨，亦或有未尽。然此等处言之甚长，非面悉不可。后之学者，附会于《补传》而不深考于经旨，牵制于文义而不体认于身心，是以往往失之支离而卒无所得，恐非执经而不考传之过也。

又云："不由穷理而遽加诚身之功，恐诚非所诚，适足以为伪而已矣。"此言甚善。但不知诚身之功又何如作用耳，幸体认之。

又言："譬之行道者，如大都为所归宿之地，犹所谓至善也。行道者不辞险阻，决意向前，犹存心也。如使斯人不识大都所在，泛焉欲往，其不南走越北走胡几希矣。”此譬大略皆是，但以不辞险阻艰难，决意向前，别为存心，未免牵合之苦，而不得其要耳。夫不辞险阻艰难，决意向前，此正是诚意之意。审如是，则其所以问道途，具资斧，戒舟车，皆有不容已者。不然，又安在其为决意向前，而亦安所前乎？夫不识大都所在而泛焉欲往，则亦欲往而已，未尝真往也。惟其欲往而未尝真往，是以道途之不问，资斧之不具，舟车之不戒。若决意向前，则真往矣。真往者，能如是乎？此最工夫切要者，以天宇之高明笃实而反求之，自当不言而喻矣。

又云：“格物之说，昔人以扞去外物为言矣。扞去外物则此心存矣。心存，则所以致知者，皆是为己。”如此说，却是“扞去外物”为一事，“致知”又为一事。“扞去外物”之说，亦未为甚害，然止扞御于其外，则亦未有拔去病根之意，非所谓“克己求仁”之功矣。区区格物之说亦不如此。《大学》之所谓“诚意”，即《中庸》之所谓“诚身”也。《大学》之所谓“格物致知”，即《中庸》之所谓“明善”也。博学、审问、慎思、明辩、笃行，皆所谓明善而为诚身之功也，非明善之外别有所谓诚身之功也。格物致知之外，又岂别有所谓诚意之功乎？《书》之所谓“精一”，《语》之所谓“博文约礼”，《中庸》之所谓“尊德性而道问学”，皆若此而已。是乃学问用功之要，所谓毫厘之差，千里之谬者也。

心之精微，口莫能述，亦岂笔端所能尽已。喜荣擢北上有期矣，倘能迂道江滨，谋一夕之话，庶几能有所发明。冗遽中，不悉。

寄李道夫 乙亥

此学不讲久矣。鄙人之见，自谓于此颇有发明。而闻者往往诋以为异，独执事倾心相信，确然不疑，其为喜慰，何啻空谷之足音。

别后时闻士夫传说，近又徐曰仁自西江还，益得备闻执事任道之勇、执德之坚，令人起跃奋迅。“士不可以不弘毅，任重而道远”，诚得弘毅如执事者二三人，自足以为天下倡。彼依阿偻儸之徒虽多，亦奚以为哉？幸甚幸甚。

比闻列郡之始，即欲以此学为教，仁者之心自然若此，仆诚甚为执事喜，然又甚为执事忧也。学绝道丧，俗之陷溺，如人在大海波涛中，且须援之登岸，然后可授之衣而与之食；若以衣食投之波涛中，是适重其溺，彼将不以为德而反以为尤矣。故凡居今之时，且须随机导引，因事启沃，宽心平气以薰陶之，俟其感发兴起，而后开之以其说，是故为力易而收效溥。不然，将有捍格不胜之患，而且为君子爱人之累，不知尊意以为何如耶？

病疏已再上，尚未得报。果遂此图，舟过嘉禾，面话有日。

与陆原静 丙子

书来，知贵恙已平复，甚喜。书中勤勤问学，惟恐失坠，足知进修之志不怠，又甚喜。异时发挥斯道，使来者有所兴起，非吾子谁望乎？所问《大学》、《中庸》注，向尝略具草稿，自以所养未纯，未免务外欲速之病，寻已焚毁。近虽觉稍进，意亦未敢便以为至，姑俟异日山中与诸贤商量共成之，故皆未有书。其意旨大略，则固平日已为清伯言之矣。因是益加体认研究，当自有见；汲汲求此，恐犹未免旧日之病也。

“博学”之说，向已详论。今犹牵制若此，何邪？此亦恐是志不坚定，为世习所挠之故。使在我果无功利之心，虽钱谷兵甲，搬柴运水，何往而非实学？何事而非天理？况子、史、诗、文之类乎？使在我尚存功利之心，则虽日谈道德仁义，亦只是功利之事，况子、史、诗、文之类乎？“一切屏绝”之说，是犹泥于旧习，平日用功未有得力处，故云尔。请一洗俗见，还复初志，更思平日饮食养身之喻，种树栽培灌溉之喻，自当释然融解矣。“物有本末，事有终始，知所先后，则近道矣。”吾子之言，是犹未是终始本末之一致也，是不循本末终始天然之序，而欲以私意速成之也。

二 戊寅

尚谦至，闻原静志坚信笃，喜慰莫逾。人在仕途，如马行淖田中，纵复驰逸，足起足陷，其在驽下，坐见沦没耳。乃今得还故乡，此亦譬之小歇田塍。若自此急寻平路，可以直去康庄，驰骋万里。不知到家工夫却如何也。自曰仁没后，吾道益孤，致望原静者亦不浅。子夏，圣门高弟，曾子数其失，则曰:“吾过矣。吾离群而索居，亦已久矣。”夫离群索居之在昔贤，已不能无过，况吾侪乎？以原静之英敏，自应未即摧堕。山间切磋砥砺，还复几人？深造自得，便间亦可为写寄否？

尚谦至此，日有所进。自去年十二月到今已八逾月，尚未肯归视其室。非其志有所专，宜不能声音笑貌及此也。区区两疏辞乞，尚未得报。决意两不允则三，三不允则五则六，必得而后已。若再一举辄须三月，二举则又六七月矣。计吾舟东抵吴越，原静之旆当已北指幽、冀；会晤未期，如之何则可。

与希颜台仲明德尚谦原静 丁丑

闻诸友皆登第，喜不自胜。非为诸友今日喜，为野夫异日山中得良伴喜也。入仕之始，意况未免摇动。如絮在风中，若非黏泥贴网，恐自张主未得。不知诸友却如何？想平时工夫，亦须有得力处耳。野夫失脚落渡船，未知何时得到彼岸。且南赣事极多掣肘，缘地连四省，各有抚镇，乃今亦不过因仍度日，自古未有事权不一而能有成者。告病之兴虽动，恐成虚文，未敢轻举，欲俟地方稍靖。今又得诸友在，吾终有望矣。曰仁春来颇病，闻之极忧念。昨书来，欲与二三友去田霅上，因寄一诗。今录去，聊同此怀也。

与杨仕德薛尚谦 丁丑

即日已抵龙南，明日入巢，四路兵皆已如期并进，贼有必破之势。某向在横水，尝寄书仕德云："破山中贼易，破心中贼难。"区区剪除鼠窃，何足为异？若诸贤扫荡心腹之寇，以收廓清平定之功，此诚大丈夫不世之伟绩。数日来谅已得必胜之策，捷奏有期矣。何喜如之。

日孚美质，诚可与共学，此时计已发舟。倘未行，出此同致意。廨中事以累尚谦，想不厌烦琐。小儿正宪，犹望时赐督责。

寄闻人邦英邦正 戊寅

昆季敏而好学，吾家两弟得以朝夕亲资磨励，闻之甚喜。得书备见向往之诚，尤极浣慰。家贫亲老，岂可不求禄仕？求禄仕而不工举业，却是不尽人事而徒责天命，无是理矣。但能立志坚定，随事尽道，不以得失动念，则虽勉习举业，亦自无妨圣贤之学。

若是原无求为圣贤之志，虽不业举，日谈道德，亦只成就得务外好高之病而已。此昔人所以有“不患妨功，惟患夺志”之说也。夫谓之夺志，则已有志可夺；倘若未有可夺之志，却又不可以不深思疑省而早图之。每念贤弟资质之美，未尝不切拳拳。夫美质难得而易坏，至道难闻而易失，盛年难遇而易过，习俗难革而易流。昆玉勉之。

二 戊寅

得书，见昆季用志之不凡，此固区区所深望者，何幸何幸。世俗之见，岂足与论？君子惟求其是而已。“仕非为贫也，而有时乎为贫”，古之人皆用之，吾何为独不然？然谓举业与圣人之学相戾者，非也。程子云：“心苟不忘，则虽应接俗事，莫非实学，无非道也。”而况于举业乎？谓举业与圣人之学不相戾者，亦非也，程子云：“心苟忘之，则虽终身由之，只是俗事。”而况于举业乎？忘与不忘之间不能以发，要在深思默识所指谓不忘者果何事耶，知此则知学矣。贤弟精之熟之，不使有毫厘之差，千里之谬，可也。

三 庚辰

书来，意思甚恳切，足慰远怀。持此不懈，即吾立志之说矣。“源泉混混，不舍昼夜，盈科而后进。放乎四海，有本者如是。”立志者，其本也。有有志而无成者矣，未有无志而能有成者也。贤弟勉之。色养之暇，怡怡切切，可想而知，交修罔怠，庶吾望之不孤矣。地方稍平，退休有日；预想山间讲习之乐，不觉先已欣然。

寄薛尚谦 戊寅

沿途意思如何？得无亦有走作否？数年切磋，只得立志辨义利。若于此未有得力处，却是平日所讲尽成虚语，平日所见皆非实得，不可以不猛省也。经一蹶者长一智，今日之失，未必不为后日之得，但已落第二义。须从第一义上着力，一真一切真。若这些子既是，更无讨不是处矣。

此间朋友聚集渐众，比旧颇觉兴起。尚谦既去，仕德又往，欧阳崇一病归，独惟乾留此，精神亦不足。诸友中未有倚靠得者，苦于接济乏人耳。

乞休本至今未回，未免坐待。尚谦更静养几月，若进步欠力，更来火坑中乘凉如何？

二 戊寅

得书，知日孚停舟郁孤，迟迟未发，此诚出于意望之外。日孚好学如此，豪杰之士必有闻风而起者矣。何喜如之。何喜如之。

昨见太和报效人，知欧、王二生者至，不识曾与一言否？欧生有一书，可谓有志。中间述子晦语颇失真，恐亦子晦一时言之未莹尔。大抵工夫须实落做去，始能有见，料想臆度，未有不自误误人者矣。

此间贼巢乃与广东山后诸贼相连，余党往往有从遁者，若非斩绝根株，意恐日后必相聊而起，重为两省之患。故须更迟迟旬日，与之剪除。兵难遥度，不可预料，大抵如此。

小儿劳诸公勤开诲，多感多感。昔人谓教小儿有四益，验之果何如耶？正之闻已到，何因复归？区区久顿于外，徒劳诸友往返，念之极切悬悬。今后但有至者，须诸君为我尽意吐露，纵彼不久留，亦无负其来可也。

三 戊寅

日来因兵事纷扰，贱躯怯弱，以此益见得工夫有得力处。只是从前大段未曾实落用力，虚度虚说过了。自今当与诸君努力鞭策，誓死进步，庶亦收之桑榆耳。

日孚停馆郁孤，恐风气太高，数日之留则可，倘更稍久，终恐早晚寒暖欠适。区区初拟日下即回，因从前征剿，撤兵太速，致遗今日之患。故且示以久屯之形，正恐后之罪今，亦犹今之罪昔耳。但从征官属已萌归心，更相倡和，已有不必久屯之说。天下事不能尽如人意。大抵皆坐此辈，可叹可叹。

闻仕德失调，意思何如？大抵心病愈则身病亦自易去。纵血气衰弱，未便即除，亦自不能为心患也。

小儿劳开教，驽骀之质，无复望其千里，但得帖然于皂枥之间，斯已矣。门户勤早晚，得无亦厌琐屑否？不一。

寄诸弟 戊寅

屡得弟辈书，皆有悔悟奋发之意，喜慰无尽。但不知弟辈果出于诚心乎？亦谩为之说云尔。

本心之明，皎如白日，无有有过而不自知者，但患不能改耳。一念改过，当时即得本心。人孰无过？改之为贵。蘧伯玉，大贤也，惟曰“欲寡其过而未能”。成汤、孔子，大圣也，亦惟曰“改过不吝，可以无大过”而已。有皆曰人非尧舜，安能无过？此亦相沿之说，未足以知尧舜之心。若尧舜之心而自以为无过，即非所以为圣人矣。其相授受之言曰："人心惟危，道心惟微，惟精惟一，允执厥中。"彼其自以为人心之惟危也，则其心亦与人同耳。危即过也，惟其兢兢业业，尝加"精一"之功，是以能"允执厥中"而免于过。古之圣贤时时自见己过而改之，是以能无过，非其心果与人异也。"戒慎不睹，恐惧不闻"者，时时自见己过之功。吾近来实见此学有用力处，但为平日习染深痼，克治欠勇，故切切预为弟辈言之。毋使亦如吾之习染既深，而后克治之难也。

人方少时，精神意气既足鼓舞，而身家之累尚未切心，故用力颇易。迨其渐长，世累日深，而精神意气亦日渐以减，然能汲汲奋志于学，则犹尚可有为。至于四十五十，即如下山之日，渐以微灭，不复可挽矣。故孔子云："四十五十而无闻焉，斯亦不足畏也已。"又曰："及其老也，血气既衰，戒之在得。"吾亦近来实见此病，故亦切切预为弟辈言之。宜及时勉力，毋使过时而徒悔也。

与安之 己卯

闻安之肯向学，不胜欣愿。得奋励如此，庶不负彼此相爱之情也。留都时偶因饶舌，遂致多口，攻之者环四面。取朱子晚年悔悟之说，集为定论，聊藉以解纷耳。门人辈近刻之雩都，初闻甚不喜；然士夫见之，乃往往遂有开发者，无意中得此一助，亦颇省颊舌之劳。近年篁墩诸公尝有《道一》等编，见者先怀党同伐异之念，故卒不能有人，反激而怒。今但取朱子所自言者表章之，不加一辞，虽有偏心，将无所施其怒矣。尊意以为何如耶？聊往数册，有志向者一出指示之。所须文字，非不欲承命；荒疏既久，无下笔处耳。贫汉作事大难，富人岂知之。

答甘泉 己卯

旬日前，杨仕德人来，领手教及《答子莘书》，具悉造诣用功之详。喜跃何可言。盖自是而吾党之学归一矣。此某之幸。后学之幸也。

来简勤勤训责仆以久无请益，此吾兄爱仆之厚，仆之罪也。此心同，此理同，苟知用力于此，虽百虑殊途，同归一致。不然，虽字字而证，句句而求，其始也毫厘，其末也千里。老兄造诣之深，涵养之久，仆何敢望？至共向往直前，以求必得乎此之志，则有不约而契、不求而合者。其间所见，时或不能无小异，然吾兄既不屑屑于仆，而仆亦不以汲级于兄者。正以志向既同，如两人同适京都，虽所由之途间有迂直，知其异日之归终同耳。向在龙江舟次，亦尝进其《大学》旧本及格物诸说，兄时未以为然，而仆亦遂置不复强聒者，知兄之不久自当释然于此也。乃今果获所愿，喜跃何可言。昆仑之源，有时而伏流，终必达于海也。仆窭人也，虽获夜光之璧，人将不信，必且以谓其为妄为伪。金璧入于猗顿之室，自此至宝得以昭明天下，仅亦免于遗璧之罪矣。虽然，是喻犹二也。夜光之璧，外求而得也；此则于吾所固有，无待于外也，偶遗忘之耳；未尝遗忘也，偶蒙翳之耳。

叔贤所进超卓，海内诸友实罕其俦。同处西樵，又资丽泽，所造可量乎。仆年未半百，而衰疾已如六七十翁，日夜思归阳明，为夕死之图，疏三上而未遂。欲弃印长往，以从大夫之后，恐形迹大骇；必俟允报，则须冬尽春初乃可遂也。一一世事，如狂风骤雨中落叶，倏忽之间，宁复可定所耶。两承楚人之诲，此非骨肉，念不及此，感刻。祖母益耄，思一见，老父亦书来促归，于是情思愈恶。所幸吾兄道明德立，宗盟有人，用此可以自慰。其诸所欲请，仕德能有述。有所未当，便间不惜指示。

二 庚辰

得正月书，知大事已毕，当亦稍慰纯孝之思矣。近承避地发履塚下，进德修业，善类幸甚。传闻贵邑盗势方张，果尔，则远去家室，独留旷寂之野，恐亦未可长也。某告病未遂，今且蹙告归省，去住亦未可必。悠悠尘世，毕竟作何税驾？当亦时时念及，幸以教之。叔贤志节远出流俗。渭先虽未久处，一见知为忠信之士。乃闻不时一相见，何耶？英贤之生，何幸同时共地，又可虚度光阴，容易失却此大机会，是使后人而复惜后人也。二君曾各寄一书，托宋以道转致，相见幸问之。

答方叔贤 己卯

近得手教及与甘泉往复两书，快读一过，洒然如热者之濯清风，何子之见超卓而速也。真可谓一日千里矣。《大学》旧本之复，功尤不小，幸甚幸甚。其论象山处，举孟子“放心”数条，而甘泉以为未足，复举“东西南北海有圣人出，此心此理同”，及“宇宙内事皆已分内事”数语。甘泉所举，诚得其大，然吾独爱西樵子之近而切也。见其大者，则其功不得不近而切，然非实加切近之功，则所谓大者，亦虚见而已耳。自孟子道性善，心性之原，世儒往往能言，然其学卒入于支离外索而不自觉者，正以其功之未切耳。此吾所以独有喜于西樵之言，固今时对证之药也。古人之学，切实为己，不徒事于讲说。书札往来，终不若面语之能尽，且易使人溺情于文辞，崇浮气而长胜心。求其说之无病，而不知其心病之已多矣。此近世之通患，贤知者不免焉，不可以不察也。

杨仕德去，草草复此，诸所欲言，仕德能悉。

与陈国英 庚辰

别久矣。虽彼此音问阔疏，而消息动静时时及闻。国英天资笃厚，加以静养日久，其所造当必大异于畴昔，惜无因一面叩之耳。凡人之学，不日进者必日退。譬诸草木，生意日滋，则日益畅茂；苟生意日息，则亦日就衰落矣。国英之于此学，且十余年矣，其日益畅茂者乎？其日就衰落者乎？君子之学，非有同志之友日相规切，则亦易以悠悠度日，而无有乎激励警发之益。山中友朋，亦有以此学日相讲求者乎？孔子云："德之不修，学之不讲，是吾忧也。"而况于吾侪乎哉？

复唐虞佐 庚辰

承示诗二韵五章，语益工，兴寄益无尽，深叹多才，但不欲以是为有道者称颂耳。"撤讲慎择"之喻，爱我良多，深知感怍。但区区之心，亦自有不容已者。圣贤之道，坦若大路，夫妇之愚，可以与知。而后之论者，忽近求远，舍易图难，遂使老师宿儒皆不敢轻议。故在今时，非独其庸下者自分以为不可为，虽高者特达，皆以此学为长物，视之为虚谈赘说，亦许时矣。当此之时，苟有一念相寻于此，真所谓“空谷足音，见似人者喜矣”。况其章缝而来者，宁不忻忻然以接之乎？然要其间，亦岂无滥竽假道之弊。但在我不可以此意逆之，亦将于此以求其真者耳。正如淘金于沙，非不知沙之汰而去者且十九，然亦未能即舍沙而别以淘金为也。孔子云：“与其进也，不与其退也，唯何甚。”孟子云：“君子之设科也，来者不拒，往者不追。”苟以是心至，斯受之而已矣。盖“不愤不启”者，君子施教之方；“有教无类”，则其本心焉耳。多病之躯，重为知己忧，惓惓惠喻及此，感爱何有穷已。然区区之心，亦不敢不为知己一倾倒也。行且会面，悉所未尽。

书二 始正德辛巳至嘉靖乙酉

与邹谦之 辛巳

别后德闻日至，虽不相面，嘉慰殊深。近来此意见得益亲切，国裳亦已笃信，得谦之更一来，愈当沛然矣。适吴守欲以府志奉渎，同事者于中、国裳、汝信、惟浚、遂令开馆于白鹿。醉翁之意盖有在，不专以此烦劳也。区区归遁有日，圣天子新政英明，如谦之亦宜束装北上，此会宜急图之，不当徐徐而来也。蔡希渊近已主白鹿，诸同志须仆已到山，却来相讲，尤妙。此时却匆匆不能尽意也，幸以语之。

二 乙酉

乡人自广德来，时常得闻动履，兼悉政教之善，殊慰倾想。远使吊赙，尤感忧念之深。所喻"猝临盘错，盖非独以别利器，正以精吾格致之功耳"，又能以怠荒自惧，其进可知矣。近时四方来游之士颇众，其间虽甚鲁钝，但以良知之说略加点掇，无不即有开悟，以是益信得此二字真吾圣门正法眼藏。谦之近来所见，不审又如何矣？南元善益信此学，日觉有进，其见诸施设，亦大非其旧。

便间更相奖掖之，固朋友切磋之心也。方治葬事，使还，草草疏谢不尽。

与夏敦夫 辛巳

不相见者几时，每念吾兄忠信笃厚之资，学得其要，断能一日千里。惜无因亟会，亲睹其所谓历块过都者以为快耳。

昔夫子谓子贡曰："赐也，汝以予为多学而识之者与？"对曰："然。非与？"子曰："非也。予一以贯之。"然则圣人之学，乃不有要乎。彼释氏之外人伦，遗物理，而堕于空寂者，固不得谓之明其心矣；若世儒之外务讲求考索，而不知本诸其心者，其亦可以谓穷理乎？此区区之心，深欲就正于有道者。因便辄及之，幸有以教我也。

区区两年来血气亦渐衰，无复用世之志。近始奉敕北上，将遂便道归省老亲，为终养之图矣。冗次不尽所怀。

与朱守忠 辛巳

乍别忽旬余。沿途人事扰扰，每得稍暇，或遇景感触，辄复兴怀。赍诏官来，承手札，知警省不懈，幸甚幸甚。此意不忘，即是时时相见，虽别非别矣。道之不明，皆由吾辈明之于口而不明之于身，是以徒腾颊舌，未能不言而信。要在立诚而已。向日谦虚之说，其病端亦起于不诚。使能如好好色，如恶恶臭，亦安有不谦不虚时邪？虞佐相爱之情甚厚，别后益见其真切，所恨爱莫为助。但愿渠实落做个圣贤，以此为报而已。相见时以此意规之。谦之当已不可留，国裳亦时时相见否？学问之益，莫大于朋友切磋，聚会不厌频数也。明日当发玉山，到家渐可计日，但与守忠相去益远，临纸怅然。

与席元山 辛巳

向承教札及《鸣冤录》，读之见别后学力所到，卓然斯道之任，庶几乎天下非之而不顾，非独与世之附和雷同从人非笑者相去万万而已。喜幸何极。中间乃有须面论者，但恨无因一会。近闻内台之擢，决知必从铅山取道，而仆亦有归省之便，庶得停舟途次，为信宿之谈，使人候于分水，乃未有前驱之报。驻信城者五日，怅怏而去。天之不假缘也，可如何哉。

大抵此学之不明，皆由吾人入耳出口，未尝诚诸其心身。譬之谈饮说食，何由得见醉饱之实乎？仆自近年来始实见得此学，真有百世以俟圣人而不惑者。朋友之中，亦渐有三数辈笃信不回。其疑信相半，顾瞻不定者，多以旧说沈痼，且有得失毁誉之虞，未能专心致志以听，亦坐相处不久，或交臂而别，无从与之细说耳。象山之学简易直截，孟子之后一人。其学问思辩、致知格物之说，虽亦未免沿袭之累，然其大本大原断非余子所及也。执事素能深信其学，此亦不可不察。正如求精金者必务煅炼足色，勿使有纤毫之杂，然后可无亏损变动。盖是非之悬绝，所争毫厘耳。

用熙近闻已赴京，知公故旧之情极厚，倘犹未出，亦劝之学问而已。存心养性之外，无别学也。相见时亦望遂以此言致之。

答甘泉 辛巳

世杰来，承示《学庸测》，喜幸喜幸。中间极有发明处，但于鄙见尚大同小异耳。"随处体认天理"是真实不诳语，鄙说初亦如是，及根究老兄命意发端处，却似有毫厘未协，然亦终当殊途同归也。修齐治平，总是格物，但欲如此节节分疏，亦觉说话太多。且语意务为简古，比之本文反更深晦，读者愈难寻求，此中不无亦有心病？莫若明白浅易其词，略指路径，使人自思得之，更觉意味深长也。高明以为何如？致知之说，鄙见恐不可易，亦望老兄更一致意，便间示知之。此是圣学传心之要，于此既明，其余皆洞然矣。意到恳切处，不得不直，幸不罪其僭妄也。

叔贤《大学》、《洪范》之说，其用力已深，一时恐难转移，此须面论，始有可辩正耳，会间先一及之。去冬有方叟者过此，传示高文，其人习于神仙之说，谓之志于圣贤之学，恐非其本心。人便，草草不尽。

答伦彦式 辛巳

往岁仙舟过赣，承不自满足，执礼谦而下问恳，古所谓敏而好学，于吾彦式见之。别后连冗，不及以时奉问，极切驰想。近令弟过省，复承惠教，志道之笃，趋向之正，勤惓有加，浅薄何以当此？悚息悚息。

谕及"学无静根，感物易动，处事多悔"，即是三言，尤是近时用工之实。仆罔所知识，何足以辱贤者之问。大抵三言者，病亦相因。惟学而别求静根，故感物而惧其易动，感物而惧其易动，是故处事而多悔也。心，无动静者也。其静也者，以言其体也；其动也者，以言其用也。故君子之学，无间于动静。其静也，常觉而未尝无也，故常应；其动也，常定而未尝有也，故常寂；常应常寂，动静皆有事焉，是之谓集义。集义故能无祇悔，所谓动亦定，静亦定者也。心一而已。静，其体也，而复求静根焉，是挠其体也；动，其用也，而惧其易动焉，是废其用也。故求静之心即动也，恶动之心非静也，是之谓动亦动，静亦动，将迎起伏，相寻于无穷矣。故循理之谓静，从欲之谓动。欲也者，非必声色货利外诱也，有心之私皆欲也。故循理焉，虽酬酢万变，皆静也。濂溪所谓"主静"，无欲之谓也，是谓集义者也。从欲焉，虽心斋坐忘，亦动也。告子之强制正助之谓也，是外义者也。虽然，仆盖从事于此而未之能焉，聊为贤者陈其所见云尔。以为何如？便间示知之。

与唐虞佐侍御 辛巳

相与两年，情日益厚，意日益真，此皆彼此所心喻，不以言谢者。别后又承雄文追送，称许过情，末又重以传说之事，所拟益非其伦，感怍何既。虽然，故人之赐也，敢不拜受。果如是，非独进以有为，将退而隐于岩穴之下，要亦不失其为贤也已，敢不拜赐。昔人有言："投我以木桃，报之以琼瑶。"今投我以琼瑶矣，我又何以报之？报之以其所赐，可乎？

说之言曰："学于古训乃有获。"夫谓学于古训者，非谓其通于文辞，讲说于口耳之间，义袭而取诸其外也。获也者，得之于心之谓，非外铄也。必如古训，而学其所学焉，诚诸其身，所谓"默而成之"，"不言而信"，乃为有得也。夫谓逊志务时敏者，非谓其饰情卑礼于其外，汲汲于事功声誉之间也。其逊志也，如地之下而无所不承也，如海之虚而无所不纳也；其时敏也，一于天德，戒惧于不睹不闻，如太和之运而不息也。夫然，百世以俟圣人而不惑，溥博渊泉而时出之，言而民莫不信，行而民莫不悦，施及蛮貊，而道德流于无穷，斯固说之所以为说也。以是为报，虞佐其能以却我乎？孟氏云："责难之谓恭。"吾其敢以后世文章之士期虞佐乎？颜氏云："舜，何人也？予，何人也？"虞佐其能不以说自期乎？人还，灯下草草为谢。相去益远，临楮怏悒。

答方叔贤 辛巳

承示《大学原》，知用心于此深密矣。道一而已，论其大本大原，则《六经》、《四书》无不可推之而同者，又不特《洪范》之于《大学》而已。此意亦仆平日于朋友中所常言者。譬之草木，其同者，生意也；其花实之疏密，枝叶之高下，亦欲尽比而同之，吾恐化工不如是之雕刻也。今吾兄方自喜以为独见新得，锐意主张是说，虽素蒙信爱如鄙人者，一时论说当亦未能遽人。且愿吾兄以所见者实体诸身，必将有疑；果无疑，必将有得；果无得，又必有见；然后鄙说可得而进也，学之不明几百年矣。近幸同志如甘泉、如吾兄者，相与切磋讲求，颇有端绪。而吾兄忽复牵滞文义若此，吾又将谁望乎？君子论学，固惟是之从，非以必同为贵。至于入门下手处，则有不容于不辩者，所谓毫厘之差千里之谬矣。致知格物，甘泉之说与仆尚微有异，然不害其为大同。若吾兄之说，似又与甘泉异矣。相去远，恐辞不足以达意，故言语直冒，不复有所逊让。近与甘泉书，亦道此，当不以为罪也。

二 癸未

此学蓁芜，今幸吾侪复知讲求于此，固宜急急遑遑，并心同志，务求其实，以身明道学。虽所入之途稍异，要其所志而同，斯可矣。不肖之谬劣，已无足论。若叔贤之于甘泉，亦乃牵制于文义，纷争于辩说，益重世人之惑，以启呶呶者之口，斯诚不能无憾焉。忧病中不能数奉问，偶有所闻，因谦之去，辄附此。言无伦次。渭先相见，望并出此。

与杨仕鸣 辛巳

差人来，知令兄已于去冬安厝，墓有宿草矣，无由一哭，伤哉。所委志铭，既病且冗，须朋友中相知深者一为之，始能有发耳。

喻及“日用讲求功夫，只是各依自家良知所及，自去其障，扩充以尽其本体，不可迁就气习以趋时好”。幸甚幸甚。果如是，方是致知格物，方是明善诚身。果如是，德安得而不日新。业安得而不富有。谓“每日自检，未有终日浑成片段”者，亦只是致知工夫间断。夫仁，亦在乎熟之而已。又云：“以此磨勘先辈文字同异，工夫不合，常生疑虑。”又何为其然哉？区区所论致知二字，乃是孔门正法眼藏，于此见得真的，直是建诸天地而不悖，质诸鬼神而无疑，考诸三王而不谬，百世以俟圣人而不惑。知此者，方谓之知道；得此者，方谓之有德。异此而学，即谓之异端；离此而说，即谓之邪说；迷此而行，即谓之冥行。虽千魔万怪，眩瞀变幻于前，自当触之而碎，迎之而解，如太阳一出，而鬼魅魍魉自无所逃其形矣。尚何疑虑之有，而何异同之足惑乎。所谓“此学如立在空中，四面皆无倚靠，万事不容染着，色色信他本来，不容一毫增减。若涉些安排，着些意思，便不是合一功夫”，虽言句时有未莹，亦是仕鸣见得处，足可喜矣。但须切实用力，始不落空。若只如此说，未免亦是议拟仿象，已后只做得一个弄精魄的汉，虽与近世格物者症候稍有不同，其为病痛，一而已矣。诗文之习，儒者虽亦不废，孔子所谓“有德者必有言”也。若着意安排组织，未有不起于胜心者，先辈号为有志斯道，而亦复如是，亦只是习心未除耳。仕鸣既知致知之说，此等处自当一勘而破，瞒他些子不得也。

二 癸未

别后极想念，向得尚谦书，知仕鸣功夫日有所进，殊慰所期。大抵吾党既知学问头脑，已不虑无下手处，只恐客气为患，不肯实致其良知耳。后进中如柯生辈，亦颇有力量可进，只是客气为害亦不小。行时尝与痛说一番，不知近来果能克去否？书至，来相见，出此共勉之。前辈之于后进，无不欲其入于善，则其规切砥励之间，亦容有直情过当者，却恐后学未易承当得起。既不我德，反以我为仇者，有矣，往往无益而有损。故莫若且就其力量之所可及者诱掖奖劝之。往时亦尝与仕鸣论及此，想能不忘也。

三 癸未

前者是备录区区之语，或未尽区区之心，此册乃直述仕鸣所得，反不失区区之见，可见学贵乎自得也。古人谓“得意忘言”，学苟自得，何以言为乎？若欲有所记札以为日后印证之资，则直以己意之所得者书之而已，不必一一拘其言辞，反有所不达也。中间词语，时有未莹，病中不暇细为点检。

与陆原静 辛巳

赍奏人回，得佳稿及手札，殊慰。闻以多病之故，将从事于养生，区区往年盖尝弊力于此矣。后乃知其不必如是，始复一意于圣贤之学。大抵养德养身，只是一事，原静所云“真我”者，果能戒谨不睹，恐惧不闻，而专志于是，则神住气住精住，而仙家所谓长生久视之说，亦在其中矣。神仙之学与圣人异，然其造端托始，亦惟欲引人于道，《悟真篇后序》中所谓“黄老悲其贪着，乃以神仙之术渐次导之”者。原静试取而观之，其微旨亦自可识。自尧、舜、禹、汤、文、武，至于周公、孔子，其仁民爱物之心，盖无所不至，苟有可以长生不死者，亦何惜以示人？如老子、彭篯之徒，乃其禀赋有若此者，非可以学而至。后世如白玉蟾、丘长春之属，皆是彼学中所称述以为祖师者，其得寿皆不过五六十，则所谓长生之说，当必有所指矣。原静气弱多病，但遗弃声名，清心寡欲，一意圣贤，如前所谓“真我”之说。不宜轻信异道，徒自惑乱聪明，弊精劳神，废靡岁月。久而不返，将遂为病狂丧心之人不难矣。昔人谓“三折肱为良医”，区区非良医，盖尝“三折肱”者。原静其慎听毋忽。

区区省亲本，闻部中已准覆，但得旨即当长遁山泽。不久朝廷且大赉，则原静推封亦有日。果能访我于阳明之麓，当能为原静决此大疑也。

二 壬午

某不孝不忠，延祸先人，酷罚未敷，致兹多口，亦其宜然。乃劳贤者触冒忌讳，为之辩雪，雅承道谊之爱，深切恳至，甚非不肖孤之所敢望也。“无辩止谤”，尝闻昔人之教矣，况今何止于是。四方英杰以讲学异同之故，议论方兴，吾侪可胜辩乎？惟当反求诸己，苟其言而是欤，吾斯尚有所未信欤，则当务求其是，不得辄是已而非人也。使其言而非欤，吾斯既已自信欤，则当益致其践履之实，以务求于自谦，所谓“默而成之”“不言而信”者也。然则今日之多口，孰非吾侪动心忍性，砥砺切磋之地乎。且彼议论之兴，非必有所私怨于我，彼其为说，亦将自以为卫夫道也。况其说本自出于先儒之绪论，固各有所凭据，而吾侪之言骤异于昔，反若凿空杜撰者。乃不知圣人之学本来如是，而流传失真，先儒之论所以日益支离，则亦由后学沿习乖谬积渐所致。彼既先横不信之念，莫肯虚心讲究，加以吾侪议论之间或为胜心浮气所乘，未免过为矫激，则固宜其非笑而骇惑矣。此吾侪之责，未可专以罪彼为也。

嗟乎。吾侪今日之讲学，将求异其说于人邪？亦求同其学于人邪？将求以善而胜人邪？亦求以善而养人邪？知行合一之学，吾侪但口说耳，何尝知行合一邪？推寻所自，则如不肖者为罪尤重。盖在平时徒以口舌讲解，而未尝体诸其身，名浮于实，行不掩言，已未尝实致其知，而谓昔人致知之说未有尽。如贫子之说金，乃未免从人乞食。诸君病于相信相爱之过，好而不知其恶，遂乃共成今日纷纷之议，皆不肖之罪也。虽然，昔之君子，盖有举世非之而不顾，千百世非之而不顾者，亦求其是而已矣。岂以一时毁誉而动其心邪。惟其在我者有未尽，则亦安可遂以人言为尽非？伊川、晦庵之在当时，尚不免于诋毁斥逐，况在吾辈行有所未至，则夫人之诋毁斥逐，正其宜耳。凡今争辩学术之士，亦必有志于学者也，未可以其异己而遂有所疏外。是非之心，人皆有之，彼其但蔽于积习，故于吾说卒未易解。就如诸君初闻鄙说时，其间宁无非笑诋毁之者？久而释然以悟，甚至反有激为过当之论者矣。又安知今日相诋之力，不为异时相信之深者乎。

衰绖哀苦中，非论学时，而道之兴废，乃有不容于泯默者，不觉叨叨至此。言无伦次，幸亮其心也。

致知之说，向与惟浚及崇一诸友极论于江西，近日杨仕鸣来过，亦尝一及，颇为详悉。今原忠、宗贤二君复往，诸君更相与细心体究一番，当无余蕴矣。孟子云:“是非之心，知也。”“是非之心，人皆有之。”即所谓良知也。孰无是良知乎？但不能致之耳。《易》谓“知至，至之”。知至者，知也；至之者，致知也。此知行之所以一也。近世格物致知之说，只一知字尚未有下落，若致字工夫，全不曾道著矣。此知行之所以二也。

答舒国用 癸未

来书足见为学笃切之志。学患不知要，知要矣，患无笃切之志。国用既知其要，又能立志笃切如此，其进也孰御。中间所疑一二节，皆工夫未熟，而欲速助长之为病耳。以国用之所志向而去其欲速助长之心，循循日进，自当有至。前所疑一二节，自将涣然冰释矣，何俟于予言？譬之饮食，其味之美恶，食者自当知之，非人之能以其美恶告之也。虽然，国用所疑一二节者，近时同志中往往皆有之，然吾未尝以告也，今且姑为国用一言之。

夫谓“敬畏之增，不能不为洒落之累”，又谓“敬畏为有心，如何可以无心？而出于自然，不疑其所行”。凡此皆吾所谓欲速助长之为病也。夫君子之所谓敬畏者，非有所恐惧忧患之谓也，乃戒慎不睹，恐惧不闻之谓耳。君子之所谓洒落者，非旷荡放逸，纵情肆意之谓也，乃其心体不累于欲，无入而不自得之谓耳。夫心之本体，即天理也。天理之昭明灵觉，所谓良知也。君子之戒慎恐惧，惟恐其昭明灵觉者或有所昏昧放逸，流于非僻邪妄而失其本体之正耳。戒慎恐惧之功无时或间，则天理常存，而其昭明灵觉之本体，无所亏蔽，无所牵扰，无所恐惧忧患，无所好乐忿懥，无所意必固我，无所歉馁愧怍。和融莹彻，充塞流行，动容周旋而中礼，从心所欲而不逾，斯乃所谓真洒落矣。是洒落生于天理之常存，天理常存生于戒慎恐惧之无间。孰谓"敬畏之增，乃反为洒落之累"耶？惟夫不知洒落为吾心之体，敬畏为洒落之功，歧为二物而分用其心，是以互相牴牾，动多拂戾而流于欲速助长。是国用之所谓"敬畏"者，乃《大学》之"恐惧忧患"，非《中庸》"戒慎恐惧"之谓矣。程子常言："人言无心，只可言无私心，不可言无心。"戒慎不睹，恐惧不闻，是心不可无也。有所恐惧，有所忧患，是私心不可有也。尧舜之兢兢业业，文王之小心翼翼，皆敬畏之谓也，皆出乎其心体之自然也。出乎心体，非有所为而为之者，自然之谓也。敬畏之功无间于动静，是所谓"敬以直内，义以方外"也。敬义立而天道达，则不疑其所行矣。

所寄《诈说》，大意亦好。以此自励可矣，不必以责人也。君子不蕲人之信也，自信而已；不蕲人之知也，自知而已。因先茔未毕功，人事纷沓，来使立候，冻笔潦草无次。

与刘元道 癸未

来喻："欲入坐穷山，绝世故，屏思虑，养吾灵明。必自验至于通昼夜而不息，然后以无情应世故。"且云："于静求之，似为径直，但勿流于空寂而已。”观此足见任道之刚毅，立志之不凡。且前后所论，皆不为无见者矣。可喜可喜。夫良医之治病，随其疾之虚实、强弱、寒热、内外，而斟酌加减。调理补泄之要，在去病而已。初无一定之方，不问证候之如何，而必使人人服之也。君子养心之学，亦何以异于是。元道自量其受病之深浅，气血之强弱，自可如其所云者而斟酌为之，亦自无伤。且专欲绝世故，屏思虑，偏于虚静，则恐既已养成空寂之性，虽欲勿流于空寂，不可得矣。大抵治病虽无一定之方，而以去病为主，则是一定之法。若但之随病用药，而不知因药发病，其失一而已矣。闲中且将明道《定性书》熟味，意况当又不同。忧病不能一一，信笔草草无次。

答路宾阳 癸未

忧病中，远使惠问，哀感何已。守忠之讣，方尔痛心，而复□□不起，惨割如何可言。死者已矣，生者益孑立寡助。不及今奋发砥砺，坐待澌尽灯灭，固将抱恨无穷。目来山间，朋友远近至者百余人，因此颇有警发，见得此学益的确简易，真是考诸三王而不谬，百世以俟圣人而不惑者。惜无因复与宾阳一面语耳。郡务虽繁，然民人社稷，莫非实学。以宾阳才质之美，行之以忠信，坚其必为圣人之志，勿为时议所摇，近名所动，吾见其德日近而业日广矣。荒愦不能多及，心亮。

与黄勉之 甲申

屡承书惠，兼示述作，足知才识之迈，向道恳切之难得也。何幸何幸。然未由一面，鄙心之所欲效者，尚尔郁而未申，有负盛情多矣。

君子学以为己。成己成物，虽本一事，而先后之序有不容紊。孟子云："学问之道无他，求其放心而已矣。"诵习经史，本亦学问之事，不可废者。而忘本逐末，明道尚有"玩物丧志"之戒，若立言垂训，尤非学者所宜汲汲矣。所示《格物说》、《修道注》，诚荷不鄙之盛，切深惭悚，然非浅劣之所敢望于足下者也。且其为说，亦于鄙见微有未尽。何时合并当悉其义，愿且勿以示人。孔子云："五十以学《易》，可以无大过矣。"充足下之才志，当一日千里，何所不可到？而不胜骏逸之气。急于驰骤奔放，抵突若此，将恐自蹶其足，非任重致远之道也。古本之释，不得已也。然不敢多为辞说，正恐葛藤缠绕，则枝干反为蒙翳耳。短序亦尝三易稿，石刻其最后者，今各往一本，亦足以知初年之见，未可据以为定也。

二 甲申

勉之别去后，家人病益狼狈，贱躯亦咳逆泄泻相仍，曾无间日，人事纷沓未论也。用是《大学》古本曾无下笔处，有辜勤勤之意。然此亦自可徐徐图之，但古本白文之在吾心者，未能时时发明，却有可忧耳。来问数条，实亦无暇作答，缔观简末恳恳之诚，又自不容已于言也。

来书云："以良知之教涵泳之，觉其彻动彻静，彻昼彻夜，彻古彻今，彻生彻死，无非此物。不假纤毫思索，不得纤毫助长，亭亭当当，灵灵明明，触而应，感而通，无所不照，无所不觉，无所不达，千圣同途，万贤合辙。无他如神，此即为神；无他希天，此即为天；无他顺帝，此即为帝。本无不中，本无不公。终日酬酢，不见其有动；终日闲居，不见其有静。真乾坤之灵体，吾人之妙用也。窃又以为《中庸》诚者之明，即此良知为明；诚之者之戒慎恐惧，即此良知为戒慎恐惧。当与恻隐羞恶一般，俱是良知条件。知戒慎恐惧，知恻隐，知羞恶，通是良知，亦即是明”云云。

此节论得已甚分晓。知此，则知致知之外无余功矣。知此，则知所谓建诸天地而不悖，质诸鬼神而无疑，百世以俟圣人而不惑者，非虚语矣。诚明戒惧，效验功夫，本非两义。既知彻动彻静，彻死彻生，无非此物，则诚明戒惧与恻隐羞恶，又安得别有一物为之欤？

来书云："阴阳之气，欣合和畅而生万物。物之有生，皆得此和畅之气。故人之生理，本自和畅，本无不乐。观之鸢飞鱼跃，鸟鸣兽舞，草木欣欣向荣，皆同此乐。但为客气物欲搅此和畅之气，始有间断不乐。孔子曰'学而时习之'，便立个无间断功夫，悦则乐之萌矣。朋来则学成，而吾性本体之乐复矣。故曰'不亦乐乎'。在人虽不我知，吾无一毫愠怒以间断吾性之乐，圣人恐学者乐之有息也，故又言此。所谓'不怨''不尤'，与夫'乐在其中'，'不改其乐'，皆是乐无间断否"云云。

乐是心之本体。仁人之心，以天地万物为一体，欣合和畅，厚无间隔。来书谓"人之生理，本自和畅，本无不乐，但为客气物欲搅此和畅之气，始有间断不乐"是也。时习者，求复此心之本体也。悦则本体渐复矣。朋来则本体之欣合和畅，充周无间。本体之欣合和畅，本来如是，初未尝有所增也。就使无朋来而天下莫我知焉，亦未尝有所减也。来书云"无间断"意思亦是。圣人亦只是至诚无息而已，其工夫只是时习。时习之要，只是谨独。谨独即是致良知。良知即是乐之本体。此节论得大意亦皆是，但不宜便有所执著。

来书云："韩昌黎'博爱之谓仁'一句，看来大段不错，不知宋儒何故非之？以为爱自是情，仁自是性，岂可以爱为仁？愚意则曰：性即未发之情，情即已发之性，仁即未发之爱，爱即已发之仁。如何唤爱作仁不得？言爱则仁在其中矣。孟子曰：'恻隐之心，仁也。'周子曰：'爱曰仁。'昌黎此言，与孟、周之旨无甚差别。不可以其文人而忽之也"云云。

博爱之说，本与周子之旨无大相远。樊迟问仁，子曰："爱人。"爱字何尝不可谓之仁欤？昔儒看古人言语，亦多有因人重轻之病，正是此等处耳。然爱之本体固可谓之仁，但亦有爱得是与不是者，须爱得是方是爱之本体，方可谓之仁。若只知博爱而不论是与不是，亦便有差处。吾尝谓博字不若公字为尽。大抵训释字义，亦只是得其大概，若其精微奥蕴，在人思而自得，非言语所能喻。后人多有泥文著相，专在字眼上穿求，却是心从法华转也。

来书云："《大学》云：'如好好色，如恶恶臭。'所谓恶之云者，凡见恶臭，无处不恶，固无妨碍。至于好色，无处不好，则将凡美色之经于目也，亦尽好之乎？《大学》之训，当是借流俗好恶之常情，以喻圣贤好善恶恶之诚耳。抑将好色亦为圣贤之所同，好经于目，虽知其姣，而思则无邪，未尝少累其心体否乎？《诗》云'有女如云'，未尝不知其姣也，其姣也，'匪我思存'，言匪我见存，则思无邪而不累其心体矣。如见轩冕金玉，亦知其为轩冕金玉也，但无歆羡希觊之心，则可矣。如此看，不知通否"云云。

人于寻常好恶，或亦有不真切处，惟是好好色，恶恶臭，则皆是发于真心，自求快足，曾无纤假者。《大学》是就人人好恶真切易见处，指示人以好善恶恶之诚当如是耳，亦只是形容一诚字。今若又于好色字上生如许意见，却未免有执指为月之病。昔人多有为一字一句所牵蔽，遂致错解圣经者，正是此症候耳，不可不察也。中间云“无处不恶，固无妨碍”，亦便有受病处，更详之。

来书云：“有人因薛文清‘过思亦是暴气’之说，乃欲截然不思者。窃以孔子曰‘吾尝终日不食，终夜不寝以思’，亦将谓孔子过而暴其气乎？以愚推之，惟思而外于良知，乃谓之过。若念念在良知上体认，即如孔子终日终夜以思，亦不为过。不外良知，即是何思何虑，尚何过哉”云云。

“过思亦是暴气”，此语说得亦是。若遂欲截然不思，却是因噎而废食者也。来书谓“思而外于良知，乃谓之过，若念念在良知上体认，即终日终夜以思，亦不为过。不外良知，即是何思何虑”，此语甚得鄙意。孔子所谓“吾尝终日不食，终夜不寝以思，无益，不如学也”者，圣人未必然，乃是指出徒思而不学之病以诲人耳。若徒思而不学，安得不谓之过思与。

答刘内重 乙酉

书来警发良多，知感知感。腹疾，不欲作答，但内重为学工夫尚有可商量者，不可以虚来意之辱，辄复书此耳。

程子云：“所见所期，不可不远且大。然而为之亦须量力有渐，志大心劳，力小任重，恐终败事。”夫学者既立有必为圣人之志，只消就自己良知明觉处朴实头致了去，自然循循日有所至，原无许多门面折数也。外面是非毁誉，亦好资之以为警切砥砺之地，却不得以此稍动其心，便将流于心劳日拙而不自知矣。内重强刚笃实，自是任道之器，然于此等处尚须与谦之从容一商量，又当有见也。

眼前路径须放开阔，才好容人来往，若太拘窄，恐自己亦无展足之地矣。圣人之行，初不远于人情。鲁人猎较，孔子亦猎较。乡人傩，朝服而立于阼阶。难言之互乡，亦与进其童子。在当时固不能无惑之者矣。子见南子，子路且有不悦。夫子到此如何更与子路说得是非？只好矢之而已。何也？若要说见南子是，得多少气力来说？且若依着子路认个不是，则子路终身不识圣人之心，此学终将不明矣。此等苦心处，惟颜子便能识得，故曰“于吾言无所不悦”。此正是大头脑处，区区举似内重，亦欲内重谦虚其心，宏大其量，去人我之见，绝意必之私，则此大头脑处。自将卓尔有见，当有“虽欲从之，末由也已”之叹矣。大抵奇特斩绝之行，多后世希高慕大者之所喜，圣贤不以是为贵也。故索隐行怪，则后世有述焉，依乎中庸，固有遁世不见知者矣。学绝道丧之余，苟有以讲学来者，所谓空谷之足音，得似人者可矣。必如内重所云，则今之可讲学者，止可如内重辈二三人而止矣。然如内重者，亦不能时时来讲也，则法堂前草深一丈矣。内重有进道之资，而微失之于隘。吾固不敢避饰非自是之嫌，而叨叨至此，内重宜悉此意，弗徒求之言语之间可也。

与王公弼 乙酉

前王汝止家人去，因在妻丧中，草草未能作书。人来，远承问惠，得闻动履，殊慰殊慰。书中所云“斯道广大，无处欠缺，动静穷达，无往非学。自到任以来，钱谷狱讼，事上接下，皆不敢放过。但反观于独，犹未是夭寿不二根基，毁誉得丧之间未能脱然”，足知用功之密。只此自知之明，便是良知。致此良知以求自慊，便是致知矣。殊慰殊慰。师伊、师颜兄弟，久居于此。黄正之来此亦已两月余。何廷仁到亦数日。朋友聚此，颇觉有益。惟齐不得力而归。此友性气殊别，变化甚难，殊为可忧尔。间及之。

答董沄萝石 乙酉

问："某赋性平直守分，每遇能言之士，则以己之迟钝为惭，恐是根器弱甚。"此皆未免有外重内轻之患。若平日能集义，则浩然之气至大至公，充塞天地，自然富贵不能淫，贫贱不能移，威武不能屈；自然能知人之言，而凡诐淫邪遁之词皆无所施于前矣。况肯自以为惭乎。集义只是致良知。心得其宜为义，致良知则心得其宜矣。

问："某因亲弟粮役，与之谋，败，致累多人。因思皆不老实之过也。如何？"谓之老实，须是实致其良知始得，不然却恐所谓老实者，正是老实不好也。昔人亦有为手足之情受污辱者，然不致知，此等事于良知亦自有不安。

问："某因海宁县丞卢珂居官廉甚而极贫，饥寒饿死，遂走拜之，赠以诗、袜，归而胸次帖帖然，自以为得也。只此自以为得也，恐亦不宜。"

知得自以为得之非宜，只此便是良知矣。民之秉彝也，故好是懿德。又多着一分意思不得。多着一分意思，便是私矣。

问："某见人有善行，每好录之，时以展阅。常见二医，一姓韩一姓郭者，以利相让，亦必录之。"

录善人以自勉，此亦多闻多见而识，乃是致良知之功。此等人只是欠学问，恐不能到头如此。吾辈中亦未易得也。

与黄宗贤 癸未

南行想亦从心所欲，职守闲静，益得专志于学，闻之殊慰。贱躯入夏来，山中感暑痢，归卧两月余，变成痰咳。今虽稍平，然咳尚未已也。四方朋友来去无定，中间不无切磋砥砺之益，但真有力量能担荷得，亦自少见。大抵近世学者，只是无有必为圣人之志。近与尚谦、子莘、诚甫讲《孟子》“乡愿狂狷”一章，颇觉有所省发，相见时试更一论如何？闻接引同志孜孜不怠，甚善甚善。但论议之际，必须谦虚简明为佳。若自处过任而词意重复，却恐无益有损。在高明断无此。因见旧时友朋往往不免斯病，谩一言之。

寄薛尚谦 癸未

承喻：“自咎罪疾，只缘轻傲二字累倒。”足知用力恳切。但知得轻傲处，便是良知；致此良知，除却轻傲，便是格物。致知二字，是千古圣学之秘，向在虔时终日论此，同志中尚多有未彻。近于古本序中改数语，颇发此意，然见者往往亦不能察。今寄一纸，幸熟味。此是孔门正法眼藏，从前儒者多不曾悟到，故其说卒入于支离。仕鸣过虔，常与细说，不审闲中曾论及否？谕及甘泉论仕德处，殆一时意有所向而云，益亦未见其止之叹耳。仕德之学，未敢便以为至，即其信道之笃，临死不贰，眼前曾有几人？所云“心心相持，如髡如钳”，正恐同辈中亦未见有能如此者也。书来，谓仕鸣、海崖大进此学，近得数友皆有根力，处久当能发挥。幸甚。闻之喜而不寐也。海崖为谁氏？便中寄知之。

书三 始嘉靖丙戌至戊子

寄邹谦之 丙戌

比遭家多难，工夫极费力，因见得良知两字比旧愈加亲切。真所谓大本达道，舍此更无学问可讲矣。“随处体认天理”之说，大约未尝不是，只要根究下落，即未免捕风捉影，纵令鞭辟向里，亦与圣门致良知之功尚隔一尘。若复失之毫厘，便有千里之谬矣。四方同志之至此者，但以此意提掇之，无不即有省发，只是着实能透彻者甚亦不易得也。世间无志之人，既已见驱于声利词章之习，间有知得自己性分当求者，又被一种似是而非之学兜绊羁縻，终身不得出头。缘人未有真为圣人之志，未免挟有见小欲速之私，则此重学问，极足支吾眼前得过。是以虽在豪杰之士，而任重道远，志稍不力，即且安顿其中者多矣。谦之之学，既以得其大原，近想涉历弥久，则功夫当益精明矣。无因接席一论，以资切劘，倾企如何。范祠之建，实亦有裨风教。仆于大字，本非所长，况已久不作，所须祠扁，必大笔自挥之，乃佳也。使还，值岁冗，不欲尽言。

二 丙戌

承示《谕俗礼要》，大抵一宗《文公家礼》而简约之，切近人情，甚善甚善。非吾谦之诚有意于化民成俗，未肯汲汲为此也。古礼之存于世者，老师宿儒当年不能穷其说，世之人苦其烦且难，遂皆废置而不行。故今之为人上而欲异民于礼者，非详且备之为难，惟简切明白而使人易行之为贵耳。中间如四代位次及社祔祭之类，固区区向时欲稍改以从俗者，今皆斟酌为之，于人情甚协。盖天下古今之人，其情一而已矣。先王制礼，皆因人情而为之节文，是以行之万世而皆准。其或反之吾心而有所未安者，非其传记之讹阙，则必古今风气习俗之异宜者矣。此虽先王未之有，亦可以义起，三王之所以不相袭礼也。若徒拘泥于古，不得于心，而冥行焉，是乃非礼之礼，行不著而习不察者矣。后世心学不讲，人失其情，难乎与之言礼。然良知之在人心，则万古如一日。苟顺吾心之良知以致之，则所谓不知足而为屦，我知其不为蒉矣。非天子不议礼制度，今之为此，非以议礼为也，徒以末世废礼之极，聊为之兆以兴起之。故特为此简易之说，欲使之易知易从焉耳。冠、婚、丧、祭之外，附以乡约，其于民俗亦甚有补。至于射礼，似宜别为一书，以教学者，而非所以求谕于俗。今以附于其间，却恐民间以非所常行，视为不切，又见其说之难晓，遂并其冠、婚、丧、祭之易晓者而弃之也。《文公家礼》所以不及于射，或亦此意也欤？幸更裁之。

令先公墓表决不负约，但向在纷冗忧病中，近复咳患盛作，更求假以日月耳。施、濮两生知解甚利，但已经炉鞴，则煅炼为易，自此益淬砺之，吾见其成之速也。书院新成，欲为诸生择师，此诚盛德之事。但刘伯光以家事促归；魏师伊乃兄适有官务，仓卒往视；

何廷仁近亦归省，惟黄正之尚留彼。意以登坛说法，非吾谦之身自任之不可。须事定后，却与二三同志造访，因而连留旬月，相与砥砺开发，效匡翼之劳，亦所不辞也。祠堂位次祔祭之义，往年曾与徐曰仁备论。曰仁尝记其略，今使录一通奉览，以备采择。

或问："《文公家礼》高、曾、祖、祢之位皆西上，以次而东。于心切有未安。"阳明子曰："古者庙门皆南向，主皆东向。合祭之时，昭之迁主列于北牖，穆之迁主列于南牖，皆统于太祖东向之尊。是故西上，以次而东。今祠堂之制既异于古，而又无太祖东向之统，则西上之说诚有所未安。"曰："然则今当何如？"曰："礼以时为大，若事死如事生，则宜以高祖南向，而曾、祖、祢东西分列，席皆稍降而弗正对，似于人心为安。曾见浦江郑氏之祭，四代考妣。皆异席。高考妣南向，曾、祖、祢考皆西向，妣皆东向，名依世次，稍退半席。其于男女之列，尊卑之等，两得其宜。今吾家亦如此行。但恐民间厅事多浅隘，而器物亦有所不备，则不能以通行耳。"又问："无后者之祔于己之子侄，固可下列矣。若在祖宗之行，宜何如祔？"阳明子曰："古者大夫三庙，不及其高矣；适士二庙，不及其曾矣。今民间得祀高、曾，盖亦体顺人情之至，例以古制，则既为僭，况在其行之无后者乎。古者士大夫无子，则为之置后，无后者鲜矣。后世人情偷薄，始有弃贫贱而不问者。古所为无后，皆殇子之类耳。《祭法》：'王下祭殇五：适子、适孙、适曾孙、适玄孙、适来孙。诸侯下祭三，大夫二，适士及庶人祭子而止。'则无后之祔，皆子孙属也。今民间既得假四代之祀，以义起之，虽及弟侄可矣。往年湖湘一士人家，有曾伯祖与堂叔祖皆贤而无后者，欲为立嗣，则族众不可；欲弗祀，则思其贤，有所不忍也。以问于某，某曰：不祀二三十年矣，而追为之嗣，势有所不行矣。若在士大夫家，自可依古族属之义，于春、秋二社之次，特设一祭，凡族之无后而亲者，各以昭穆之次配祔之，于义亦可也。”

三 丙戌

教札时及，足慰离索。兼示《论语讲章》，明白痛快，足以发朱注之所未及。诸生听之，当有油然而兴者矣。后世人心陷溺，祸乱相寻，皆由此学不明之故。只将此学字头脑处指掇得透彻，使人洞然知得是自己生身立命之原，不假外求，如木之有根，畅茂条达，自有所不容已，则所谓悦乐不愠者，皆不待言而喻。书院记文，整严精确，迥尔不群，皆是直写胸中实见，一洗近儒影响雕饰之习，不徒作矣。

某近来却见得良知两字日益真切简易。朝夕与朋辈讲习，只是发挥此两字不出。缘此两字，人人所自有，故虽至愚下品，一提便省觉。若致其极，虽圣人天地不能无憾，故说此两字穷劫不能尽。世儒尚有致疑于此，谓未足以尽道者，只是未尝实见得耳。近有乡大夫请某讲学者云：“除却良知，还有什么说得？”某答云：“除却良知，还有什么说得。”不番迩来谦之于此两字，见得比旧又如何矣？无因一面扣之，以快倾渴。正之去，当能略尽鄙怀，不能一一。

后世大患，全是士夫以虚文相诳，略不知有诚心实意。流积成风，虽有忠信之质，亦且迷溺其间，不自知觉。是故以之为子，则非孝；以之为臣，则非忠。流毒扇祸，生民之乱，尚未知所抵极。今欲救之，惟有返朴还淳是对症之剂。故吾侪今日用工，务在鞭辟近里，删削繁文始得。然鞭辟近里，删削繁文，亦非草率可能，必须讲明致良知之学。每以言于同志，不识谦之亦以为何如也？讲学之后，望时及之。

四 丙戌

正之归，备谈政教之善，勤勤恳恳，开诱来学，毅然以斯道为己任，其为喜幸如何可言。前书“虚文相诳”之说，独以慨夫后儒之没溺词章，雕镂文字以希世盗名，虽贤知有所不免，而其流毒之深，非得根器力量如吾谦之者，莫能挽而回之也。而谦之顾犹歉然，欲以猛省寡过，此正吾谦之之所以为不可及也。欣叹欣叹。

学绝道丧之余，苟有兴起向慕于是学者，皆可以为同志，不必铢称寸度而求其尽合于此，以之待人可也。若在我之所以为造端立命者，则不容有毫发之或爽矣。道一而已，仁者见之谓之仁，知者见之谓之知。释氏之所以为释，老氏之所以为老，百姓日用而不知，皆是道也，宁有二乎？今古学术之诚伪邪正，何啻碔砆美玉。然有眩惑终身而不能辩者，正以此道之无二，而其变动不拘，充塞无间，纵横颠倒，皆可推之而通。世之儒者，各就其一偏之见，而又饰之以比拟仿像之功，文之以章句假借之训，其为习熟既足以自信，而条目又足以自安，此其所以诳己诳人，终身没溺而不悟焉耳。然其毫厘之差，而乃致千里之谬。非诚有求为圣人之志而从事于惟精惟一之学者，莫能得其受病之源而发其神奸之所由伏也。若某之不肖，盖亦尝陷溺于其间者几年，伥伥然既自以为是矣。赖天之灵，偶有悟于良知之学，然后悔其向之所为者，固包藏祸机，作伪于外，而心劳日拙者也。十余年来，虽痛自洗剔创艾，而病根深痼，萌蘖时生。所幸良知在我，操得其要，譬犹舟之得舵，虽惊风巨浪颠沛不无，尚犹得免于倾覆者也。夫旧习之溺人，虽已觉悔悟，而其克治之功，尚且其难若此，又况溺而不悟，日益以深者，亦将何所抵极乎。以谦之精神力量，又以有觉于良如，自当如江河之注海，沛然无复能有为之障碍者矣。默成深造之余，必有日新之得，可以警发昏惰者，便间不惜款款示及之。

五 丙戌

张、陈二生来，适归余姚祭扫，遂不及相见，殊负深情也。随事体认天理，即戒慎恐惧功夫，以为尚隔一尘，为世之所谓事事物物皆有定理而求之于外者言之耳。若致良知之功明，则此语亦自无害，不然即犹未免于毫厘千里也。来喻以为恐主于事者，盖已深烛其弊矣。寄示甘泉《尊经阁记》，甚善甚善。其间大意亦与区区《稽山书院》之作相同。《稽山》之作，向尝以寄甘泉，自谓于此学颇有分毫发明。今甘泉乃谓"今之谓聪明知觉，不必外求诸经者，不必呼而能觉"之类，则似急于立言，而未暇细察鄙人之意矣。后世学术之不明，非为后人聪明识见之不及古人，大抵多由胜心为患，不能取善相下。明明其说之已是矣，而又务为一说以高之，是以其说愈多而惑人愈甚。凡今学术之不明，使后学无所适从，徒以致人之多言者，皆吾党自相求胜之罪也。今良知之说，已将学问头脑说得十分下落，只是各去胜心，务在共明此学，随人分限，以此循循善诱之，自当各有所至。若只要自立门户，外假卫道之名，而内行求胜之实，不顾正学之因此而益荒，人心之因此而愈惑，党同伐异，覆短争长，而惟以成其自私自利之谋，仁者之心有所不忍也。甘泉之意，未必由此，因事感触，辄漫及之。盖今时讲学者，大抵多犯此症，在鄙人亦或有所未免，然不敢不痛自克治也。如何如何？

答友人 丙戌

君子之学，务求在己而已。毁誉荣辱之来，非独不以动其心，且资之以为切磋砥砺之地。故君子无入而不自得，正以其无入而非学也。若夫闻誉而喜，闻毁而戚，则将惶惶于外，惟日之不足矣，其何以为君子。往年驾在留都，左右交谗某于武庙。当时祸且不测，僚属咸危惧，谓群疑若此，宜图所以自解者。某曰："君子不求天下之信己也，自信而已。吾方求以自信之不暇，而暇求人之信己乎？"某于执事为世交，执事之心，某素能信之，而顾以相讯若此，岂亦犹有未能自信也乎？虽然，执事之心，又焉有所不自信者。至于防范之外，意料所不及，若校人之于子产者，亦安能保其必无。则执事之恳恳以询于仆，固君子之严于自治，宜如此也。昔楚人有宿于其友之家者，其仆窃友人之履以归，楚人不知也。适使其仆市履于肆，仆私其直而以窃履进，楚人不知也。他日，友人来过，见其履在楚人之足，大骇曰："吾固疑之，果然窃吾履。"遂与之绝。逾年而事暴，友人踵楚人之门，而悔谢曰："吾不能知子，而缪以疑子，吾之罪也。请为以如初。"今执事之见疑于人，其有其无，某皆不得而知。纵或有之，亦何伤于执事之自信乎？不俟逾年，吾见有踵执事之门而悔谢者矣。执事其益自信无怠，固将无入而非学，亦无入而不自得也矣。

答友人问 丙戌

问："自来先儒皆以学问思辨属知，而以笃行属行，分明是两截事。今先生独谓知行合一，不能无疑。"

曰：此事吾已言之屡屡。凡谓之行者，只是着实去做这件事。若着实做学问思辩的工夫，则学问思辩亦便是行矣。学是学做这件事，问是问做这件事，思辩是思辩做这件事，则行亦便是学问思辩矣。若谓学问思辩之，然后去行，却如何悬空先去学问思辩得？行时又如何去得做学问思辩的事？行之明觉精察处，便是知；知之真切笃实处，便是行。若行而不能精察明觉，便是冥行，便是“学而不思则罔”，所以必须说个知；知而不能真切笃实，便是妄想，便是“思而不学则殆”，所以必须说个行；元来只是一个工夫。凡古人说知行，皆是就一个工夫上补偏救弊说，不似今人截然分作两件事做。某今说知行合一，虽亦是就今时补偏救弊说，然知行体段亦本来如是。吾契但着实就身心上体履，当下便自知得。今却只从言语文义上窥测，所以牵制支离，转说转糊涂，正是不能知行合一之弊耳。

“象山论学与晦庵大有同异，先生尝称象山‘于学问头脑处见得直截分明’。今观象山之论，却有谓学有讲明，有践履，及以致知格物为讲明之事，乃与晦庵之说无异，而与先生知行合一之说，反有不同。何也？”

曰：君子之学，岂有心于同异？惟其是而已。吾于象山之学有同者，非是苟同；其异者，自不掩其为异也。吾于晦庵之论有异者，非是求异；其同者，自不害其为同也。假使伯夷、柳下惠与孔、孟同处一堂之上，就其所见之偏全，其议论断亦不能皆合，然要之不害其同为圣贤也。若后世论学之士，则全是党同伐异，私心浮气所使，将圣贤事业作一场儿戏看了也。

又问：“知行合一之说，是先生论学最要紧处。今既与象山之说异矣，敢问其所以同。”

曰：知行原是两个字说一个工夫，这一个工夫须著此两个字，方说得完全无弊病。若头脑处见得分明，见得原是一个头脑，则虽把知行分作两个说，毕竟将来做那一个工夫，则始或未便融会，终所谓百虑而一致矣。若头脑见得不分明，原看做两个了，则虽把知行合作一个说，亦恐终未有凑泊处，况又分作两截去做，则是从头至尾更没讨下落处也。

又问：“致良知之说，真是百世以俟圣人而不惑者。象山已于头脑上见得分明，如何于此尚有不同？”

曰：致知格物，自来儒者皆相沿如此说，故象山亦遂相沿得来，不复致疑耳。然此毕竟亦是象山见得未精一处，不可掩也。

又曰：知之真切笃实处，便是行；行之明觉精察处，便是知。若知时，其心不能真切笃实，则其知便不能明觉精察；不是知之时只要明觉精察，更不要真切笃实也。行之时，其心不能明觉精察，则其行便不能真切笃实；不是行之时只要真切笃实，更不要明觉精察也。知天地之化育，心体原是如此。乾知大始，心体亦原是如此。

答南元善 丙戌

别去忽逾三月，居尝思念，辄与诸生私相慨叹。计归程之所及，此时当到家久矣。太夫人康强，贵眷无恙，渭南风景，当与柴桑无异，而元善之识见兴趣，则又有出于元亮之上者矣。近得中途寄来书，读之恍然如接颜色。勤勤恳恳，惟以得闻道为喜，急问学为事，恐卒不得为圣人为忧，亹亹千数百言，略无一字及于得丧荣辱之间，此非真有朝闻夕死之志者，未易以涉斯境也。浣慰何如。诸生递观传诵，相与叹仰歆服，因而兴起者多矣。

世之高抗通脱之士，捐富贵，轻利害，弃爵禄，决然长往而不顾者，亦皆有之。彼其或从好于外道诡异之说，投情于诗酒山水技艺之乐，又或奋发于意气，感激于愤悱，牵溺于嗜好，有待于物以相胜，是以去彼取此而后能。及其所之既倦，意衡心郁，情随事移，则忧愁悲苦随之而作。果能捐富贵，轻利害，弃爵禄，快然终身，无人而不自得已乎？夫惟有道之士，真有以见其良知之昭明灵觉，圆融洞澈，廓然与太虚而同体。太虚之中，何物不有？而无一物能为太虚之障碍。盖吾良知之体，本自聪明睿知，本自宽裕温柔，本自发强刚毅，本自齐庄中正文理密察，本自溥博渊泉而时出之，本无富贵之可慕，本无贫贱之可忧，本无得丧之可欣戚、爱憎之可取舍。盖吾之耳而非良知，则不能以听矣，又何有于聪？目而非良知，则不能以视矣，又何有于明？心而非良知，则不能以思与觉矣，又何有于睿知？然则，又何有于宽裕温柔乎？又何有于发强刚毅乎？又何有于齐庄中正、文理密察乎？又何有于溥博渊泉而时出之乎？故凡慕富贵，忧贫贱，欣戚得丧，爱憎取舍之类，皆足以蔽吾聪明睿知之体，而窒吾渊泉时出之用。若此者，如明目之中而翳之以尘沙，聪耳之中而塞之以木楔也。其疾痛郁逆，将必速去之为快，而何能忍于时刻乎？故凡有道之士，其于慕富贵，忧贫贱，欣戚得丧而取舍爱憎也，若洗目中之尘而拔耳中之楔。其于富贵、贫贱、得丧、爱憎之相值，若飘风浮霭之往来变化于太虚，而太虚之体，固常廓然其无碍也。元善今日之所造，其殆庶几于是矣乎。是岂有待于物以相胜而去彼取此？激昂于一时之意气者所能强？而声音笑貌以为之乎？元善自爱。元善自爱。

关中自古多豪杰，其忠信沈毅之质，明达英伟之器，四方之士，吾见亦多矣，未有如关中之盛者也。然自横渠之后，此学不讲，或亦与四方无异矣。自此关中之士有所振发兴起，进其文艺于道德之归，变其气节为圣贤之学，将必自吾元善昆季始也。今日之归，谓天为无意乎？谓天为无意乎？

元贞以病，不及别简，盖心同道同而学同，吾所以告之亦不能有他说也。亮之亮之。

二 丙戌

五月初得苏州书，后月，适遇王驿丞去，草草曾附短启。其时私计行施，到家必已久矣。是月三日，余门子回复，领手教，始知六月尚留汴城。世途之险涩难料，每每若此也。贱躯入夏咳作，兼以毒暑大旱，舟楫无所往，日与二三子讲息池傍小阁中。每及贤昆玉，则喟然兴叹而已。郡中今岁之旱，比往年尤甚。河渠曾蒙开浚者，百姓皆得资灌溉之利，相与啧啧追颂功德，然已控吁无及矣。彼奸妒佥人号称士类者，乃独谗疾排构无所不至，曾细民之不若，亦独何哉。亦独何哉。色养之暇，埙篪协奏，切磋讲习，当日益深造矣。里中英俊相从论学者几人？学绝道丧且几百年，居今之时，而苟知趋向于是，正所谓空谷之足音，皆今之豪杰矣。便中示知之。

窃尝喜晦翁涵育薰陶之说，以为今时朋友相与必有此意，而后彼此交益。近来一二同志与人讲学，乃有规砺太刻，遂相愤戾而去者，大抵皆不免于以善服人之病耳。楚国实又尔忧去，子京诸友亦不能亟相会，一齐众楚。“道之不明也，我知之矣。”虽然，“风雨如晦，鸡鸣不已”，“至诚而不动者，未之有也。”非贤昆玉，畴足以语于斯乎。其余世情，真若浮虚之变态，亮非元善之所屑闻者也，遂不一一及。

答季明德 丙戌

书惠远及，以咳恙未平，忧念备至，感愧良深。食姜太多，非东南所宜，诚然。此亦不过暂时劫剂耳。近有一友为易“贝母丸”服之，颇亦有效，乃终不若来谕“用养生之法拔去病根”者，为得本源之论。然此又不但治病为然，学问之功亦当如是矣。

承示：“立志益坚，谓圣人必可以学而至。兢兢焉，常磨炼于事为朋友之间，而厌烦之心比前差少。”喜幸殊极。又谓：“圣人之学，不能无积累之渐。”意亦切实。中间以尧、舜、文王、孔、老诸说，发明“志学”一章之意，足知近来进修不懈。居有司之烦而能精思力究若此，非朋辈所及。然此在吾明德自以此意奋起其精神，砥切其志意，则可矣；必欲如此节节分疏引证，以为圣人进道一定之阶级，又连掇数圣人纸上之陈济，而入之以此一款条例之中，如以尧之试鲧为未能不惑，子夏之“启予”为未能耳顺之类，则是尚有比拟牵滞之累。以此论圣人之亦必由学而至，则虽有所发明，然其阶级悬难，反觉高远深奥，而未见其为人皆可学。乃不如末后一节，谓：“至其极而矩之不逾，亦不过自此志之不已所积。而‘不逾’之上，亦必有学可进，圣人岂绝然与人异哉。”又云：“善者，圣之体也。害此善者，人欲而已。人欲，吾之所本无。去其本无之人欲，则善在我而圣体全。圣无有余，我无不足，此以知圣人之必可学也。然非有求为圣人之志，则亦不能以有成。”只如此论，自是亲切简易。以此开喻来学，足以兴起之矣。若如前说，未免使柔怯者畏缩而不敢当，高明者希高而外逐，不能无弊也。圣贤垂训，固有书不尽言，言不尽意者。凡看经书，要在致吾之良知，取其有益于学而已。则千经万典，颠倒纵横，皆为我之所用。一涉拘执比拟，则反为所缚。虽或特见妙诣，开发之益一时不无，而意必之见流注潜伏，盖有反为良知之障蔽而不自知觉者矣。其云"善者圣之体"，意固已好，善即良知，言良知则使人尤为易晓。故区区近有"心之良知是谓圣"之说。其间又云："人之为学，求尽乎天而已。"此明德之意，本欲合天人而为一，而未免反离而二之也。人者，天地万物之心也；心者，天地万物之主也。心即天，言心则天地万物皆举之矣，而又亲切简易。故不若言"人之为学，求尽乎心而已"。

知行之答，大段切实明白，词气亦平和，有足启发人者。惟贤一书，识见甚进，间有语疵，则前所谓"意必之见流注潜伏"者之为病。今既照破，久当自融释矣。

以"效"训"学"之说，凡字义之难通者，则以一字之相类而易晓者释之。若今学字之义，本自明白，不必训释。今遂以效训学，以学训效，皆无不可，不必有所拘执。但效字终不若学字之混成耳。率性而行则性，谓之道；修道而学则道，谓之教。谓修道之为教，可也；谓修道之为学，亦可也。自其道之示人无隐者而言，则道谓之教；自其功夫之修习无违者而言，则道谓之学。教也，学也，皆道也，非人之所能为也。知此，则又何训释之有。所须《学记》，因病未能著笔，俟后便为之。

与王公弼 丙戌

来书比旧所见益进，可喜可喜。中间谓"弃置富贵与轻于方父兄之命，只是一事”。当弃富贵即弃富贵，只是致良知；当从父兄之命即从父兄之命，亦只是致良知。其间权量轻重，稍有私意于良知，便自不安。凡认贼作子者，缘不知在良知上用功，是以有此。若只在良知上体认，所谓“虽不中，不远矣”。

二 丁亥

老年得子，实出望外。承相知爱念，勤卷若此，又重之以厚仪，感愧何可当也。两广之役，积衰久病之余，何能堪此。已具本辞免，但未知遂能得允否耳。来书“提醒良知”之说，甚善甚善。所云“困勉之功”，亦只是提醒工夫未能纯熟，须加人一己百之力，然后能无间断，非是提醒之外，别有一段困勉之事也。

与欧阳崇一 丙戌

正之诸友下第归，备谈在京相与之详，近虽仕途纷扰中，而功力略无退转，甚难甚难。得来书，自咎真切，论学数条，卓有定见，非独无退转，且大有所进矣。文蔚所疑，良不为过。孟子谓“有诸己之谓信”，今吾未能有诸已，是未能自信也，宜乎文蔚之未能信我矣。乃劳崇一逐一为我解嘲，然又不敢尽谓崇一解嘲之言为口给。但在区区，则亦未能一一尽如崇一之所解者，为不能无愧耳。固不敢不勉力也。

寄陆原静 丙戌

原静虽在忧苦中，其学问功夫所谓“颠沛必于是”者，不言可知矣，奚必论说讲究而后可以为学乎？南元善曾将原静后来论学数条刊入《后录》中，初心甚不欲渠如此，近日朋辈见之，却因此多有省悟。始知古人相与辩论穷诘，亦不独要自己明白，直欲共明此学于天下耳。盖此数条，同志中肯用功者，亦时有疑及之，然非原静，则亦莫肯如此披豁吐露；就欲如此披豁吐露，亦不能如此曲折详尽。故此原静一问，其有益于同志，良不浅浅也。自后但有可相启发者，不惜时寄及之，幸甚幸甚。

近得施聘之书，意向卓然出于流辈。往年尝窃异其人，今果与俗不同也。闲中曾相往复否？大事今冬能举得，便可无他绊系，如聘之者，不妨时时一会。穷居独处，无朋友相砥切，最是一大患也。贵乡有韦友名商臣者，闻其用工笃实，尤为难得，亦曾一相讲否？

答甘泉 丙戌

音问虽疏，道德之声无日不闻于耳，所以启瞆消鄙者多矣。向承狂生之谕，初闻极骇，彼虽愚悖之甚，不应遽至于尔。既而细询其故，良亦有因。近复来此，始得其实。盖此生素有老佛之溺，为朋辈所攻激，遂高自矜大，以夸愚泄愤。盖亦不过怪诞妖妄如近世方士呼雷斩蛟之说之类，而闻者不察，又从而增饰之耳。近已与之痛绝，而此生深自悔责，若无所措其躬。赖其资性颇可，或自此遂能改创，未可知也。学绝道丧之余，苟以是心至，斯受之矣。忠信明敏之资，绝不可得。如生者，良亦千百中之一二，而又复不免于陷溺若此，可如何哉。可如何哉。龚生来访，自言素沐教极深，其资性甚纯谨，惜无可以进之者。今复远求陶铸，自此当见其有成也。

答魏师说 丁亥

师伊至，备闻日新之功，兼得来书，志意恳切，喜慰无尽。所云“任情任意，认作良知，及作意为之，不依本来良知，而自谓良知者，既已察识其病矣”，意与良知当分别明白。凡应物起念处，皆谓之意。意则有是有非，能知得意之是与非者，则谓之良知。依得良知，即无有不是矣。所疑拘于体面，格于事势等患，皆是致良知之心未能诚切专一。若能诚切专一，自无此也。凡作事不能谋始与有轻忽苟且之弊者，亦皆致知之心未能诚一，亦是见得良知未透彻。若见得透彻，即体面事势中，莫非良知之妙用。除却体面事势之外，亦别无良知矣。岂得又为体面所局，事势所格？即已动于私意，非复良知之本然矣。今时同志中，虽皆知得良知无所不在，一涉酬应，便又将人情物理与良知看作两事，此诚不可以不察也。

与马子莘 丁亥

连得所寄书，诚慰倾渴。缔观来书，其字画文彩皆有加于畴昔，根本盛而枝叶茂，理固宜然。然草木之花，千叶者无实，其花繁者，其实鲜矣。迩来子莘之志，得无微有所溺乎？是亦不可以不省也。良知之说，往时亦尝备讲，不审迩来能益莹彻否？明道云：“吾学虽有所受，然天理二字，却是自家体认出来。”良知即是天理。体认者，实有诸己之谓耳。非若世之想像讲说者之为也。近时同志，莫不知以良知为说，然亦未见有能实体认之者，是以尚未免于疑惑。盖有谓良知不足以尽天下之理，而必假于穷索以增益之者，又以为徒致良知未必能合于天理，须以良知讲求其所谓天理者，而执之以为一定之则，然后可以率由而无弊。是其为说，非实加体认之功而真有以见夫良知者，则亦莫能辩其言之似是而非也。莆中故多贤，国英及志道二三同志之外，相与切磋砥砺者，亦复几人？良知之外，更无知；致知之外，更无学。外良知以求知者，邪妄之知矣；外致知以为学者，异端之学矣。道丧千载，良知之学久为赘疣，今之友朋知以此事日相讲求者，殆空谷之足音欤。想念虽切，无因面会一罄此怀，临书惘惘。不尽。

与毛古庵宪副 丁亥

亟承书惠，既荷不遗，中间歉然下问之意，尤足以仰见贤者进修之功勤勤不懈，喜幸何可言也。无因促膝一陈鄙见，以求是正，可胜瞻驰。

凡鄙人所谓致良知之说，与今之所谓体认天理之说，本亦无大相远，但微有直截迂曲之差耳。譬之种植，致良知者，是培其根本之生意而达之枝叶者也；体认天理者，是茂其枝叶之生意而求以复之根本者也。然培其根本之生意，固自有以达之枝叶矣；欲茂其枝叶之生意，亦安能舍根本而别有生意可以茂之枝叶之间者乎？吾兄忠信近道之资既自出于侪辈之上，近见胡正人，备谈吾兄平日工夫又皆笃实恳切，非若世之徇名远迹而徒以支离于其外者。只如此用力不已，自当循循有至，所谓殊途而同归者也。亦奚必改途易业，而别求所谓为学之方乎。惟吾兄益就平日用工得力处进步不息，譬之适京都者，始在偏州僻壤，未免经历于傍蹊曲径之中，苟志往不懈，未有不达于通衢大路者也。病躯咳作，不能多及，寄去鄙录，末后论学一书，亦颇发明鄙见，暇中幸示及之。

与黄宗贤 丁亥

人在仕途，比之退处山林时，其工夫之难十倍，非得良友时时警发砥砺，则其平日之所志向，鲜有不潜移默夺，驰然日就于颓靡者。近与诚甫言，在京师相与者少，二君必须预先相约定，彼此但见微有动气处，即须提起致良知话头，互相规切。凡人言语正到快意时，便截然能忍默得；意气正到发扬时，便翕然能收敛得；愤怒嗜欲正到胜沸时，便廓然能消化得；此非天下之大勇者不能也。然见得良知亲切时，其工夫又自不难。缘此数病，良知之所本无，只因良知昏昧蔽塞而后有，若良知一提醒时，即如白日一出，而魍魉自消矣。《中庸》谓“知耻近乎勇”。所谓知耻，只是耻其不能致得自己良知耳。今人多以言语不能屈服得人为耻，意气不能陵轧得人为耻，愤怒嗜欲不能直意任情得为耻，殊不知此数病者，皆是蔽塞自己良知之事，正君子之所宜深耻者。今乃反以不能蔽塞自己良知为耻，正是耻非其所当耻，而不知耻其所当耻也。可不大哀乎。诸君皆平日所知厚者，区区之心，爱莫为助，只愿诸君都做个古之大臣。古之所谓大臣者，更不称他有甚知谋才略，只是一个断断无他技，休休如有容而已。诸君知谋才略，自是超然出于众人之上，所未能自信者，只是未能致得自己良知，未全得断断休休体段耳。今天下事势，如沈痾积痿，所望以起死回生者，实有在于诸君子。若自己病痛未能除得，何以能疗得天下之病。此区区一念之诚，所以不能不为诸君一竭尽者也。诸君每相见时，幸默以此意相规切之，须是克去己私，真能以天地万物为一体，实康济得天下，挽回三代之治，方是不负如此圣明之君，方能报得如此知遇，不枉了因此一大事来出世一遭也。病卧山林，只好修药饵苟延喘息。但于诸君出处，亦有痛痒相关者，不觉缕缕至此。幸亮此情也。

答以乘宪副 丁亥

此学不明于世，久矣。而旧闻旧习障蔽缠绕，一旦骤闻吾说，未有不非诋疑议者。然此心之良知，昭然不昧，万古一日。但肯平心易气，而以吾说反之于心，亦未有不洞然明白者。然不能即此奋志进步，勇脱窠臼，而犹依违观望于其间，则旧闻旧习又从而牵滞蔽塞之矣。此近时同志中往往皆有是病，不识以乘别后，意思却如何耳。昔有十家之村，皆荒其百亩，而日惟转籴于市，取其赢余以赡朝夕者。邻村之农劝之曰："尔朝夕转籴，劳费无期，曷若三年耕则余一年之食，数年耕可积而富矣。"其二人听之，舍籴而田。八家之人竞相非沮遏，室人老幼亦交遍归谪曰："我朝不籴，则无以为饔；暮不籴，则无以为餐。朝夕不保，安能待秋而食乎？"其一人力田不顾，卒成富家；其一人不得已，复弃田而籴，竟贫馁终身焉。今天下之人，方皆转籴于市，忽有舍籴而田者，宁能免于非谪乎。要在深信弗疑，力田而不顾，乃克有成耳。两承书来，皆有迈往直进相信不疑之志，殊为浣慰。人还，附知少致切劘之诚，当不以为迂也。

与戚秀夫 丁亥

德洪诸友时时谈及盛德深情，追忆留都之会，恍若梦寐中矣。盛使远辱，兼以书仪，感怍何既。此道之在人心，皎如白日，虽阴晴晦明千态万状，而白日之光未尝增减变动。足下以迈特之资而能笃志问学，勤勤若是，其于此道真如扫云雾而睹者白日耳。奚假于区区之为问乎？病废既久，偶承两广之命，方具辞疏。使还，正当纷沓，草草不尽鄙怀。

与陈惟浚 丁亥

江西之会极草草，尚意得同舟旬日，从容一谈，不谓既入省城，人事纷沓，及登舟时，惟浚已行矣。沿途甚怏怏。抵梧后，即赴南宁，日不暇给，亦欲遣人相期来此，早晚略暇时可闲话。而此中风土绝异，炎瘴尤不可当，家人辈到此，无不病者。区区咳患亦因热大作，痰痢肿毒交攻。度惟浚断亦不可以居此，又复已之。

近得聂文蔚书，知已入漳。患难困苦之余，所以动心忍性，增益其所不能者，宜必日有所进。养之以福，正在此时，不得空放过也。圣贤论学，无不可用之功，只是致良知三字，尤简易明白，有实下手处，更无走失。近时同志亦已无不知有致良知之说，然能于此实用功者绝少，皆缘见得良知未真，又将致字看太易了，是以多未有得力处。虽比往时支离之说稍有头绪，然亦只是五十步百步之间耳。就中亦有肯精心体究者，不觉又转入旧时窠臼中，反为文义所牵滞，工夫不得洒脱精一，此君子之道所以鲜也。此事必须得师友时时相讲习切劘，自然意思日新。

自出山来，不觉便是一年。山中同志结庐相待者，尚数十人，时有书来，仅令人感动。而地方重务，势难轻脱，病躯又日狼狈若此，不知天意竟如何也。文蔚书中所论，迥然大进，真有一日千里之势，可喜可喜。颇有所询，病中草草答大略。见时可取视之，亦有所发也。

寄安福诸同志 丁亥

诸友始为惜阴之会，当时惟恐只成虚语。迩来乃闻远近豪杰闻风而至者以百数，此可以见良知之同然，而斯道大明之几，于此亦可以卜之矣。喜慰可胜言耶。

得虞卿及诸同志寄来书，所见比旧又加亲切，足验工夫之进，可喜可喜。只如此用功去，当不能有他歧之惑矣。明道有云："宁学圣人而不至，不以一善而成名。"此为有志圣人而未能真得圣人之学者，则可如此说。若今日所讲良知之说，乃真是圣学之的传，但从此学圣人，却无有不至者。惟恐吾侪尚有一善成名之意，未肯专心致志于此耳。在会诸同志，虽未及一一面见，固已神交于千里之外。相见时幸出此共勉之。

王子茂寄问数条，亦皆明切。中间所疑，在子茂亦是更须诚切用功。到融化时，并其所疑亦皆释然沛然，不复有相阻碍，然后为真得也。凡工夫只是要简易真切。愈真切，愈简易；愈简易，愈真切。病咳中不能多及，亦不能一一备列姓字，幸以意亮之而已。

与钱德洪王汝中 丁亥

家事赖廷豹纠正，而德洪、汝中又相与薰陶切劘于其间，吾可以无内顾矣。绍兴书院中同志，不审近来意向如何？德洪、汝中既任其责，当能振作接引，有所兴起。会讲之约但得不废，其间纵有一二懈驰，亦可因此夹持，不致遂有倾倒。余姚又得应元诸友作兴鼓舞，想益日异而月不同。老夫虽出山林，亦每以自慰。诸贤皆一日千里之足，岂俟区区有所警策？聊亦以此示鞭影耳。即日已抵肇庆，去梧不三四日可到。方入冗场，未能多及，千万心亮。绍兴书院及余姚各会同志诸贤，不能一一列名字，幸亮。

二 戊子

地方事幸遂平息，相见渐可期矣。近来不审同志叙会如何？得无法堂前今已草深一丈否？想卧龙之会，虽不能大有所益，亦不宜遂致荒落。且存饩羊，后或兴起亦未可知。余姚得应元诸友相与倡率，为益不小。近有人自家乡来，闻龙山之讲至今不废，亦殊可喜。书到，望为寄声，益相与勉之。九、十弟与正宪辈，不审早晚能来亲近否？或彼自勉，望且诱掖接引之。谅与人为善之心，当不俟多喋也。魏廷豹决能不负所托，儿辈或不能率教，亦望相与夹持之。人行匆匆，百不一及。诸同志不能尽列姓字，均致此意。

三 戊子

德洪、汝中书来，见近日工夫之有进，足为喜慰。而余姚、绍兴诸同志，又能相聚会讲切，奋发兴起，日勤不懈。吾道之昌，真有火然泉达之机矣。喜幸当何如哉。喜幸当何如哉。此间地方悉已平靖，只因二三大贼巢，为两省盗贼之根株渊薮，积为民患者，心亦不忍不为一除剪，又复迟留二三月。今亦了事矣，旬月间便当就归途也。守俭、守文二弟，近承夹持启迪，想亦渐有所进。正宪尤极懒惰，若不痛加针砭，其病未易能去。父子兄弟之间，情既迫切，责善反难，其任乃在师友之间。想平日骨肉道义之爱，当不俟于多嘱也。书院规制，近闻颇加修葺，是亦可喜。寄去银二十两，稍助工费。墙垣之未坚完及一应合整备者，酌量为之。余情面话不久。

答何廷仁 戊子

区区病势日狼狈，自至广城，又增水泻，日夜数行，不得止，今遂两足不能坐立。须稍定，即逾岭而东矣。诸友皆不必相候。果有山阴之兴，即须早鼓钱塘之舵，得与德洪、汝中辈一会聚，彼此当必有益。区区养病本去已三月，旬日后必得旨，亦遂发舟而东。纵未能遂归田之愿，亦必得一还阳明，与诸友一面而别，且后会又有可期也。千万勿复迟疑，徒耽误日月。总及随舟而行，沿途官吏送迎请谒，断亦不能有须臾之暇，宜悉此意。书至，即拨冗。德洪、汝中辈亦可促之早为北上之图。伏枕潦草。

书四

答佟太守求雨 癸亥

昨杨、李二丞来，备传尊教，且询致雨之术，不胜惭悚。今早谌节推辱临，复申前请，尤为恳至，令人益增惶惧。天道幽远，岂凡庸所能测识？然执事忧勤为民之意真切如是，仆亦何可以无一言之复。

孔子云：“丘之祷久矣。”盖君子之祷不在于对越祈祝之际，而在于日用操存之先。执事之治吾越，几年于此矣。凡所以为民祛患除弊兴利而致福者，何莫而非先事之祷，而何俟于今日？然而暑旱尚存而雨泽未应者，岂别有所以致此者欤？古者岁旱，则为之主者减膳撤乐，省狱薄赋，修祀典，问疾苦，引咎赈乏，为民遍请于山川社稷，故有叩天求雨之祭，有省咎自责之文，有归诚请改之祷。盖《史记》所载汤以六事自责，《礼》谓“大雩，帝用盛乐”，《春秋》书“秋九月，大雩”，皆此类也。仆之所闻于古如是，未闻有所谓书符咒水而可以得雨者也。唯后世方术之士或时有之。然彼皆有高洁不污之操，特立坚忍之心。虽其所为不必合于中道，而亦有以异于寻常，是以或能致此。然皆出小说而不见于经传，君子犹以为附会之谈；又况如今之方士之流，曾不少殊于市井嚣顽，而欲望之以挥斥雷电，呼吸风雨之事，岂不难哉。仆谓执事且宜出斋于厅事，罢不急之务，开省过之门，洗简冤滞，禁抑奢繁，淬诚涤虑，痛自悔责，以为八邑之民请于山川社稷。而彼方士之祈请者，听民间从便得自为之，但弗之禁而不专倚以为重轻。

夫以执事平日之所操存，苟诚无愧于神明，而又临事省惕，躬帅僚属致恳乞诚，虽天道亢旱，亦自有数；使人事良修，旬日之内，自宜有应。仆虽不肖，无以自别于凡民，使可以诚有致雨之术，亦安忍坐视民患而恬不知顾，乃劳执事之仆，仆岂无人之心者耶？一二日内，仆亦将祷于南镇，以助执事之诚。执事其但为民悉心以请，毋惑于邪说，毋急于近名，天道虽远，至诚而不动者，未之有也。

答毛宪副 戊辰

昨承遣人喻以祸福利害，且令勉赴太府请谢，此非道谊深情，决不至此，感激之至，言无所容。但差人至龙场陵侮，此自差人挟势擅威，非太府使之也。龙场诸夷与之争斗，此自诸夷愤恨不平，亦非某使之也。然则太府固未尝辱某，某亦未尝傲太府，何所得罪而遽请谢乎？跪拜之礼，亦小官常分，不足以为辱，然亦不当无故而行之。不当行而行，与当行而不行，其为取辱一也。废逐小臣，所守待死者，忠信礼义而已，又弃此而不守，祸莫大焉。凡祸福利害之说，某亦尝讲之。君子以忠信为利，礼义为福。苟忠信礼义之不存，虽禄之万钟，爵以侯王之贵，君子犹谓之祸与害；如其忠信礼义之所在，虽剖心碎首，君子利而行之，自以为福也，况于流离窜逐之微乎？某之居此，盖瘴疠蛊毒之与处，魑魅魍魉之与游，日有三死焉；然而居之泰然，未尝以动其中者，诚知生死之有命，不以一朝之患而忘其终身之忧也。太府苟欲加害，而在我诚有以取之，则不可谓无憾；使吾无有以取之而横罹焉，则亦瘴疠而已尔，蛊毒而已尔，魑魅魍魉而已尔，吾岂以是而动吾心哉。执事之喻，虽有所不敢承，然因是而益知所以自励，不敢苟有所隳堕，则某也受教多矣，敢不顿首以谢。

与安宣慰 戊辰

某得罪朝廷而来，惟窜伏阴崖幽谷之中以御魍魉，则其所宜。故虽夙闻使君之高谊，经旬月而不敢见，若甚简伉者。然省愆内讼，痛自削责，不敢比数于冠裳，则亦逐臣之礼也。使君不以为过，使廪人馈粟，庖人馈肉，园人代薪水之劳，亦宁不贵使君之义而谅其为情乎。自惟罪人何可以辱守土之大夫，惧不敢当，辄以礼辞。使君复不以为罪，昨者又重之以金帛，副之以鞍马，礼益隆，情益至，某益用震悚。是重使君之辱而甚逐臣之罪也，愈有所不敢当矣。使者坚不可却，求其说而不得。无已其周之乎？周之亦可受也。敬受米二石，柴炭鸡鹅悉受如来数。其诸金帛鞍马，使君所以交于卿士大夫者，施之逐臣，殊骇观听，敢固以辞。伏惟使君处人以礼，恕物以情，不至再辱，则可矣。

二 戊辰

减驿事非罪人所敢与闻，承使君厚爱，因使者至，闲问及之，不谓其遂达诸左右也。悚息悚息。然已承见询，则又不可默。

凡朝廷制度，定自祖宗；后世守之，不可以擅改，在朝廷且谓之变乱，况诸侯乎。纵朝廷不见罪，有司者将执法以绳之，使君必且无益，纵幸免于一时，或五六年，或八九年，虽远至二三十年矣，当事者犹得持典章而议其后。若是则使君何利焉？使君之行先，自汉、唐以来千几百年，土地人民未之或改，所以长久若此者，以能世守天子礼法，竭忠尽力，不敢分寸有所违。是故天子亦不得逾礼法，无故而加诸忠良之臣。不然，使君之土地人民富且盛矣，朝廷悉取而郡县之，其谁以为不可？夫驿，可减也，亦可增也；驿可改也，宣慰司亦可革也。由此言之，殆甚有害，使君其未之思耶？

所云奏功升职事，意亦如此。夫划除寇盗以抚绥平良，亦守土之常职，今缕举以要赏，则朝廷平日之恩宠禄位，顾将欲以何为？使君为参政，亦已非设官之旧，今又干进不已，是无抵极也。众必不堪。夫宣慰守土之官，故得以世有其土地人民；若参政，则流官矣，东西南北，惟天子所使。朝廷下方尺之檄，委使君以一职，或闽或蜀，其敢弗行乎？则方命之诛不旋踵而至，捧檄从事，千百年之土地人民非复使君有矣。由此言之，虽今日之参政，使君将恐辞去之不速，其又可再乎。凡此以利害言，揆之于义，反之于心，使君必自有不安者。夫拂心违义而行，众所不与，鬼神所不嘉也。

承问及，不敢不以正对，幸亮察。

三 戊辰

阿贾、阿札等畔宋氏，为地方患，传者谓使君使之。此虽或出于妒妇之口，然阿贾等自言使君尝锡之以氈刀，遗之以弓弩。虽无其心，不幸乃有其迹矣。始三堂两司得是说，即欲闻之于朝；既而以使君平日忠实之故，未必有是，且信且疑，姑令使君讨贼；苟遂出军剿扑，则传闻皆妄，何可以滥及忠良；其或坐观逗遛，徐议可否，亦未为晚；故且隐忍其议，所以待使君者甚厚。既而文移三至，使君始出；众论纷纷，疑者将信。喧腾之际，适会左右来献阿麻之首，偏师出解洪边之围，群公又复徐徐。今又三月余矣。使君称疾归卧，诸军以次潜回，其间分屯寨堡者，不闻擒斩以宣国威，惟增剽掠以重民怨，众情愈益不平。而使君之民罔所知识，方扬言于人，谓“宋氏之难当使宋氏自平，安氏何与而反为之役？我安氏连地千里，拥众四十八万，深坑绝坉，飞鸟不能越，猿猱不能攀。纵遂高坐，不为宋氏出一卒，人亦卒如我何”。斯言已稍稍传播，不知三堂两司已尝闻之否？使君诚久卧不出，安氏之祸必自斯言始矣。使君与宋氏同守土，而使君为之长。地方变乱，皆守土者之罪，使君能独委之宋氏乎？夫连地千里，孰与中土之一大郡？拥众四十八万，孰与中土之一都司？深坑绝坉，安氏有之，然如安氏者，环四面而居以百数也。今播州有杨爱，恺黎有杨友，酉杨、保靖有彭世麒等诸人，斯言苟闻于朝，朝廷下片纸于杨爱诸人，使各自为战，共分安氏之所有，盖朝令而夕无安氏矣。深坑绝坉，何所用其险？使君可无寒心乎。且安氏之职，四十八支更迭而为，今使君独传者三世，而群支莫敢争，以朝廷之命也，苟有可乘之衅，孰不欲起而代之乎？然则扬此言于外，以速安氏之祸者，殆渔人之计，萧墙之忧，未可测也。使君宜速出军，平定反侧，破众谗之口，息多端之议，弭方兴之变，绝难测之祸，补既往之愆，要将来之福。某非为人作说客者，使君幸熟思之。

答人问神仙 戊辰

询及神仙有无，兼请其事，三至而不答，非不欲答也，无可答耳。昨令弟来，必欲得之。仆诚生八岁而即好其说，今已余三十年矣，齿渐摇动，发已有一二茎变化成白，目光仅盈尺，声闻函丈之外，又常经月卧病不出，药量骤进，此殆其效也。而相知者犹妄谓之能得其道，足下又妄听之而以见询。不得已，姑为足下妄言之。

古有至人，淳德凝道，和于阴阳，调于四时，去世离俗，积精全神；游行天地之间，视听八远之外，若广成子之千五百岁而不衰，李伯阳历商、周之代，西度函谷，亦尝有之。若是而谓之曰无，疑于欺子矣。然则呼吸动静，与道为体，精骨完久，禀于受气之始，此殆天之所成，非人力可强也。若后世拔宅飞升，点化投夺之类，谲怪奇骇，是乃秘术曲技，尹文子所谓“幻”，释氏谓之“外道”者也。若是谓之曰有，亦疑于欺子矣，夫有无之间，非言语可况。存久而明，养深而自得之；未至而强喻，信亦未必能及也。盖吾儒亦自有神仙之道，颜子三十二而卒，至今未亡也。足下能信之乎？后世上阳子之流，盖方外技术之士，未可以为道。若达磨、慧能之徒，则庶几近之矣，然而未易言也。足下欲闻其说，须退处山林三十年，全耳目，一心志，胸中洒洒不挂一尘，而后可以言此；今去仙道尚远也。妄言不罪。

答徐成之 壬午

承以朱、陆同异见询，学术不明于世久矣，此正吾侪今日之所宜明辨者。细观来教，则舆庵之主象山既失，而吾兄之主晦庵亦未为得也，是朱非陆，天下之论定久矣，久则难变也。虽微吾兄之争，舆庵亦岂能遽行其说乎？故仆以为二兄今日之论，正不必求胜。务求象山之所以非，晦庵之所以是，穷本极源，真有以见其几微得失于毫忽之间。若明者之听讼，其事之曲者，既有以辨其情之不得已；而辞之直者，复有以察其处之或未当。使受罪者得以伸其情，而获伸者亦有所不得辞其责，则有以尽夫事理之公，即夫人心之安，而可以俟圣人于百世矣。今二兄之论，乃若出于求胜者。求胜则是动于气也。动于气，则于义理之正何啻千里，而又何是非之论乎。凡论古人得失，决不可以意度而悬断之。今舆庵之论象山曰："虽其专以尊德性为主，未免堕于禅学之虚空；而其持守端实，终不失为圣人之徒。若晦庵之一于道问学，则支离决裂，非复圣门诚意正心之学矣。"吾兄之论晦庵曰："虽其专以道问学为主，未免失于俗学之支离，而其循序渐进，终不背于《大学》之训。若象山之一于尊德性，则虚无寂灭，非复大学'格物致知'之学矣。"夫既曰"尊德性"，则不可谓"堕于禅学之虚空"；"堕于禅学之虚空"，则不可谓之"尊德性"矣。既曰"道问学"，则不可谓"失于俗学之支离"；"失于俗学之支离"，则不可谓之"道问学"矣，二者之辨，间不容发。然则二兄之论，皆未免于意度也。昔者子思之论学，盖不下千百言，而括之以"尊德性而道问学"之一语。即如二兄之辩，一以"尊德性"为主，一以"道问学"为事，则是二者固皆未免于一偏，而是非之论尚未有所定也，乌得各持一是而遽以相非为乎？故仆原二兄置心于公平正大之地，无务求胜。夫论学而务以求胜，岂所谓"尊德性"乎？岂所谓"道问学"乎？以某所见，非独吾兄之非象山、舆庵之非晦庵皆失之非，而吾兄之是晦庵、舆庵之是象山，亦皆未得其所以是也。稍暇当面悉，姑务养心息辩，毋遽。

二 壬午

昨所奉答，适有远客酬对纷纭，不暇细论。姑愿二兄息未定之争，各反究其所是者，必己所是已无丝发之憾，而后可以及人之非。早来承教，乃为仆漫为含胡两解之说，而细绎辞旨，若有以阴助舆庵而为之地者，读之不觉失笑。曾为吾兄而亦有是言耶？仆尝以为君子论事当先去其有我之私，一动于有我，则此心已陷于邪僻，虽所论尽合于理，既已亡其本矣。尝以是言于朋友之间，今吾兄乃云尔，敢不自反其殆陷于邪僻而弗觉也？求之反复，而昨者所论实未尝有是。则斯言也无乃吾兄之过欤？虽然，无是心而言之未尽于理，未得为无过也。仆敢自谓其言之已尽于理乎？请举二兄之所是者以求正。

舆庵是象山，而谓其"专以尊德性为主"，今观《象山文集》所载，未尝不教其徒读书穷理。而自谓"理会文字颇与人异"者，则其意实欲体之于身。其亟所称述以晦人者，曰"居处恭，执事敬，与人忠"，曰"克己复礼"，曰"万物皆备于我，反身而诚，乐莫大焉"，曰"学问之道无他，求其放心而已"，曰"先立乎其大者，而小者不能夺"。是数言者，孔子、孟轲之言也，乌在其为空虚者乎？独其"易简觉悟"之说颇为当时所疑。然"易简"之说出于《系辞》，"觉悟"之说虽有同于释氏，然释氏之说亦自有同于吾儒，而不害其为异者，惟在于几微毫忽之间而已。亦何必讳于其同而遂不敢以言、狃于其异而遂不以察之乎？是舆庵之是象山，固犹未尽其所以是也。

吾兄是晦庵，而谓其"专以道问学为事"。然晦庵之言，曰"居敬穷理"，曰"非存心无以致知"，曰"君子之心常存敬畏，虽不见闻，亦不敢忽，所以存天理之本然，而不使离于须臾之顷也”。是其为言虽未尽莹，亦何尝不以尊德性为事？而又乌在其为支离者乎？独其平日汲汲于训解，虽韩文、《楚辞》、《阴符》、《参同》之属，亦必与之注释考辩，而论者遂疑其玩物。又其心虑恐学者之躐等而或失之于妄作，使必先之以格致而无不明，然后有以实之于诚正而无所谬。世之学者挂一漏万，求之愈繁而失之愈远，至有敝力终身，苦其难而卒无所入，而遂议其支离。不知此乃后世学者之弊，而当时晦庵之自为，则亦岂至是乎？是吾兄之是晦庵，固犹未尽其所以是也。

夫二兄之所信而是者既未尽其所以是，则其所疑而非者亦岂必尽其所以非乎？然而二兄往复之辩不能一反焉，此仆之所以疑其或出于求胜也。一有求胜之心，则已亡其学问之本，而又何以论学为哉。此仆之所以惟愿二兄之自反也，安有所谓“含胡两解而阴为舆庵之地”者哉。夫君子之论学，要在得之于心。众皆以为是，苟求之心而未会焉，未敢以为是也；众皆以为非，苟求之心而有契焉，未敢以为非也。心也者，吾所得于天之理也，无间于天人，无分于古今。苟尽吾心以求焉，则不中不远矣。学也者，求以尽吾心也。是故尊德性而道问学，尊者，尊此者也；道者，道此者也。不得于心而惟外信于人以为学，乌在其为学也已。仆尝以为晦庵之与象山，虽其所为学者若有不同，而要皆不失为圣人之徒。今晦庵之学，天下之人童而习之，既已入人之深，有不容于论辩者。而独惟象山之学，则以其尝兴晦庵之有言，而遂藩篱之。使若由、赐之殊科焉，则可矣，而遂摈放废斥，若碔砆之与美玉，则岂不过甚矣乎？夫晦庵折衷群儒之说，以发明《六经》、《语》、《孟》之旨于天下，其嘉惠后学之心，真有不可得而议者。而象山辨义利之分，立大本，求放心，以示后学笃实为己之道，其功亦宁可得而尽诬之。而世之儒者，附和雷同，不究其实，而概目之以禅学，则诚可冤也已。故仆尝欲冒天下之讥，以为象山一暴其说，虽以此得罪，无恨。仆于晦庵亦有罔极之恩，岂欲操戈而入室者？顾晦庵之学，既已若日星之章明于天下；而象山独蒙无实之诬，于今且四百年，莫有为之一洗者。使晦庵有知，将亦不能一日安享于庙庑之间矣。此仆之至情，终亦必为吾兄一吐者，亦何肯"漫为两解之说以阴助于舆庵？"舆庵之说，仆犹恨其有未尽也。

夫学术者，今古圣贤之学术，天下之所公共，非吾三人者所私有也。天下之学术，当为天下公言之，而岂独为舆庵地哉。兄又举太极之辩，以为象山"于文义且有所未能通晓，而其强辩自信，曾何有于所养"。夫谓其文义之有未详，不害其为有未详也；谓其所养之未至，不害其为未至也。学未至于圣人，宁免太过不及之差乎。而论者遂欲以是而盖之，则吾恐晦庵禅学之讥，亦未免有激于不平也。夫一则不审于文义，一则有激于不平，是皆所养之未至。昔孔子，大圣也，而犹曰"假我数年以学《易》，可以无大过"；仲虺之赞成汤，亦惟曰"改过不吝"而已。所养之未至，亦何伤于二先生之为贤乎？此正晦庵、象山之气象，所以未及于颜子、明道者在此。吾侪正当仰其所以不可及，而默识其所未至者，以为涵养规切之方，不当置偏私于其间，而有所附会增损之也。夫君子之过也，如日月之食，人皆见之；更也，人皆仰之。而小人之过也必文。世之学者以晦庵大儒，不宜复有所谓过者，而必曲为隐饰增加，务诋象山于禅学，以求伸其说；且自以为有助于晦庵，而更相倡引，谓之扶持正论。不知晦庵乃君子之过，而吾反以小人之见而文之。晦庵有闻过则喜之美，而吾乃非徒顺之，又从而为之辞也。晦庵之心，以圣贤君子之学期后代，而世之儒者，事之以事小人之礼，是何诬象山之厚而待晦庵之薄耶。

仆今者之论，非独为象山惜，实为晦庵惜也。兄视仆平日于晦庵何如哉？而乃有是论，是亦可以谅其为心矣。惟吾兄去世俗之见，宏虚受之诚，勿求其必同，而察其所以异；勿以无过为圣贤之高，而以改过为圣贤之学；勿以其有所未至者为圣贤之讳，而以其常怀不满者为圣贤之心；则兄与舆庵之论，将有不待辩说而释然以自解者。孟子云："君子亦仁而已，何必同？"惟吾兄审择而正之。

答储柴墟 壬申

盛价来，适人事纷纭，不及细询比来事。既还，却殊怏怏。承示《刘生墓志》，此实友义所关，文亦缜密；独叙乃父侧室事颇伤忠厚，未刻石，删去之为佳。子于父过，谏而过激，不可以为几；称子之美，而发其父之阴私，不可以为训。宜更详之。

喻及交际之难，此殆谬于私意。君子与人，惟义所在，厚薄轻重，己无所私焉，此所以为简易之道。世人之心，杂于计较，毁誉得丧交于中，而眩其当然之则，是以处之愈周，计之愈悉，而行之愈难。夫大贤吾师，次贤吾友，此天理自然之则，岂以是为炎凉之嫌哉？吾兄以仆于今之公卿，若某之贤者，则称谓以"友生"，若某与某之贤不及于某者，则称谓以"侍生"，岂以矫时俗炎凉之弊？非也。夫彼可以为吾友，而吾可以友之，彼又吾友也，吾安得而弗友之？彼不可以为吾友，而吾不可以友之，彼又不吾友也，吾安得而友之？夫友也者，以道也、以德也。天下莫大于道，莫贵于德。道德之所在，齿与位不得而干焉，仆与某之谓矣。彼其无道与德，而徒有其贵与齿也，则亦贵齿之而已。然若此者，与之见亦寡矣，非以事相临不往见也。若此者与凡交游之随俗以侍生而来者，亦随俗而侍生之。所谓“事之无害于义者，从俗可也”。千乘之君，求与之友而不可得，非在我有所不屑乎？嗟乎。友未易言也。今之所谓友，或以艺同，或以事合，徇名逐势，非吾所谓辅仁之友矣。仁者，心之德，人而不仁，不可以为人。辅仁，求以全心德也，如是而后友。今特以技艺文辞之工，地势声翼之重，而骜然欲以友乎贤者，贤者弗与也。吾兄技艺炎凉之说，贵贱少长之论，殆皆有未尽欤？孟子曰：“友也者，不可以有挟。”孟献子之友五人，无献子之家者也，曾以贵贱乎？仲由少颜、路三岁，回、由之赠处，盖友也。回与曾点同时，参曰：“昔者吾友”，曾以少长乎？将矫时俗之炎凉而自畔于礼，其间不能以寸矣。吾兄又以仆于后进之来，其质美而才者，多以先后辈相处；其庸下者，反待以客礼，疑仆别有一道。是道也，奚有于别？凡后进之来，其才者皆有意于斯道者也，吾安得不以斯道处之？其庸下者，不过世俗泛然一接，吾亦世俗泛然待之，如乡人而已。昔伊川初与吕希哲为同舍友，待之友也；既而希哲师事伊川，待之弟子也。谓敬于同舍而慢于弟子，可乎？孔子待阳货以大夫，待回、赐以弟子，谓待回、赐不若阳货，可乎？师友道废久，后进之中，有聪明特达者，颇知求道，往往又为先辈待之不诚，不谅其心而务假以虚礼，以取悦于后进，干待士之誉，此正所谓病于夏畦者也，以是师友之道日益沦没，无由复明。仆常以为世有周、程诸君子，则吾固得而执弟子之役，乃大幸矣，其次有周、程之高弟焉，吾犹得而私淑也。不幸世又无是人，有志之士，伥伥其将焉求乎？然则何能无忧也？忧之而不以责之己，责之己而不以求辅于人，求辅于人而待之不以诚，终亦必无所成而已耳。凡仆于今之后进，非敢以师道自处也，将求其聪明特达者与之讲明，因以自辅也。彼自以后进求正于我，虽不师事，我固有先后辈之道焉。伊川瞑目而坐，游、杨侍立不敢去，重道也。今世习于旷肆，惮于检饰，不复知有此事。幸而有一二后进略知求道为事，是有复明之机；又不诚心直道与之发明，而徒阉然媚世，苟且阿俗，仆诚痛之惜之。传曰："师严然后道尊，道尊然后民知敬学。"夫人必有所严惮，然后言之，而听之也审；施之，而承之也肃。凡若此者，皆求以明道，皆循理而行，非有容私于其间也。伊尹曰："天之生斯民也，使先知觉后知，使先觉觉后觉。予天民之先觉也，非予觉之而谁也？"是故大知觉于小知，小知觉于无知；大觉觉于小觉，小觉觉于无觉。夫已大知大觉矣，而后以觉于天下，不亦善乎？然而未能也，遂自以小知小觉而不敢以觉于人，则终亦莫之觉矣。仁者固如是乎？夫仁者，己欲立而立人，己欲达而达人。仆之意以为，已有分寸之知，即欲同此分寸之知于人；已有分寸之觉，即欲同此分寸之觉于人。人之小知小觉者益众，则其相与为知觉也益易且明，如是而后大知大觉可期也。仆于今之后进，尚不敢以小知小觉自处。譬之冻馁之人，知耕桑之可以足衣食，而又偶闻艺禾树桑之法，将试为之，而遂以告其凡冻馁者，使之共为之也，亦何嫌于己之未尝树艺，而遂不可以告之乎？虽然，君子有诸己而后求诸人，仆盖未尝有诸己也，而可以求诸人乎？夫亦谓其有意于仆而来者耳。

承相问，辄缕缕至此。有未当者，不惜往复。

二 壬申

昨者草率奉报，意在求正，不觉芜冗。承长笺批答，推许过盛，殊增悚汗也。来喻责仆不以师道自处，恐亦未为诚心直道。顾仆何人，而敢以师道自处哉？前书所谓“以前后辈处之”者，亦谓仆有一日之长，而彼又有求道之心者耳。若其年齿相若而无意于求道者，自当如常待以客礼，安得例以前后辈处之？是亦妄人矣。又况不揆其来意之如何，而抗颜以师道自居，世宁有是理耶？夫师法者，非可以自处得也，彼以是求我，而我以是应之耳。嗟乎。今之时，孰有所谓师云乎哉。今之习技艺者则有师，习举业求声利者则有师，彼诚知技艺之可以得衣食，举业之可以得声利，而希美官爵也。自非诚知己之性分，有急于衣食官爵者，孰肯从而求师哉。夫技艺之不习，不过乏衣食；举业之不习，不过无官爵；己之性分有所蔽悖，是不得为人矣。人顾明彼而暗此也，可不大哀乎。往时仆与王寅之、刘景素同游太学，每季考，寅之恒居景素前列，然寅之自以为讲贯不及景素，一旦执弟子礼师之。仆每叹服，以为如寅之者，真可为豪杰之士。使寅之易此心以求道，亦何圣贤之不可及。然而寅之能于彼不能于此也。曾子病革而易箦，子路临绝而结缨，横渠撤虎皮而使其子弟从讲于二程，惟天下之大勇无我者能之。今天下波颓风靡，为日已久，何异于病革临绝之时，然又人是己见，莫肯相下求正。故居今之世，非有豪杰独立之士的见性分之不容己，毅然以圣贤之道自任者，莫之从而求师也。

吾兄又疑后进之来，其资禀意向虽不足以承教，若其齿之相远者，恐亦不当概以客礼相待。仆前书所及，盖与有意于斯道者相属而言，亦谓其可以客，可以无客者耳。若其齿数邈绝，则名分具存，有不待言矣。孔子使阙党童子将命，曰："吾见其居于位也，见其与先生并行也，非求益者也，欲速成者也，"亦未尝无诲焉。虽然，此皆以不若己者言也。若其德器之夙成，识见之超诣者，虽生于吾后数十年，其大者吾师，次者吾友也，得以齿序论之哉？

人归遽剧，极潦草。便间批复可否。不一一。

答何子元 壬申

来书云："《礼曾子问》：'诸侯见天子，入门不得终礼，废者几？孔子曰：四。又问：诸侯相见，揖，入门不得终礼，废者几？孔子曰：六，而日食存焉。曾子曰：当祭而日食，太庙火，其祭也如之何？孔子曰：接祭而已矣。如牲至，未杀，则废。'孟春于此有疑焉：天子崩，太庙火，后夫人之丧，雨沾服失容，此事之不可期，或适相值。若日食则可预推也，诸侯行礼，独不容以少避乎？祭又何必专于是日而匆匆于接祭哉？牲未杀，则祭废，当杀牲之时，而不知日食之候者，何也？执事幸以见教，千万千万。"

承喻《曾子问》"日食接祭"之说，前此盖未尝有疑及此者，足见为学精察，深用叹服。如某浅昧，何足以辨此。

古者天子有日官，诸侯有日御。日官居卿以底日，日御不失日以授百官之朝，岂有当祭之日而尚未知有日食者？夫子答曾子之问，窃意春秋之时，日官多失其职，固有日食而弗之知者矣。尧命羲和，敬授人时，何重也。仲康之时，去尧未远，羲和已失其职，迷于天象，至日食罔闻知，故有胤之征。降及商、周，其职益轻。平王东迁，政教号令不及于天下。自是而后，官之失职，又可知矣。《春秋》所书日食三十有六，今以《左传》考之，其以鼓用牲币于社及其他变常失礼书者三之一，其以官失其职书者四之二，凡日食而不书朔日者，杜预皆以为官失之，故其必有考也。《经》："桓公十七年冬十月朔，日有食之。"《传》曰："不书日，官失之也。""僖公十五年夏五月，日有食之。"《传》曰："不书朔与日，官失之也。"则《传》固已言之矣。襄公之二十七年冬十二月乙卯朔，日有食之，而《传》曰："辰在申，司历过也，再失闰矣。"夫推候之缪，至于再失闰，则日食之不知，殆其细者矣。古之祭者，七日戒，三日斋，致其诚敬以交于神明，谓之"当祭而日食"，则固已行礼矣。如是而中辍之，不可也。接者，疾速之义。其仪节固已简慢，接祭则可两全而无害矣。况此以天子尝禘郊社而言，是乃国之大祀。若其他小祭则或自有可废者，在权其轻重而处之。若祭于太庙，而太庙火，则亦似有不得不废者。然此皆无明文，窃意其然，不识高明且以为何如也？

上晋溪司马 戊寅

郴、衡诸处群孽，漏殄尚多，盖缘进剿之时，彼省土兵不甚用命，而广兵防夹，又复稍迟，是以致此。其在目今，若无凶荒之灾，兵革之衅，料亦未敢动作，但恐一二年后，则有所不能保耳。今大征甫息，势既未可轻举；而地方新遭土兵之扰，复不堪重困。将纾目前之患，不过添立屯堡；若欲稍为以久之图，亦不过建立县治。然此二端，彼省镇巡已尝会奏举行，生虽复往，岂能别有区划？但度其事势，屯堡之设虽可以张布声威，然使守瞭日久，未免怠弛散归。无事则虚具名数，冒费粮饷；有急则张皇贼势，复须调兵；此其势之所必至者。惟建县一事颇为得策。又闻所设县分乃瓜分两省三县之地，彼此各吝土地人民，岂肯安然割己所有以资异省别郡？必有纷争异同之论，未能归一。则立县之举，势亦未易克就。既承责委，亦已遣人再往询访，苟有利弊稍可裨益者，当复举请。但因闽事孔棘，遥闻庙堂之议亦欲缪以见责，故且未敢辄往郴、桂。然敕书又未见到，则闽中亦不敢遽往，旦夕咨访其事，颇悉颠末，大概闽中之变，亦由积渐所致。其始作于延平，继发于邵武，又继发于建宁，发于汀、漳，发于沿海诸卫所。其间惊哄虽小大不一，然亦皆困倡于前者略无惩创，遂敢效尤而兴。今省城渠魁虽已授首，人心尚尔惊惶未定，郡武诸处尤不可测。急之必致变，纵而不问，将来之祸尤有不可胜言者。盖福建之军，纵恣骄骜已非一日，既无漕运之劳，又无征戍之役，饱食安坐，徭赋不及，居则朘民之膏血以供其粮，有事返藉民之子弟而为之斗。有司豢养若骄子，百姓疾畏如虎狼。稍不如意，呼嗷群聚而起，焚掠居民，绑笞官吏；气焰所加，帖然惟其所欲而后已。今其势既盈，如将溃之堤，岌乎汹汹，匪朝伊夕。虽有知者，难善其后，固非迂劣如守仁者所能办此也。又况积弱之躯，百病侵剥，近日复闻祖母病危，日夜痛苦，方寸已乱，岂复堪任。临期败事，罪戮益重，辄敢先以情诉，伏望曲加矜悯，改授能者，使生得全首领，归延残息于田野，非生一人之幸，实一省数百万生灵之幸也。情蹙辞隘，忘其突冒，死罪死罪。

二 己卯

赍奏人回，每辱颁教，接引开慰，勤惓恳恻，不一而足，仁人君子爱物之诚，与人之厚，虽在木石，亦当感动激发，而况于人乎。无能报谢，铭诸心腑而已。

生始恳疏乞归，诚以祖母鞠育之恩，思一面为诀。后竟牵滞兵戈，不及一见，卒抱终天之痛。今老父衰疾，又复日亟；而地方已幸无事，且蒙朝廷曾有“贼平来说”之旨，若再拘缚，使不获一申其情，后虽万死，无以赎其痛恨矣。老先生亦何惜一举手投足之劳而不以曲全之乎？今生已移疾舟次，若复候命不至，断亦逃归，死无所憾，老先生亦何惜一举手投足之劳而必欲置之有罪之地乎？情隘辞迫，渎冒威严；临纸涕泣，不知所云，死罪死罪。

上彭幸庵 壬午

不孝延祸先子，自惟罪逆深重，久摈绝于大贤君子之门矣，然犹强息忍死，未即殒灭，又复有所控吁者。痛惟先子平生孝友刚直，言行一出其心之诚然，而无所饰于其外。与人不为边幅，而至于当大义，临大节，则毅然奋卓而不可回夺。忝从大夫之后。逮事先朝，亦既荐被知遇；中遭逆瑾之变，退伏田野。忠贞之志，抑而不申。近幸中兴之会，圣君贤相方与振废起旧，以发舒幽枉，而先子则长已矣，德蕴壅阏于而未宣，终将泯溷于俗，岂不痛哉。伏惟执事才德勋烈动一世，忠贞之节，刚大之气，屹然独峙，百撼不摇，真足以廉顽而立懦。天子求旧图新，复起以相，海内仰望其风采，凡天下之韬伏堙滞，窒而求通，曲而求直者，莫不延颈跂足，望下风而奔诉。况先子素辱知与，不肖孤亦尝受教于门下，近者又蒙为之刷垢雪秽，谬承推引之恩，盖不一而足者，反自疏外，不一以其情为请？是委先子于沟壑，而重弃于大贤君子也。不孝之罪不滋为甚欤？先子之没，有司以赠谥乞，非执事之悯之也，而为之一表白焉。其敢觊觎于万一乎？荒迷恳迫，不自知其僭罔渎冒，死罪死罪。

寄杨邃庵阁老 壬午

孤闻之，昔古之君子之葬其亲也，必求名世大贤君子之言，以图其不朽。然而大贤君子之生，不数数于世，固有世有其人而不获同其时者矣，又有同其时而限于势分无由自通于门墙之下者矣，则夫图不朽于斯人者，不亦难乎。痛惟先君宅心制行，庶亦无愧于古人；虽已忝在公卿之后，而遭时未久，志未大行，道未大明，取嫉权奸，敛德而归，今则复长已矣。不孝孤将以是岁之冬举葬事，图所以为不朽者，惟墓石之志为重。伏惟明公道德文章，师表一世；言论政烈，仪刑百辟。求之昔人，盖欧阳文忠、范文正、韩魏公其人也，所谓名世之大贤君子，非明公其谁欤。不幸而生不同时也，则亦已矣；幸而犹及。在后进之末，虽明公固所不屑，挥之门墙之外，犹将冒昧强颜而入焉，况先君素辱知与，不肖孤又尝在属吏之末，受教受恩，怀知己之感，有道谊骨肉之爱；迩者又尝辱使临吊，宠之以文词，恻然悯念其遗孤，而不忍遽弃遗之者，是以忘其不孝之罪，犯僭逾之戮，而辄敢以志为请。伏惟明公休休容物，笃厚旧故；甄陶一世之士，而各欲成其名；收录小大之才，而惟恐没其善。则如先君之素受知爱者，其忍靳一言之惠而使之泯然无闻于世耶？不腆先人之币，敢以陆司业之状先于将命者。惟明公特垂哀矜，生死受赐，世世子孙捐躯殒命，未足以为报也。不胜惶悚颠越之至。荒迷无次。

二 癸未

前日尝奉启，计已上达。自明公进秉机密，天下士夫忻忻然动颜相庆，皆为太平可立致矣。门下鄙生独切生忧，以为犹甚难也。

亨屯倾否，当今之时，舍明公无可以望者，则明公虽欲逃避乎此，将亦有所不能。然而万斛之舵，操之非一手，则缓急折旋，岂能尽如己意？临事不得专操舟之权，而偾事乃与同覆舟之罪，此鄙生之所谓难也。夫不专其权而漫同其罪，则莫若预逃其任。然在明公亦既不能逃矣；逃之不能，专又不得，则莫若求避其罪，然在明公亦终不得避矣。天下之事，果遂卒无所为欤？夫惟身任天下之祸，然后能操天下之权；操天下之权，然后能济天下之患。当其权之未得也，其致之甚难；而其归之也，则操之甚易。万斛之舵，平时从而争操之者，以利存焉。一旦风涛颠沛，变起不测，众方皇惑震丧，救死不遑，而谁复与争操乎？于是起而专之，众将恃以无恐，而事因以济。苟亦从而委靡焉。固沦胥以溺矣。故曰“其归之也，则操之甚易”者，此也。古之君子，洞物情之向背而握其机，察阴阳之消长以乘其运，是以动必有成而吉无不利，伊、旦之于商、周是矣。其在汉、唐，盖亦庶几乎。此者虽其学术有所不逮，然亦足以定国本而安社稷，则亦断非后世偷生苟免者之所能也。夫权者，天下之大利大害也。小人窃之以成其恶，君子用之以济其善，固君子之不可一日去，小人之不可一日有者也。欲济天下之难，而不操之以权，是犹倒持太阿而授人以柄，希不割矣。故君子之致权也有道，本之至诚以立其德，植之善类以多其辅；示之以无不容之量，以安其情；扩之以无所竞之心，以平其气；昭之以不可夺之节，以端其向；神之以不可测之机，以摄其奸；形之以必可赖之智，以收其望。坦然为之，下以上之；退然为之，后以先之。是以功盖天下而莫之嫉，善利万物而莫与争。此皆明公之能事，素所蓄而有者，惟在仓卒之际，身任天下之祸，决起而操之耳。夫身任天下之祸，岂君子之得已哉？既当其任，知天下之祸将终不能免也，则身任之而已。身任之而后可以免于天下之祸。小人不知祸之不可以幸免，而百诡以求脱，遂致酿成大祸，而已亦卒不能免。故任祸者，惟忠诚忧国之君子能之，而小人不能也。某受知门下，不能效一得之愚以为报，献其芹曝，伏惟鉴其忱悃而悯其所不逮，幸甚。

三 丁亥

某素辱爱下，然久不敢奉状者，非敢自外于门墙，实以地位悬绝，不欲以寒暄无益之谈尘渎左右。盖避嫌之事，贤者不为，然自叹其非贤也。非才多病，待罪闲散，犹惧不堪，乃今复蒙显擢，此固明公不遗下体之盛，某亦宁不知感激。但量能度分，自计已审，贪冒苟得，异时偾事，将为明公知人之累。此所以闻命惊惶而不敢当耳。谨具奏辞免，祈以原职致仕。伏惟明公因材而笃于所不能，特赐曲成，俾得归延病喘于林下，则未死余年皆明公之赐，其为感激，宁有穷已乎。恳切至情，不觉渎冒，伏冀宥恕。不具。

四 丁亥

窃惟大臣报国之忠，莫大于进贤去谗，故前者两奉起居，皆尝僭及此意；亦其自信山林之志已坚，而素受知己之爱，不当复避嫌疑，故率意言之若此。乃者忽蒙两广之命，则是前日之言适以为己地也，悚惧何以自容乎。某以迂疏之才，口耳讲说之学耳，簿书案牍，已非其能，而况军旅之重乎？往岁江西之役，实亦侥幸偶成。近年以来，忧病积集，尪羸日盛，惟养疴丘园，为乡里子弟考订句读，使知向方，庶于保身及物亦稍得效其心力，不致为天地间一蠹，此其自处亦既审矣。圣天子方励精求治，而又有老先生主张国是于上，苟有袜线之长者，不于此时出而自效，则亦无其所矣。老先生往岁方秉铨轴时，有以边警荐用彭司马者，老先生不可，曰:“彭始成功，今或少挫，非所以完之矣。”老先生之爱惜人才而欲成就之也如此，至今相传，以为美谈，今独不能以此意而推之某乎？恳辞疏上，望赐曲成，使得苟延喘息。俟病痊之后，老先生不忍终废，必欲强使一出，则如留都之散部，或南北太常国子之任，量其力之可能者使之自效，则图报当有日也。不胜恃爱恳渎，幸赐矜察。

寄席元山 癸未

某不孝，延祸先子，罪逆之深，自分无复比数于人。仁人君子尚未之知，悯念其旧，远使存录，重以多仪，号恸拜辱，岂胜哀感。岂胜哀感。伏惟执事长才伟志，上追古人，进德勇义，罕与俦匹。向见《鸣冤录》及承所寄《道山书院记》，盖信道之笃，任道之劲，海内同志莫敢有望下风者矣，何幸何幸。不肖方在苦毒中，意所欲请者千万，荒迷割裂，莫得其端绪。使还遽，临疏昏塞，不尽所云。

答王亹庵中丞 甲申

往岁旌节临越，猥蒙枉顾。其时忧病懵懵，不及少申款曲。自后林居，懒僻成性，平生故旧不敢通音问。企慕之怀虽日以积，竟未能一奉起居，其为倾渴，如何可言。使来，远辱问惠，登拜感怍。舍亲宋孔瞻亦以书来，备道执事勤勤下问之盛。不消奚以得此。

近世士夫之相与，类多虚文弥诳而实意衰薄，外和中妒，徇私败公，是以风俗日恶而世道愈降。执事忠信高明，克勤小物，长才伟识，翘然海内之望。而自视欿然，远念不遗，若古之君子；有而若无，以能问于不能者也。仆诚喜闻而乐道，自顾何德以承之？仆已无所可用于世，顾其心痛圣学之不明，是以人心陷溺至此，思守先圣之遗训，与海内之同志者讲求切劘之，庶亦少资于后学，不徒生于圣明之朝。然蔽惑既久，人是其非，其能虚心以相听者鲜矣。若执事之德盛礼恭而与人为善，此诚仆所愿效其愚者，然又邑里隔绝，无因握手一叙，其为倾渴又如何可言耶。虽然，目击而道存，仆见执事之书，既已知执事之心，虽在千万里外，当有不言而信者。谨以新刻小书二册奉求教正。盖鄙心之所欲效者，亦略具于其中矣。便间幸示。

与陆清伯 甲申

惟乾之事将申遂没，痛哉。冤乎。不如是无以明区区罪恶之重至于贻累朋友，不如是无以彰诸君之笃于友道。痛哉。冤乎。不有诸君在，则其身没之后，将莫知所在矣，况有为之衣衾棺殓者乎。是则犹可以见惟乾平日为善之报，于大不幸之中而尚有可幸者存也。呜呼，痛哉。即欲为之一洗，自度事势未能遽脱，或必须进京，候到京日再与诸君商议而行之。苟遂归休，终须一举，庶可少泄此痛耳。其归丧一事，托王邦相为之经理。倘有不便，须仆到京，图之未晚也。行李倥偬中，未暇悉欲所言，千万心照。

与黄诚甫 甲申

近得宗贤寄示《礼疏》，明甚。诚甫之议，当无不同矣。古之君子，恭敬撙节退让以明礼，仆之所望于二兄者，则在此而不彼也。

果若是，以为斯道之计，进于议礼矣。先妻不幸于前日奄逝，方在悲悼中；适陈子文往，草草存间阔。

二 甲申

别久极渴一语，子莘来，备道诸公进修，亦殊慰。大抵吾人习染已久，须得朋友相挟持。离群索居，即未免隳惰。诸公既同在留都，当时时讲习为佳也。

三 乙酉

盛价来，领手札，知有贵恙，且喜渐平复矣。贱躯自六月暑病，然两目蒙蒙，两耳蓬蓬，几成废人，仅存微息，旬日前，元忠、宗贤过此，留数日北去。山庐卧病，期少谢人事，而应接亦多。今复归卧小阁，省愆自讼而已。闻有鼓椻之兴，果尔，良慰渴望。切磋砥砺之益，彼此诚不无也。

与黄勉之 乙酉

承欲刻王信伯遗言，中间极有独得之见，非余儒所及。惜其零落既久，后学莫有传之者。因勉之寄此。又知程门有此人也，幸甚幸甚。中间如论明道、伊川处，似未免尚有执著，然就其所到，已甚高明特远，不在游、杨诸公之下矣。中间可省略者，删去之为佳。凡刻古人文字，要在发明此学，惟简明切实之为贵；若支辞蔓说，徒乱人耳目者，不传可也。高明以为何如？

复童克刚 乙酉

春初枉顾，时承以八策见示，鄙意甚不为然。既而思之，皆学术不明之故，姑且与克刚讲学，未暇细论策之是非。旬日之后，学术渐明，克刚知见豁然，如白日之开云雾，遂翻然悔其初志，即欲焚弃八策，以为自此以后誓不复萌此等好高务外之念矣。当时同志诸友，无不叹服克刚，以为不惮改过而勇于从善若此，人人皆自以为莫及也。盛价远来，忽寻长笺巨册，谆谆恳恳，意求删改前策，将图复上，与临别丁宁意大相矛盾。岂间阔之久，切磋无力，遂尔迷误至此耶？《易》曰："君子思不出其位"，若克刚斯举，乃所谓"思出其位"矣。又曰："不易乎世，不成乎名，遁世无闷，忧则违之。"若克刚斯举，是易乎世而成乎名，非"遁世无闷，忧则违之"之谓矣。克刚向处山林，未尝知有朝廷事体。今日群司之中，缙绅士夫之列，其间高明剀切之论，经略康济之谟，何所不有？如八策中所陈，盖已不知几十百人几十百上矣，宁复有俟于克刚耶？克刚此举，虽亦仁人志士之心，然夜光之璧无因而投，人亦且按剑而怒，况此八策者，特克刚之敝帚耳，亦何保啬之深而必以投人为哉？若此策遂上，亦非独不见施行，且将有指摘非訾之者，其为克刚之累不小小也。克刚亦何苦而汲汲于为是哉？八策之中，类皆老生常谈，惟第五策于地方利害颇有相关，然亦不过诉状之词，一有司听之足矣。而克刚乃以为致治垂统之一策，得无以身家之故，遂为利害所蔽，而未暇深思之耶？明者一览，如见肺肝，但克刚不自知耳。昔者颜子在陋巷箪瓢，孔子贤之。夫陋巷箪瓢，岂遂至于人不堪忧？其间盖亦必有患害屈抑，常情所不能当，如克刚今日之所遭际者矣。若其时遂以控之于时君世主，谫谫屑屑，求白于人，岂得复谓之贤乎？

禹、稷昌言于朝，过门不入，以有大臣之责也，今克刚居颜子陋巷之地，而乃冒任禹、稷之忧，是宗祝而代庖人之割，希不伤手矣。

册末“授受”之说，似未端的，此则姑留于此，俟后日再讲。至于八策，断断不宜复留，遂会同志诸友共付丙丁，为克刚焚此魔障。克刚自此但宜收敛精神，日以忠信进德为务，默而成之，不言而信，不见是而无闷可也。

与郑启范侍御 丁亥

某愚不自量，痛此学之不讲，而窃有志于发明之。自以劣弱，思得天下之豪杰相与扶持砥砺，庶几其能有成，故每闻海内之高明特达，忠信而刚毅者，即欣慕爱乐，不啻骨肉之亲。以是于吾启范虽未及一面之识，而心孚神契，已如白首之道交者，亦数年矣。每得封事读之，其间乃有齿及不肖者，则又为之赧颜汗背，促蹐不安。古之君子，耻有其名而无其实。吾于启范，惟切劘之是望，乃不考其实，而过情以誉于朝，异时苟有不称，将使启范为失言矣，如之何而可。不肖志虽切于求学，而质本迂狂疏谬，招尤速谤，自其所宜。近者复闻二三君子以不肖之故，相与愤争力辩于铄金销骨之地，至于冲锋冒刃而弗顾，仆何以当此哉。二三君子之心，岂不如青天白日，谁得而瑕滓之者。顾仆自反，亦何敢自谓无愧。则不肖之躯，将不免为轻云薄雾于二三君子矣，如之何而可。病躯懒放日久，已成废人；尚可勉强者，惟宜山林之下读书讲学而已。两广之任断非所堪，已具疏恳辞；必不得请，恐异日终为知己之忧也。言不能谢，惟自鞭策，以期无负相知，庶以为报耳。

答方叔贤 丁亥

久不奉状，非敢自外，实以忧疾频仍，平生故旧类不敢通问。在吾兄诚不当以此例视，然广士之来游者相踵，山中启处，时时闻之。简札虚文，似有不必然者，吾兄当能亮之也。

圣主聪明不世出，诸公既蒙知遇若此，安可不一出图报。今日所急，惟在培养君德，端其志向。于此有立，政不足间，人不足谪，是谓“一正君而国定”。然此非有忠君报国之诚，其心断断休休者，亦只好议论粉饰于其外而已矣。仆积衰之余，病废日甚，岂复更堪兵甲驱驰之劳？况谗构未息，又可复出而冒为之乎？恳辞疏下，望与扶持，得具养疴林下。稍俟痊复，出而图报，非晚也。

二 丁亥

昨见邸报，知西樵、兀崖皆有举贤之疏，此诚士君子立朝之盛节，若干年无此事矣，深用叹服。但与名其间，却有一二未晓者，此恐鄙人浅陋，未能知人之故。然此乃天下治乱盛衰所系，君子小人进退存亡之机，不可以不慎也。此事譬之养蚕，但杂一烂蚕于其中，则一筐好蚕尽为所坏矣。凡荐贤于朝，与自己用人又自不同，自己用人，权度在我，故虽小人而有才者，亦可以器使。若以贤才荐之于朝，则评品一定，便如白黑，其间舍短录长之意，若非明言，谁复知之？小人之才，岂无可用？如砒硫芒硝皆有攻毒破壅之功，但混于参苓耆术之间而进之，养生之人万一用之不精，鲜有不误者矣。仆非不乐二公有此盛举，正恐异日或为此举之累，故辄叨叨，当不以为罪也。

思田事，贵乡往来人当能道其详。俗谚所谓生事事生，此类是矣。今其事体既已坏，尽欲以无事处之，要已不能，只求减省一分，则地方亦可减省一分劳攘耳。鄙见略具奏内，深知大拂喜事者之心，然欲杀数千无罪之人以求成一己之功，仁者之所不忍也。赍奏人去，凡百望指示之，舟次草草，未尽鄙怀，千万鉴恕。

与黄宗贤 丁亥

仆多病积衰，潮热痰嗽，日甚一日，皆吾兄所自知，岂复能堪戎马之役者？况谗构未息，而往年江西从义将士，至今查勘未已，往往废业倾家，身死牢狱，言之实为痛心，又何面目见之。今若不量可否，冒昧轻出，非独精力决不能支，极其事势，正如无舵之舟乘飘风而泛海，终将何所止泊乎？在诸公亦不得不为多病之人一虑此也。恳辞疏下，望相扶持，终得养疴林下是幸。

席元山丧已还蜀否？前者奠辞想已转达。天不憖遗，此痛何极。数日间唐生自黄岩归，知宅上安好。世恭书来，备道佳子弟悉知向方。可喜，间附之知。

二 丁亥

得书，知别后动定，且知世事之难为，人情之难测有若此者，徒增慨叹而已。朽才病废，百念俱息，忽承重寄，岂复能堪？若恳辞不获，自此将为知己之忧矣，奈何奈何。江西功次固不足道，但已八年余矣，尚尔查勘未息，致使效忠赴义之士废产失业，身死道途。纵使江西之功尽出冒滥，独不可比于都、湖、浙之赏乎？此事终须一白。但今日言之，又若有挟而要者。奈何奈何。

木翁旬日间亦且启行矣。此老慎默简重，当出流辈，但精力则向衰。若如兀崖之论，欲使之破长格以用财，不顾天下之毁誉荣辱，以力主国议，则恐势有所未能尽行耳。因论偶及，幸自知之。

东南小蠢，特疮疥之疾；群僚百司各怀谗嫉党比之心，此则腹心之祸，大为可忧者。近见二三士夫之论，始知前此诸公之心尚未平贴，姑待衅耳。一二当事之老，亦未见有同寅协恭之诚，间闻有口从面谀者，退省其私，多若雠仇。病废之人，爱莫为助，窃为诸公危之，不知若何而可以善其后，此亦不可不早虑也。

兵部差官还，病笔草草附此。西樵、兀崖皆不及别简，望同致意。近闻诸公似有德色傲容者，果尔，将重失天下善类之心矣。相见间可隐言及之。

三 丁亥

近得邸报及亲友书，闻知石龙之于区区，乃无所不用其极若此；而西樵、兀崖诸公爱厚勤拳，亦复有加无已，深用悚惧。嗟乎。今求朝廷之上，信其有事君之忠、忧世之切、当事之勇、用心之公若诸公者，复何人哉。若之何而不足悲也。诸公既为此一大事出世，则其事亦不得不然。但于不肖则似犹有溺爱过情者，异日恐终不免为诸公知人之累耳。悚惧悚惧。

思田之事，本亦无大紧要，只为从前张皇太过，后来遂不可轻易收拾。所谓天下本无事，在人自扰之耳。其略已具奏词，今往一通，必得朝廷如奏中所请，则地方庶可以图久安；不然，反复未可知也。贱躯患咳，原自南、赣燕暑中得来，今地益南，气类感触，咳发益甚，恐竟成痼疾，不复可药。地方之事苟幸塞责，山林田野则惟其宜矣，他尚何说哉？

西樵、兀崖家事，极为时辈所挤排，殊可骇叹。此亦皆由学术不明，近来士夫专以客气相尚，凡所毁誉，不惟其是，惟其多，且胜者是附是和，是以至此。近日来接见者，略已一讲，已觉豁然有省发处，自后等意思亦当渐消除。

京师近来事体如何？君子道长，则小人道消；疾病既除，则元气亦当自复。但欲除疾病而攻治太厉，则亦足以耗其元气。药石之施，亦不可不以渐也。木翁、邃老相与如何？能不孤海内之望否？亦在诸公相与调和。此如行舟，若把舵不定而东撑西曳，亦何以致远涉险？今日之事，正须同舟共济耳。赍本人去，凡百望指示。

四 戊子

两广大势，罢敝已极，非得诚于为国为民，强力有为者为之数年，未可以责效也。思田之患则幸已平靖，其间三五大巢，久为广西诸贼之根株渊薮者，亦已用计剿平。就今日久困积冤之民言之，亦可谓之太平无事矣。病躯咳患日增，平生极畏炎暑，今又深入炎毒之乡，遍身皆发肿毒，旦夕动履且有不能。若巡抚官再候旬月不至，亦只得且为归休之图，待罪于南、赣之间耳。圣天子在上，贤公卿在朝，真所谓明良相遇，千载一时。鄙人世受国恩，从大臣之末，固非果于忘世者，平生亦不喜为尚节求名之事，何忍遽言归乎？自度病势，非还故土就旧医，决将日甚一日，难复疗治，不得不然耳。

静庵，东罗、见山、西樵、兀崖诸公，闻京中方严书禁，故不敢奉启。诸公既当事，且须持之以镇定久远。今一旦名位俱极，固非诸公之得已，是乃圣天子崇德任贤，更化善治，非常之举，诸公当之，亦诚无愧。但贵不期骄，满不期溢。贤者充养有素，何俟人言？更须警惕朝夕，谦虚自居。其所以感恩报德者，不必务速效，求近功，要在诚心实意，为久远之图，庶不负圣天子今日之举，而亦不负诸公今日之出矣。仆于诸公，诚有道义骨肉之爱，故不觉及此，会间幸转致之。

五 戊子

前赍奏去，曾具白区区心事，不审已能遂所愿否？自入广来，精神顿衰。虽因病患侵凌，水土不服，要亦中年以后之人，其势亦自然至此，以是怀归之念日切。诚恐坐废日月，上无益于国家，下无以发明此学，竟成虚度此生耳，奈何奈何。

春初思田之议，悉蒙朝廷裁允，遂活数万生灵。近者八寨、断藤之役，实以一方涂炭既极，不得已而为救焚之举，乃不意遂获平靖。此非有诸公相与协赞，力主于内，何由而致是乎？书去，各致此感谢之私，相见时，更望一申其悬悬。

巡抚官久未见推，仆非厌外而希内者，实欲早还乡里耳。恐病势日深，归之不及，一生未了心事，石龙其能为我恝然乎？身在而后道可弘，皮之不存，毛将焉附？诸公不敢辄以此意奉告，至于西樵，当亦能谅于是矣，曷亦相与曲成之？地方处置数事附进，自度已不能了此。倘遂允行，亦所谓尽心焉耳已。舟次伏枕草草，不尽所怀。

答见山冢宰 丁亥

向赍本人去，曾奉短札，计已达左右矣。朽才病废，宁堪重托？恳辞之疏，必须朝廷怜准。与其他日蒙颠覆之戮，孰若今日以是获罪乎？东南小夷，何足以动烦朝廷若此。致有今日，皆由愤激所成。以主上圣明，德威所被，指日自将平定。但庙堂之上，至今未有同寅协恭之风，此则殊为可忧者耳。不知诸公竟何以感化而斡旋之？大抵谗邪不远，则贤士君子断不能安其位，以有为于时。自昔当事诸公，亦岂尽不知进贤而去不肖之为美？顾其平日本无忠君爱国之诚，不免阿时附俗，以苟目前之誉，卒之悦谀信谗，终于蔽贤病国而已矣。来官守催，力遣数四，始肯还。病笔草草，未尽倾企。

与霍兀崖宫端 丁亥

往岁曾辱《大礼议》见示，时方在哀疚，心善其说而不敢奉复。既而元山亦有示，使者必求复书，草草作答。意以所论良是，而典礼已成，当事者未必能改，言之徒益纷争，不若姑相与讲明于下，俟信从者众，然后图之。其后议论既兴，身居有言不信之地，不敢公言于朝。然士夫之问及者，亦时时为之辩析，其在委曲调停，渐求挽复，卒亦不能有益也。后来赖诸公明目张胆，已申其义。然如倒仓涤胃，积于宿痰，虽亦快然一去，而病势亦甚危矣。今日急务，惟在扶养元气，诸公必有回阳夺化之妙矣。仆衰病陋劣，何足以与于斯耶。数年来频罹疾构，痰嗽潮热，日益尪羸，仅存喘息，无复人间意矣。乃者忽承两广之推，岂独任非其才，是盖责以其力之所必不能支，将以用之而实以毙之也。恳辞疏下，望相与扶持曲成，使得就医林下。幸而痊复，量力图报，尚有时也。

答潘直卿 丁亥

远承遣问，情意蔼切，兼复奖与过分，仆何以得此哉。仆何以当此哉。愧悚愧悚。病废日久，习成懒放，虽问水寻山，渐亦倦兴，况兹军旅之役，岂其精力所复能堪？已具疏恳辞，必须得请，始可免于后悔。不然，将不免为知己之忧矣，奈何奈何。

宁藩之役，湖、浙及留都之有功者皆已升赏，独江西功次，今已六七年矣，尚尔查勘未息。今复欲使之荷戈从役，仆将何辞以出号令？亦何面目见之？赏罚，国之大典，今乃用之以快恩仇若此，仆一人不足惜，其如国事何。连年久分废弃，此等事不复挂之齿牙；今疼痛切身，不觉呻吟之发，不知毕竟何如而可耳。知子文道长尚未至，且不作书，见时望致意。

寄翟石门阁老 戊子

思田之议，悉蒙裁允，遂活一方数万之生灵。近者八寨、断藤之役，实以生民涂炭既极，不得已而为之救焚之举，乃不意遂获平靖。此非有魏公力主于朝，则金城之议无因而定；非有裴公赞决于内，则淮、蔡之绩何由而成？今日之事，敢忘其所由来乎？赍奏人去，辄申感谢之诚，并附起居之敬。但惟六月徂征，冲冒瘴疫，将士危险，颇异他时。稍得沾濡，亦少慰其勤苦耳。处置地方数事附进，得蒙赞允，尤为万幸。舟中伏枕，莫既下怀，伏祈鉴亮。

寄何燕泉 戊子

某久卧山中，习成懒僻；平生故旧，音问皆疏。遥闻执事养高归郴，越东楚西，何因一话？烟水之涯，徒切瞻望而已。去岁复以兵革之役，扶病强出，殊乖始愿。正如野麋入市，投足摇首，皆成骇触。忽枉笺教，兼辱佳章，捧诵洒然。盖安石东出之高，靖节柴桑之兴，执事兼而有之矣，仰叹可知。地方事苟幸平靖，伏枕已逾月，旬日后亦且具疏乞还。果遂所图，虽不获握手林泉，然郴岭之下，稽山之麓，聊复同此悠悠之怀也。使来，值湖兵正还，兼有计处地方之奏，冗冗乃尔久稽，又未能细请，临纸惘然，伏冀照亮。不具。

书五

家书墨迹四首 四首墨迹，先师胤子正亿得之书柜中，装制卷册，手泽灿然，每篇乞洪跋其后。

一　**与克彰太叔** 克彰号石川，师之族叔祖也。听讲就弟子列，退坐私室，行家人礼。

别久缺奉状，得诗，见迩来进修之益，虽中间词意未尽纯莹，而大致加于时人一等矣。愿且玩心高明，涵泳义理，务在反身而诚，毋急于立论饰辞，将有外驰之病。所云“善念才生，恶念又在”者，亦足以见实尝用力。但于此处须加猛省。胡为而若此也？无乃习气所缠耶？

自俗儒之说行，学者惟事口耳讲习，不复知有反身克已之道。今欲反身克已，而犹狃于口耳讲诵之事，固宜其有所牵缚而弗能进矣。夫恶念者，习气也；善念者，本性也；本性为习气所汩者，由于志之不立也。故凡学者为习所移，气所胜，则惟务痛惩其志。久则志亦渐立。志立而习气渐消。学本于立志，志立而学问之功已过半矣。此守仁迩来所新得者，愿毋轻掷。

若初往年亦常有意左、屈，当时不暇与之论，至今缺然。若初诚美质，得遂退休，与若初了夙心，当亦有日。见时为致此意，务相砥励以臻有成也。人行遽，不一一。

恶念者，习气也；善念者，本性也；本性为习所胜、气所汩者，志不立也。痛惩其志，使习气消而本性复，学问之功也。噫。此吾师明训昭昭告太叔者告吾人也，可深省也夫。德洪为亿弟书。

二　与徐仲仁 仲仁即曰仁，师之妹婿也。

北行仓率，不及细话。别后日听捷音，继得乡录，知秋战未利。吾子年方英妙，此亦未足深憾，惟宜修德积学，以求大成。寻常一第，固非仆之所望也。家君舍众论而择子，所以择子者，实有在于众论之外，子宜勉之。勿谓隐微可欺而有放心，勿谓聪明可恃而有怠志；养心莫善于义理，为学莫要于精专；毋为习俗所移，毋为物诱所引；求古圣贤而师法之，切莫以斯言为迂阔也。

昔在张时敏先生时，令叔在学，聪明盖一时，然而竟无所成者，荡心害之也。去高明而就污下，念虑之间，顾岂不易哉。斯诚往事之鉴，虽吾子质美而淳，万无是事，然亦不可以不慎也。意欲吾子来此读书，恐未能遂离侍下，且未敢言此，俟后便再议。所不避其切切，为吾子言者，幸加熟念，其亲爱之情，自有不能已也。

海日翁为女择配，人谓曰仁聪明不逮于其叔，海日翁舍其叔而妻曰仁。既后，其叔果以荡心自败，曰仁卒成师门之大儒。噫。聪明不足恃，而学问之功不可诬也哉。德洪跋。

三　上海日翁书

寓吉安男王守仁百拜书上父亲大人膝下：

江省之变，昨遣来隆归报，大略想已如此。时宁王尚留省城，未敢远出，盖虑男之捣其虚，蹑其后也。男处所调兵亦稍稍聚集，忠义之风日以奋扬，观天道人事，此贼不久断成擒矣。昨彼遣人赍檄至，欲遂斩其使，奈赍檄人乃参政季敩，此人平日善士，又其势亦出于不得已，姑免其死，械击之。已发兵至丰城诸处分布，相机而动。所虑京师遥远，一时题奏无由即达。命将出师，缓不及事，为可忧尔。男之欲归已非一日，急急图此已两年，今竟陷身于难。人臣之义至此，岂复容苟逃幸脱。惟俟命师之至，然后敢申前恳。俟事势稍定，然后敢决意驰归尔。伏望大人陪万保爱，诸弟必能勉尽孝养，旦暮切勿以不孝男为念。天苟悯男一念血诚，得全首领，归拜膝下，当必有日矣。因闻巡检便，草此。临书慌愦，不知所云。七月初二日。

右吾师逢宁濠之变，上父海日翁第二书也。自丰城闻变，与幕士定兴兵之策，恐翁不知，为贼所袭，即日遣家人间道趋越。至是发兵于吉安，复为是报，慰翁心也。且自称姓者，别疑也。尝闻幕士龙光云："时师闻变，返风回舟。濠追兵将及，师欲易舟潜遁。顾夫人诸公子正宪在舟。夫人手提剑别师曰：'公速去，毋为妾母子忧。脱有急，吾恃此以自卫尔。'及退还吉安，将发兵，命积薪围公署，戒守者曰：'傥前报不利，即举火爇公署。'时邹谦之在中军，闻之，亦取其夫人来吉城，同誓国难。人劝海日翁移家避仇。翁曰：'吾儿以孤旅急君上之难，吾为国旧臣，顾先去以为民望耶。'遂与有司定守城之策，而自密为之防。"噫。吾师于君臣、父子、夫妇之间，一家感遇若此，至今人传忠义凛凛。是书正亿得于故纸堆中，读之怆然，如身值其时。晨夕展卷，如侍对亲颜。嘉靖壬子，海夷寇黄严，全城煨烬。时正亿游北雍，内子黄哀惶奔亡，不携他物，而独抱木主图像以行，是卷亦幸无恙。噫。岂正亿平时孝感所积，抑吾师精诚感通，先时身离患难，而一墨之遗，神明有以护之耶？后世子孙受而读之，其知所重也哉。德洪拜手跋。

四　岭南寄正宪男

初到江西，因闻姚公已在宾州进兵，恐我到彼，则三司及各领兵官未免出来迎接，反致阻挠其事，是以迟迟其行。意欲俟彼成功，然后往彼，公同与之一处。十一月初七，始过梅岭，乃闻姚公在彼以兵少之故，尚未敢发哨，以是只得昼夜兼程而行。今日已度三水，去梧州已不远，再四五日可到矣。途中皆平安，只是咳嗽尚未全愈，然亦不为大患。书到，可即告祖母汝诸叔知之，皆不必挂念。家中凡百皆只依我戒谕而行。魏廷豹、钱德洪、王汝中当不负所托，汝宜亲近敬信，如就芝兰可也。廿二叔忠信好学，携汝读书，必能切励。汝不审近日亦有少进益否？聪儿迩来眠食如何？凡百只宜谨听魏廷豹指教，不可轻信奶婆之类，至嘱至嘱。一应租税帐目，自宜上紧，须不俟我丁宁。我今国事在身，岂复能记念家事，汝辈自宜体悉勉励，方是佳子弟尔。十一月望。

正亿初名聪，师之命名也。嘉靖壬辰秋，依其舅氏黄久庵寓留都，值时相更名于朝，责洪为文告师，请更今名。当时问眠食如何，今正亿壮且立，男女森列矣。噫，吾何以不负师托乎。方今四方讲会日殷，相与出求同志，研究师旨，以成师门未尽之志，庶乎可以慰遗灵于地下尔。是在二子。嘉靖丁巳端阳日，门人钱德洪百拜跋于天真精舍之传经楼。

赣州书示四侄正思等

近闻尔曹学业有进，有司考校，获居前列，吾闻之喜而不寐。此是家门好消息，继吾书香者，在尔辈矣。勉之勉之。吾非徒望尔辈但取青紫荣身肥家，如世俗所尚，以夸市井小儿。尔辈须以仁礼存心，以孝弟为本，以圣贤自期，务在光前裕后，斯可矣。吾惟幼而失学无行，无师友之助，迨今中年，未有所成。尔辈当鉴吾既往，及时勉力，毋又自贻他日之悔，如吾今日也。习俗移人，如油渍面，虽贤者不免，况尔曹初学小子能无溺乎？然惟痛惩深创，乃为善变。昔人云："脱去凡近，以游高明。"此言良足以警，小子识之。吾尝有《立志说》与尔十叔，尔辈可从抄录一通，置之几间，时一省览，亦足以发。方虽传于庸医，药可疗夫真病。尔曹勿谓尔伯父只寻常人尔，其言未必足法；又勿谓其言虽似有理，亦只是一场迂阔之谈，非吾辈急务；苟如是，吾末如之何矣。读书讲学，此最吾所宿好，今虽干戈扰攘中，四方有来学者，吾未尝拒之。所恨牢落尘网，未能脱身而归。今幸盗贼稍平，以塞责求退，归卧林间，携尔尊朝夕切劘砥砺，吾何乐如之。偶便先示尔等，尔等勉焉，毋虚吾望。正德丁丑四月三十日。

又与克彰太叔

日来德业想益进修，但当兹末俗，其于规切警励，恐亦未免有群雌孤雄之叹，如何？印弟凡劣，极知有劳心力，闻其近来稍有转移，亦有足喜。所贵乎师者，涵育薰陶，不言而喻，盖不诚未有能动者也。于此亦可以验己德。因便布此，言不尽意。

正月廿六日得旨，令守仁与总兵各官解囚至留都。行及芜湖，复得旨回江西抚定军民。皆圣意有在，无他足虑也。家中凡百安心，不宜为人摇惑，但当严缉家众，扫除门庭，清静俭朴以自守，谦虚卑下以待人，尽其在我而已，此外无庸虑也。正宪辈狂稚，望以此意晓谕之。近得书闻老父稍失调，心极忧苦。老年之人，只宜以宴乐戏游为事，一切家务皆当屏置，亦望时时以此开劝，家门之幸也。至祝至祝。事稍定，即当先报归期。家中凡百，全仗训饬照管，不一。

老父疮疾，不能归侍，日夜苦切，真所谓欲济无梁，欲飞无翼。近来诚到，知渐平复，始得稍慰。早晚更望太叔宽解怡悦其心。闻此时尚居丧次，令人惊骇忧惶。衰年之人，妻孥子孙日夜侍奉承直，尚恐居处或有未宁，岂有复堪孤疾劳苦如此之理。就使悉遵先生礼制，则七十者亦惟衰麻在身，饮酒食肉处于内，宴饮从于游可也。况今七十五岁之人，乃尚尔茕茕独苦若此，妻孥子孙何以自安乎？若使祖母在冥冥之中知得如此哀毁，如此孤苦，将何如为心？老年之人，独不为子孙爱念乎？况于礼制亦自过甚，使人不可以继，在贤知者亦当俯就，切望恳恳劝解，必须入内安歇，使下人亦好早晚服事。时尝游嬉宴乐，快适性情，以调养天和。此便自为子孙造无穷之福。此等言语，为子者不敢直致，惟望太叔为我委曲开譬，要在必从而后已，千万千万。至恳至恳。正宪读书，一切举业功名等事皆非所望，但惟教之以孝弟而已。来诚还，草草不尽。

祖母岑太夫人百岁考终时，海日翁寿七十有五矣，尤茕茕苦块，哀毁逾制。师十二失恃，鞠于祖母。在赣屡乞终养弗遂，至是闻讣，已不胜痛割。又闻海日翁居丧之戚，将何以为情？“欲济无梁，欲飞无翼”，读之令人失涕。师之学发明同体万物之旨，使人自得其性，故于人义天常无不恳至，而居常处变，神化妙应，以成天下之务，可由此出。其道可以通诸万世而无弊者，得其道之中也。录此可以想见其概。德洪跋。

寄正宪男手墨二卷

正宪字仲肃，师继子也。嘉靖丁亥，师起征思田，正亿方二龄。托家政于魏子廷豹，使饬家众以字胤子。托正宪于洪与汝中，使切磨学问以饬内外。沿途所寄音问，当军旅倥偬之时，犹字画遒劲，训戒明切。至今读之，宛然若示严范。师没后，越庚申，邹子谦之、陈子惟浚来自怀玉，奠师墓于兰亭，正宪携卷请题其后。噫。今二子与正宪俱为泉下人矣，而斯卷独存。正宪年十四，袭师锦衣荫，喜正亿生，遂辞职出就科试。即其平生，邹子所谓“授简不忘”，“夫子于昭之灵，实宠嘉之”，其无愧于斯言矣乎。

即日舟已过严滩，足疮尚未愈，然亦渐轻减矣。家中事凡百与魏廷豹相计议而行。读书敦行，是所至嘱。内外之防，须严门禁。一应宾客来往，及诸童仆出入，悉依所留告示，不得少有更改。四官尤要戒饮博，专心理家事。保一谨实可托，不得听人哄诱，有所改动。我至前途，更有书报也。

舟过临江，五鼓与叔谦遇于途次，灯下草此报汝知之。沿途皆平安，咳嗽尚未已，然亦不大作。广中事颇急，只得连夜速进，南赣亦不能久留矣。汝在家中，凡宜从戒谕而行。读书执礼，日进高明，乃吾之望。魏廷豹此时想在家，家众悉宜遵廷豹教训，汝宜躬率身先之。书至，汝即可报祖母诸叔。况我沿途平安，凡百想能体悉我意，钤束下人谨守礼法，皆不俟吾喋喋也。廷豹、德洪、汝中及诸同志亲友，皆可致此意。

近两得汝书，知家中大小平安。且汝自言能守吾训戒，不敢违越，果如所言，吾无忧矣。凡百家事及大小童仆，皆须听魏廷豹断决而行。近闻守度颇不遵信，致抵牾廷豹。未论其间是非曲直，只是抵牾廷豹，便已大不是矣。继闻其游荡奢纵如故，想亦终难化导。试问他毕竟如何乃可，宜自思之。守悌叔书来，云汝欲出应试。但汝本领未备，恐成虚愿。汝近来学业所进吾不知，汝自量度而行，吾不阻汝，亦不强汝也。德洪、汝中及诸直谅高明，凡肯勉汝以德义，规汝以过失者，汝宜时时亲就。汝若能如鱼之于水，不能须臾而离，则不及人不为忧矣。吾平生讲学，只是“致良知”三字。仁，人心也；良知之诚爱恻怛处，便是仁，无诚爱恻怛之心，亦无良知可致矣。汝于此处，宜加猛省。家中凡事不暇一一细及，汝果能敬守训戒，吾亦不必一一细及也。余姚诸叔父昆弟皆以吾言告之。前月曾遣舍人任锐寄书，历此时当已发回。若未发回，可将江西巡抚时奏报批行稿簿一册，共计十四本，封固付本舍带来。我今已至平南县，此去田州渐近。田州之事，我承姚公之后，或者可以因人成事。但他处事务似此者尚多，恐一置身其间，一时未易解脱耳。汝在家凡百务宜守我戒谕，学做好人。德洪、汝中辈须时时亲近，请教求益。聪儿已托魏廷豹时常一看。廷豹忠信君子，当能不负所托。但家众或有桀惊不肯遵奉其约束者，汝须相与痛加惩治。我归来日，断不轻恕。汝可早晚常以此意戒饬之。廿二弟近来砥砺如何？守度近来修省如何？保一近来管事如何？保三近来改过如何？王祥等早晚照管如何？王祯不远出否？此等事，我方有国事在身，安能分念及此？琐琐家务，汝等自宜体我之意，谨守礼法，不致累我怀抱乃可耳。

东廓邹守益曰："先师阳明夫子家书二卷，嗣子正宪仲肃甫什袭藏之。益趋天真，奠兰亭，获睹焉。喜曰：'是能授简不忘矣。'书中'读书敦行，日进高明'；'钤束下人，谨守礼法'；及切祔道义，请益求教，互相夹持，接引来学，真是一善一药。至'吾平日讲学，只是'致良知'三字。仁，人心也；良知之诚爱恻怛处，便是仁，无诚爱恻怛，亦无良知可致，是以继志述事望吾仲肃也。仲肃日孳孳焉，进而书绅，退而服膺，则大慰吾党爱助之怀，而夫子于昭之灵，实宠嘉之。"

又

去岁十二月廿六日始抵南宁，因见各夷皆有向化之诚，乃尽散甲兵，示以生路。至正月廿六日，各夷果皆投戈释甲，自缚归降，凡七万余众。地方幸已平定。是皆朝廷好生之德感格上下，神武不杀之威潜孚默运，以能致此。在我一家则亦祖宗德泽阴庇，得天杀戮之惨，以免覆败之患。俟处置略定，便当上疏乞归。相见之期渐可卜矣。家中自老奶奶以下想皆平安。今闻此信，益可以免劳挂念。我有地方重寄，岂能复顾家事。弟辈与正宪，只照依我所留戒谕之言，时时与德洪、汝中辈切磋道义，吾复何虑。余姚诸弟侄，书到咸报知之。八月廿七日南宁起程，九月初七日已抵广城，病势今亦渐平复，但咳嗽终未能脱体耳。养病本北上已二月余，不久当得报。即逾岭东下，则抵家渐可计日矣。书至即可上白祖母知之。近闻汝从汝诸叔诸兄皆在杭城就试。科第之事，吾岂敢必于汝，得汝立志向上，则亦有足喜也。汝叔汝兄今年利钝如何？想旬月后此间可以得报，其时吾亦可以发舟矣。因山阴林掌教归便，冗冗中写此与汝知之。

我至广城已逾半月，因咳嗽兼水泻，未免再将息旬月，候养病疏命下，即发舟归矣。家事亦不暇言，只要戒饬家人，大小俱要谦谨小心，余姚八弟等事近日不知如何耳？在京有进本者，议论甚传播，徒取快谗贼之口，此何等时节，而可如此。兄弟子侄中不肯略体息，正所谓操戈入室，助仇为寇者也，可恨可痛。兼因谢姨夫回，便草草报平安。书至，即可奉白老奶奶及汝叔辈知之。钱德洪、王汝中及书院诸同志皆可上覆，德洪、汝中亦须上紧进京，不宜太迟滞。

近因地方事已平靖，遂动思归之怀，念及家事，乃有许多不满人意处。守度奢淫如旧，非但不当重托，兼亦自取败坏，戒之戒之。尚期速改可也。宝一勤劳，亦有可取。只是见小欲速，想福分浅薄之故，但能改创亦可。宝三长恶不悛，断已难留，须急急遣回余姚，别求生理；有容留者，即是同恶相济之人，宜并逐之。来贵奸惰略无改悔，终须逐出。来隆、来价不知近来干办何如？须痛自改省，但看同辈中有能真心替我管事者，我亦何尝不知。添福、添定、王三等辈，只是终日营营，不知为谁经理，试自思之。添保尚不改过，归来仍须痛治。只有书童一人实心为家，不顾毁誉利害，真可爱念。使我家有十个书童，我事皆有托矣。来琐亦老实可托，只是太执戆，又听妇言，不长进。王祥、王祯务要替我尽心管事，但有阙失，皆汝二人之罪。俱要拱听魏先生教戒，不听者责之。

明水陈九川曰：“此先师广西家书付正宪仲肃者也。中间无非戒谕家人谨守素训。至‘致良知’三字，乃先师平素教人不倦者。云‘诚爱恻怛之心即是致良知’，此晚年所以告门人者，仅见一二于全集中，至为紧要。乃于家书中及之，可见先师之所以丁宁告戒者，无异于得力之门人矣。仲肃宜世袭之。”

与郭善甫

朱生至，得手书，备悉善甫相念之恳切。苟心同志协，工夫不懈，虽隔千里，不异几席，又何必朝夕相与一堂之上而为后快耶？

来书所问数节，杨仁夫去，适禅事方毕，亲友纷至，未暇细答。然致知格物之说，善甫已得其端绪。但于此涵泳深厚，诸如数说，将沛然融释，有不俟于他人之言者矣。荒岁道路多阻，且不必远涉，须稍收稔，然后乘兴一来。不缕缕。

寄杨仕德

临别数语极奋励，区区闻之，亦悚然有警。归途又往西樵一过，所进当益不同矣。此时已抵家。大抵忘己逐物，虚内事外，是近来学者时行症候。仁德既已看破此病，早晚自不废药石。康节云：“与其病后能服药，不若病前能自防。”此切喻，爱身者自当无所不用其极也。病疏至今未得报，此间相聚日众，最可喜。但如仕德、谦之既远去，而惟乾复多病，又以接济乏人为苦尔。尚谦度未能遽出。仕德明春之约果能不爽，不独区区之望，尤诸同游之切望也。

与顾惟贤

闻有枉顾之意，倾望甚切。继闻有夹剿之事，盖我独贤劳，自昔而然矣。此间上犹、南康诸贼，幸已扫荡，渠魁悉已授首，回军且半月。以湖广之故，留兵守隘而已。奏捷须湖广略有次第，然后举。朱守忠闻在对哨有面会之图，此亦一奇遇。近得甘泉书，已与叔贤同往西樵，令人想企，不能一日处此矣。承示“既饱，不必问其所食之物。”此语诚有病。已不能记当时所指，恐亦为世之专务辨论讲说而不求深造自得者说，故其语意之间，不无抑扬太过。虽然，苟诚知求饱，将必五谷是资。鄙意所重，盖以责夫不能诚心求饱者，故遂不觉其言之过激，亦犹养之未至也。凡言意所不能达，多假于譬喻。以意逆志，是为得之。若必拘文泥象，则虽圣人之言，且亦不能无病，况于吾侪，学未有至，词意之间本已不能无弊者，何足异乎。今时学者大患，不能立恳切之志，故鄙意专以责志立诚为重。同志者亦观其大意之所在，斯可矣。惟贤谓：“有所疑而未解，正如饥者之求食，若一日不食，则一日不饱。”诚哉是言。果能如饥者之求饱，安能一日而不食，又安能屏弃五谷而食画饼者乎？此亦可以不言而喻矣。承示为益已多，友朋切磋之职，不敢言谢。何时遇甘泉，更出此一正之。

闽广之役，偶幸了事，皆诸君之功，区区盖坐享其成者。但闽寇虽平，而虔南之寇乃数倍于闽，善后之图，尚未知所出。野人归兴空切，不知知己者亦尝为念及此否也？曰仁近方告病，与二三友去耕霅上。霅上之谋实始于陆澄氏。陆与潮人薛侃皆来南都从学，二子并佳士，今皆举进士，未免又失却地主矣。向在南都相与者，曰仁之外，尚有太常博士马明衡、兵部主事黄宗明、见素之子林达有、御史陈杰、举人蔡宗兖、饶文璧之属，蔡今亦举进士，其时凡二三十人，日觉有相长之益。今来索居，不觉渐成放倒，可畏可畏。

闲中有见，不妨写寄，庶亦有所警发也。甘泉此时已报满。叔贤闻且束装，会相见否？霍渭先亦美质，可与言。见时皆为致意。

承喻讨有罪者，执渠魁而散胁从，此古之政也，不亦善乎。顾浰贼皆长恶怙终，其间胁从者无几，朝撤兵而暮聚党，若是者亦屡屡矣，诛之则不可胜诛，又恐以其患遗诸后人。惟贤谓："政教之不行，风俗之不美，以至于此。"岂不信然。然此膏肓之疾，吾其旬日之间可奈何哉？故今三省连累之贼，非杀之为难，而处之为难；非处之为难，而处之者能久于其道之为难也。贱躯以多病之故，日夜冀了此塞责而去，不欲复以其罪累后来之人，故犹不免于意必之私，未忍一日舍置。嗟乎。我躬不阅，遑恤我后，尽其力之所能为。今其大势亦幸底定，如其礼乐，以俟君子而已。数日前，已还军赣州。风毒大作，壅肿于坐卧，恐自此遂成废人，行且告休。人还，草草复。

承喻用兵之难，非独曲尽利害，足以开近议之惑，其所以致私爱于仆者，尤非浅也，愧感愧感。但龙川群盗为南赣患，几无虚月，剿捕之命屡下，所以未敢轻动，正亦恐如惟贤所云耳。虽今郴、桂夹攻之举，亦甚非鄙意所欲，况龙川乎。夏间尝具一疏，颇上其事，以湖广奉有成命，遂付空言。今录去一目，鄙心可知矣。湖广夹攻，为备已久。郴、桂之贼为湖广兵势所迫，四出攻掠，南赣日夜为备，今始稍稍支持。然广东以府江之役，尚未调集，必待三省齐发，复恐老师费财，欲视其缓急以次渐举。盖桂东上游之贼，湖广与江西夹攻，广东无与也。昌乐、乳源之贼，广东与湖广夹持，江西无与也。龙川之贼，江西与广东夹攻，湖广无与也。事虽一体，而其间贼情地势自不相及，若先举桂东上游，候广东兵集，然后举乳源诸处，末乃及于龙川，似亦可以节力省费而易为功。不知诸公之见又何如耶？所云龙川，亦止浰头一巢。盖环巢数邑被害已极，人之痛愤，势所不容已也。

来论谓："得书之后，前疑涣然冰释。"幸甚幸甚。学不如此，只是一场说话，非所谓盈科而后进，成章而后达也。又自谓："终夜思之，如污泥在面而不能即去。"果如污泥在面有不能即去者乎，幸甚幸甚。自来南、赣，平生益友离群索居，切磋之间不闻。近日始有薛进士辈一二人自北来，稍稍各有砥砺。又以讨贼事急，今屯浰头且已授首。漏网者甲从一二辈，其余固可略也。狼兵利害相半，若调犹未至，且可已之。此间所用皆机快之属，虽不能如狼兵之犀利，且易躯策，就约束。闻乳源诸贼已平荡，可喜。湖兵四哨，不下数万，所获不满二千，始得子月朔日会剿依期而往。彼反以先期见责，所谓文移时出侵语，诚有之。此举本渠所倡，今所俘获反不能多，意有未惬而愤激至此，不足为怪。浰头巢穴虽已破荡，然须建一县治以控制之，庶可永绝啸聚之患。已檄赣、惠二知府会议可否。高见且以为何如？南、赣大患，惟桶冈、横水、浰头三大贼，幸皆以次削平。年来归思极切，所恨风波漂荡，茫无涯涘。乃今幸有湾泊之机，知己当亦为吾喜也。乳源各处克捷，有两广之报，区区不敢冒捷。然亦且须题知，事毕之日，须备始末知之。

近得甘泉、叔贤书，知二君议论既合。自此吾党之学廓然同途，无复疑异矣，喜幸不可言。承喻日来进修警省不懈，尤足以慰倾望。此间朋友亦集，亦颇有奋起者。但惟鄙人冗疾相仍，精气日耗，兼之淹滞风尘中，未遂脱屣林下，相与专心讲习，正如俳优场中奏雅，纵复音调尽协，终不免于剧戏耳。乞休疏已四上，銮舆近闻且南幸，以疮疾暂止。每一奏事，辄往复三四月。此番倘得遂请，亦须冬尽春初矣。后山应援之说，审度事势，亦不必然，但奉有诏旨，不得不一行。此亦公文体面如此。闻彼中议论颇不齐，惟贤何以备见示，区区庶可善处也。

近得省城及南都诸公书报云，即日初十日圣驾北还，且云船头已发，不胜喜跃。贱恙亦遂顿减。此宗社之福，天下之幸，人臣之至愿，何喜何慰如之。但区区之心犹怀隐忧，或恐须及霜降以后，冬至以前，方有的实消息。其时贱恙当亦平复，即可放舟东下，与诸群一议地方事，遂图归计耳。闻永丰、新淦、白沙一带皆被流劫，该道守巡官皆宜急出督捕，非但安靖地方，亦可乘此机会整顿兵马，以预备他变。今恐事势昭彰，惊动远近，且不行文，书至，即可与各守巡备道区区之意，即时一出，勿更迟迟，轻忽坐视。思抑归兴，近却如何，若必不可已，俟回銮信的，徐图之未晚也。

近得江西策问，深用警惕。然自反而缩，固有举世非之而不顾者矣，其敢因是遂靡然自弛耶？《易》曰:“知至至之。”“知至”者，知也;“至之”者，致知也;此知行之所以合一也。若后世致知之说，止说得一知字，不曾说得致字，此知行所以二也。病发荼苦之人，已绝口人间事，念相知之笃，辄复一及。

北行不及一面，甚阙久别之怀。承寄《慈湖文集》，客冗未能遍观。来喻欲摘其尤粹者再图翻刻，甚喜。但古人言论，自各有见，语脉牵连，互有发越。今欲就其中以己意删节之，似亦甚有不易。莫若尽存，以俟具眼者自加分别。所云超捷，良如高见。今亦但当论其言之是与不是，不当逆观者之致疑，反使吾心昭明洞达之见，有所掩覆而不尽也。尊意以为何如？

与当道书

江省之变，大略具奏内。此人逆谋已非一日，久而未发，盖其心怀两图，是以迟疑未决，抑亦虑生之蹑其后也。近闻生将赴闽，必经其地，已视生为几上肉矣。赖朝廷之威灵，诸老先生之德庇，竟获脱身虎口。所恨兵力寡弱，不能有为尔。南、赣旧尝屯兵四千，朝有警而夕可发。近为户部必欲奏革商税，粮饷无所取给，故遂放散，未三月而有此变，复欲召集，非数月不能，亦且空然无资矣。世事之相挠阻，每每如此，亦何望乎？今亦一面号召忠义，取调各县机快，且先遣疲弱之卒，张布声势于丰城诸处，牵蹑其后。天夺其魄，彼果迟疑而未进。若再留半月，南都必已有备。彼一离窠穴，生将奋捣其虚，使之进不得前，退无所据。勤王之师，又四面渐集，必成擒矣。此生意料若此，切望诸老先生急赐议处，速遣能将，将重兵声罪而南，以绝其北窥之望。飞召各省，急兴勤王之师。此人凶残忌刻，世所未有，使其得志，天下无遗类矣。谅在庙堂，必有成算，区区愚诚，亦不敢不竭尽，生病疲尪，仅存余息。近者入闽，已具本乞休，必不得已，且容归省。不意忽遭此变，本非生之责任。但阖省无一官见在，人情涣散，汹汹震摇，使无一人牵制其间，彼得安意顺流而下，万一南都无备，将必失守。彼又分兵四掠，十三郡之民素劫于积威，必向风而靡。如此，则湖、湘、闽、浙皆不能保。及事闻朝廷，大兵南下，彼之奸计渐成，破之难矣。以是遂忍死暂留于此，徒以空言收拾散亡，感激忠义。日望命帅之来、生得以舆疾还越，死且瞑目。伏惟诸老先生鉴其血诚，必赐保全，勿遂竭其力所不能，穷其智所不及，以为出身任事者之戒，幸甚幸甚。

与汪节夫书

足下数及吾门，求一言之益，足知好学勤勤之意。人有言古之学者为己，今之学者为人。今之学者须先有笃实为己之心，然后可以论学。不然，则纷纭口耳讲说，徒足以为为人之资而已。仆之不欲多言者，非有所靳，无可言耳。以足下之勤勤下问，使诚益励其笃实为己之志，归而求之，有余师矣。有能一日用其力于仁矣乎，我未见力不足者。足下勉之。“道南”之说，明道实因龟山南归，盖亦一时之言，道岂有南北乎？凡论古人得失，莫非为己之学，诵其诗，读其书，不知其人可乎，是以论其世也，是尚友也。果能有所得于尚友之实，又何以斯录为哉？节夫姑务为己之实，无复往年务外近名之病，所得必已多矣，此事尚在所缓也。凡作文，惟务道其心中之实，达意而止，不必过求雕刻，所谓修辞立诚者也。

寄张世文

执谦枉问之意甚盛。相与数月，无能为一字之益，乃今又将远别矣，愧负愧负。今时友朋，美质不无，而有志者绝少。谓圣贤不复可冀，所视以为准的者，不过建功名，炫耀一时，以骇愚夫俗子之观听。呜呼。此身可以为尧、舜，参天地，而自期若此，不亦可哀也乎？故区区于友朋中，每以立志为说。亦知往往有厌其烦者，然卒不能舍是而别有所先。诚以学不立志，如植木无根，生意将无从发端矣。自古及今，有志而无成者则有之，未有无志而能有成者也。远别无以为赠，复申其立志之说。贤者不以为迂，庶勤勤执谦枉问之盛心为不虚矣。

与王晋溪司马

伏惟明公德学政事高一世，守仁晚进，虽未获亲炙，而私淑之心已非一日。乃者承乏鸿胪，自以迂腐多疾，无复可用于世，思得退归田野，苟存余息。乃蒙大贤君子不遗葑菲，拔置重地，适承前官谢病之后，地方亦复多事，遂不敢固以疾辞。已于正月十六日抵赣，扶疾莅任。虽感恩图报之心无不欲尽，而精力智虑有所不及，恐不免终为荐举之累耳。伏惟仁人君子，器使曲成，责人以其所可勉，而不强人以其所不能，则守仁羁鸟故林之想，必将有日可遂矣。因遣官诣阙陈谢，敬附申谢私于门下，伏冀尊照。不备。

守仁近因夆贼大修战具，远近勾结，将遂乘虚而入，乃先其未发，分兵掩扑。虽斩获未尽，然克全师而归，贼巢积聚亦为一空。此皆老先生申明律例，将士稍知用命，以克有此。不然，以南、赣素无纪律之兵，见贼不奔，亦已难矣。况敢暮夜扑剿，奋呼追击，功虽不多，其在南、赣，则实创见之事矣。伏望老先生特加劝赏，使自此益加激励，幸甚。今各巢奔溃之贼，皆聚横水、桶冈之间，与郴、桂诸贼接境。生恐其势穷，或并力复出。且天气炎毒，兵难深入远攻。乃分留重卒于金坑营前，扼其要害，示以必攻之势，使之旦夕防守，不遑他图。又潜遣人于已破各巢山谷间，多张疑兵，使既溃之贼不敢复还旧巢，聊且与之牵持。候秋气渐凉，各处调兵稍集，更图后举。惟望老先生授之以成妙之算，假之以专一之权，明之以赏罚之典。生虽庸劣，无能为役，敢不鞭策驽钝，以期无负推举之盛心。秋冬之间，地方苟幸无事，得以归全病喘于林下，老先生肉骨生死之恩，生当何如为报耶。正署，伏惟为国为道自重，不宣。

前月奏捷人去，曾渎短启，计已达门下。守仁才劣任重，大惧覆悚，为荐扬之累。近者南赣盗贼虽外若稍定，其实譬之疽痈，但未溃决。至其恶毒，则固日深月积，将渐不可疗治。生等固庸医，又无药石之备，不过从旁抚摩调护，以纾目前。自非老先生发针下砭，指示方药，安敢轻措其手，冀百一之成？前者申明赏罚之请，固来求针砭于门下，不知老先生肯赐俯从，卒授起死回生之方否也？近得峯中消息，云将大举，乘虚入广。盖两广之兵近日皆聚府江，生等恐其声东击西，亦已密切布置，将为先事之图。但其事隐而未露，未敢显言于朝。然又不敢不以闻于门下。且闻府江不久班师，则其谋亦将自阻。大抵南、赣兵力极为空疏，近日稍加募选训练，始得三千之数。然而粮赏之资，则又百未有措。若夹攻之举果行，则其势尤为窘迫。欲称贷于他省，则他省各有军旅之费。欲加赋于贫民，则贫民又有从盗之虞。惟赣州虽有盐税一事，迩来既奉户部明文停止。但官府虽有禁止之名，而奸豪实窃私通之利。又盐利下通于三府，皆民情所深愿，而官府稍取其什一，亦商人所悦从。用是辄因官僚之议，仍旧抽放。盖事机窘迫，势不得已。然亦不加赋而财足，不扰民而事办，比之他图，固犹计之得者也。今特具以闻奏，伏望老先生曲赐扶持，使兵事得赖此以济，实亦地方生灵之幸。生等得免于失机误事之诛，其为感幸，尤深且大矣。自非老先生体国忧民之至，何敢每事控聒若此？伏冀垂照。不具。

生于前月二十日，地方偶获征功，已于是月初二日具本闻奏。差人既发，始领部咨，知夹攻已有成命。前者尝具两可之奏，不敢专主夹攻者，诚以前此三省尝为是举，乃往复勘议，动经岁月，形迹显暴，事未及举，而贼已奔窜大半。今老先生略去繁文之扰，行以实心，断以大义，一决而定，机速事果，则夹攻之举固亦未尝不善也。凡败军偾事，皆缘政出多门，每行一事，既禀巡抚，复禀镇守，复禀巡按，往返需迟之间，谋虑既泄，事机已去。昨睹老先生所议，谓阃外兵权，贵在专委；征伐事宜，切忌遥制。且复除去总制之名，使各省事有专责，不令掣肘，致相推托。真可谓一洗近年琐屑牵扰之弊。非有大公无我之心发强刚毅者，孰能与于斯矣？庙堂之上，得如老先生者为之张主，人亦孰不乐为之用乎？幸甚幸甚？今各贼巢穴之近江西者，盖已焚毁大半。但擒斩不多，徒党尚盛。其在广东、湖广者，犹有三分之一。若平日相机掩扑，则贼势分而兵力可省。今欲大举，贼且并力合势，非有一倍之众，未可轻议攻围。况南、赣之兵，素称疲弱，见贼而奔，乃其长技。广、湖所用，皆土官狼兵，贼所素畏，夹攻之日，势必偏溃江西，今欲请调狼兵以当其锋，非惟虑其所过残掠，兼恐缓不及事。生近以漳南之役，亲见上杭、程乡两处机快，颇亦可用，且在抚属之内。故今特调二县各一千名，并凑南赣新集起倩，共为一万二千之数。若以军法五攻之例，必须三省合兵十万而后可。但南、赣粮饷无措，不得已而从减省若此。伏望老先生特赐允可。若更少损其数，断然力不足以支寇矣。腐儒小生，素不习兵，勉强当事，惟恐覆公之悚。伏惟老先生悯其不逮，教以方略，使得有所持循，幸甚幸甚。

守仁始至赣，即因闽寇猖獗，遂往督兵。故前者渎奏谢启，极为草略，迄今以为罪。闽寇之始，亦不甚多，大军既集，乃连络四面而起，几不可支。今者偶获成功，皆赖庙堂德威成算，不然且不免于罪累矣，幸甚。守仁腐儒小生，实非可用之才。盖未承南、赣之乏，已尝告病求退。后以托疾避难之嫌，遂不敢固请，黾勉至此，实恐得罪于道德，负荐举之盛心耳。伏惟终赐指教而曲成之，幸甚幸甚。今闽寇虽平，而南赣之寇又数倍于闽，且地连四省，事权不一，兼之敕旨又有不与民事之说，故虽虚拥巡抚之名，而其实号令之所及止于赣州一城。然且尚多抵牾，是亦非皆有司者敢于违抗之罪，事势使然也。今为南、赣，止可因仍坐视，稍欲举动，便有掣肘。守仁窃以南、赣之巡抚可无特设，止存兵备，而统于两广之总制，庶几事体可以归一。不然，则江西之巡抚，虽三省之务尚有牵碍，而南、赣之事犹可自专。一应军马钱粮，皆得通融裁处，而预为之所，犹胜于今之巡抚，无事则开双眼以坐视，有事则空两手以待人也。夫弭盗所以安民，而安民者弭盗之本。今责之以弭盗，而使无与于民，犹专以药石攻病，而不复问其饮食调适之宜，病有日增而已矣。今巡抚之改革，事体关系，或非一人私议之间便可更定，惟有申明赏罚，犹可以稍重任使之权，而因以略举其职，故今辄有是奏。伏惟特赐采择施行，则非独生一人得以稍逭罪戮，地方之困亦可以少苏矣。非恃道谊深爱，何敢冒渎及此？万冀鉴恕。不宣。

即日，伏惟经纶帮政之暇，台候万福。守仁学徒慕古，识乏周时，谬膺简用，惧弗负荷。祇命以来，推寻酿寇之由，率因姑息之弊。所敢陈情，实恃知己。乃蒙天听，并赐允从，蕃锡宠右，恩与至重。是非执事，器使曲成，奖饰接引，何以得此？守仁无似，敢不勉奋庸劣，遵禀成略，冀收微效，以上答圣眷，且报所自乎？兹当发师，匆遽陈谢，伏惟台照。不备。

生惟君子之于天下，非知善言之为难，而能用善之为难。舜在深山之中，与木石居，鹿豕游，其所以异于深山之野人者几希。舜亦何以异于人哉？至其闻一善言，见一善行，沛然若决江河，莫之能御，然后见其与世之人相去甚远耳。今天下知谋才辩之士，其所思虑谋猷，亦无以大相远者。然多蔽而不知，或虽知而不能用，或虽用而不相决，雷同附和。求其的然真见，其孰为可行，孰为不可行，孰为似迂而实切，孰为似是而实非，断然施之于用，如神医之用药，寒暑虚实，惟意所投，而莫不有以曲中其机，此非有明睿之资，正大之学，刚直之气，其孰能与于此？若此者，岂惟后世之所难能，虽古之名世大臣，盖亦未之多闻也。守仁每诵明公之所论奏，见其洞察之明，刚果之断，妙应无方之知，灿然剖析之有条，而正大光明之学，凛然理义之莫犯，未尝不拱手起诵，歆仰叹服。自其识事以来，见世之名公巨卿，负盛望于当代者，其所论列，在寻常亦有可观，至于当大疑，临大利害，得丧毁誉，眩瞀于前，力不能正，即依违两可，掩覆文饰，以幸无事，求其卓然之见，浩然之气，沛然之词，如明公之片言者，无有矣。在其平时，明公虽已自有以异于人，人固犹若无以大异者，必至于是，而后见其相去之甚远也。守仁耻为佞词以谀人，若明公者，古之所谓社稷大臣，负王佐之才，临大节而不可夺者，非明公其谁欤。守仁后进于劣，何幸辱在驱策之末。奉令承教，以效其尺寸，所谓驽骀遇伯乐而获进于百里，其为感幸何如哉。迩者龙川之役，亦幸了事，穷本推原，厥功所自，已略具于奏末，不敢复缕缕。所恨福薄之人，难与成功，虽仰赖方略，侥幸塞责，而病患日深，已成废弃。昨日乞休疏入，辄尝恃爱控其恳切之情，日夜瞻望允报。伏惟明公终始曲成，使得稍慰老父衰病之怀，而百岁祖母，亦获一见为诀，死生骨肉之恩，生当何如为报耶。情隘词迫，气冀矜亮，死罪死罪。

近领部咨，见老先生之于守仁，可谓心无不尽，而凡其平日见于论奏之间者，亦已无一言之不酬。虽上公之爵，万户侯之封，不能加于此矣。自度鄙劣，何以克堪，感激之私，中心藏之，不能以言谢。然守仁之所以隐忍扶疾，身披锋镝，出百死一生以赴地方之急者，亦岂苟图旌赏，希阶级之荣而已哉？诚感老先生之知爱，期无负于荐扬之言，不愧称知己于天下而已矣。今虽不能大建奇伟之绩，以仰答知遇，亦幸苟无挠败戮辱，遗缪举之羞于门下，则守仁之罪责亦已少塞，而志愿亦可以无大憾矣，复何求哉。复何求哉。伏惟老先生爱人以德，器使曲成，不责人以其所不备，不强人以其所不能，则凡才薄福，尪羸疾废如某者，庶可以遂其骸骨之请矣。乞休疏待报已三月，尚杳未有闻。归魂飞越，夕不能旦。伏望悯其迫切之情，早赐允可，是所谓生死而肉骨者也，感德当何如耶。

辄有私梗，仰恃知爱，敢以控陈。近日三省用兵之费，广、湖两省皆不下十余万，生处所乞止于三万，实皆分毫扣算，不敢稍存赢余。已蒙老先生洞察其隐，极力扶持，尽赐准允。后户部复见沮抑，以故昨者进兵之际，凡百皆临期那借屑凑，殊为窘急。赖老先生指授，幸而两月之内，偶克成功。不然，决致败事矣。此虽已遂之事，然生必欲一鸣其情者，窃恐因此遂误他日事耳。又南、赣盗贼巢穴，虽幸破荡，而漏殄残党，难保必无。兼之地连四省，深山盘谷，逃流之民，不时啸聚。辄采民情，议于横水大寨，请建县治，为久安之图。乘间经营，已略有次第。守仁迂疏病懒，于凡劳役之事，实有不堪。但筹度事势，有不得不然者，是以不敢以病躯欲归之故。闭遏其事而不可闻，苟幸目前之塞责而已也。伏惟老先生并赐裁度施行，幸甚。

守仁不肖，过蒙荐奖，终始曲成，言无不行，请无不得，既假以赏罚之权，复委以提督之任，授之方略，指其迷谬，是以南、赣数十年桀骜难攻之贼，两月之内，扫荡无遗。是岂驽劣若守仁者之所能哉？昔人有言，追获兽兔功，狗也；发纵指示功，人也。守仁赖明公之发纵指示，不但得免于挠败之戮，而又且与于追获兽兔之功，感恩怀德，未知此生何以为报也。因奏执捷人去，先布下悃。俟兵事稍闲，尚当具启修谢。伏惟为国为道自重，不宣。

迩者南、赣盗贼遂获底定，实皆老先生定议授算，以克有此。生辈不过遵守奉行之而已。何功之有，而敢冒受重赏乎？伏惟老先生橐籥元和，含洪无迹，乃欲归功于生物。物惟不自知其生之所自焉尔，苟知其生之所自，其敢自以为功乎？是自绝其生也已。拜命之余，不胜渐惧，辄具本辞免，非敢苟为逊避，实其中心有不自安者。升官则已过甚，又加之荫子，若之何其能当之。负且乘，致寇至。生非无贪得之心，切惧寇之将至也。伏惟老生鉴其不敢自安之诚，特赐允可，使得仍以原职致事而去，是乃所以曲成而保全之也，感刻当何如哉。渎冒尊威，死罪死罪。

忧危之际，不敢数奉起居，然此心未尝一日不在门墙也。事穷势极，臣子至此，惟有痛哭流涕而已，可如何哉。生前者屡乞省葬，盖犹有隐忍苟全之望。今既未可，得以微罪去归田里，即大幸矣。素蒙知爱之深，敢有虚妄，神明诛殛。惟鉴其哀悃，特赐曲成，生死肉骨之感也。地方事决知无能为，已闭门息念，袖手待尽矣。惟是苦痛切肤，未免复为一控，亦聊以尽吾心焉尔。临启悲怆，不知所云。

自去冬畏途多沮，遂不敢数数奉启，感刻之情，无由一达，缪劣多忤，尚获曲全，非老先生何以得此。“中心藏之，何日忘之。”诵此而已，何能图报哉。江西之民困苦已极，其间情状，计已传闻，无俟复喋。今骚求既未有艾，钱粮又不得免，其变可立待。去岁首为控奏，既未蒙旨，继为申请，又不得达，今兹事穷势极，只得冒罪复请。伏望悯地方之涂炭，为朝廷深忧远虑，得与速免，以救燃眉，幸甚幸甚。生之乞归省葬，去秋已蒙贼平来说之旨，冬底复请，至今未奉允报。生之汲汲为此，非独情事苦切，亦欲因此稍避怨嫉。素蒙老先生道谊骨肉之爱，无所不至，于此独忍不一举手投足，为生全之地乎？今地方事残破惫极，其间宜修举者百端，去岁尝缪申一二奏，皆中途被沮而归。继是而后，遂以形迹之嫌，不敢复有所建白。兼贱恙日尪瘠，又以父老忧危致疾之故，神志恍恍，终日如在梦寐中。今虽复还省城，不过闭门昏卧，服药喘息而已。此外人事都不复省，况能为地方救灾拯难，有所裨益于时乎？所以复有蠲租之请者，正如梦中人被锥刺，未能不知疼痛，纵其手足扑疗不及，亦复一呻吟耳。老先生幸怜其志，哀其情，速免征科，以解地方之倒悬。一允省葬之乞，使生得归全首领于牖下，则阖省蒙更生之德，生父子一家，受骨肉之恩举含刻于无涯矣。昏懵中控诉无叙，临启不胜怆慄。

屡奉启，皆中途被沮，无由上达。幸其间乃无一私语，可以质诸鬼神。自是遂不敢复具。然此颠顿窘局，苦切屈仰之情，非笔舌可尽者，必蒙悯照，当不俟控吁而悉也。日来呕血，饮食顿减，潮热夜作。自计决非久于人世者，望全始终之爱，使得早还故乡。万一苟延余息，生死肉骨之恩，当何如图报耶？余情张御史当亦能悉，伏祈垂亮。不备。

比兵部差官来赍示批札，开谕勤卷，佐亦随至，备传垂念之厚。昔人有云，公之知我，胜于我之自知。若公今日之爱生，实乃胜于生之自爱也，感报当何如哉。明公一身系宗社安危，持衡甫旬月，略示举动，已足以大慰天下之望矣。百凡起居，尤望倍常慎密珍摄，非独守仁之私幸也。佐且复北，当有别启。差官回，便辄先附谢，伏惟台鉴。不具。

与陆清伯书

屡得书，见清伯所以省愆罪己之意，可谓真切恳到矣。即此便是清伯本然之良知。凡人之为不善者，虽至于逆理乱常之极，其本心之良知，亦未有不自知者。但不能致其本然之良知，是以物有不格，意有不诚，而卒入于小人之归。故凡致知者，致其本然之良知而已。《大学》谓之"致知格物"，在《书》谓之"精一"，在《中庸》谓之"慎独",在《孟子》谓之"集义",其工夫一也。向在南都，尝谓清伯喫紧于此。清伯亦自以为既知之矣。近睹来书，往往似尚未悟，辄复赘此。清伯更精思之。《大学》古本一册寄去，时一览。近因同志之士，多于此处不甚理会，故序中特改数语。有得便中写知之。季惟乾事善类所共冤，望为委曲周旋之。

与许台仲书

荣擢谏垣，闻之喜而不寐。非为台仲喜得此官，为朝廷谏垣喜得台仲也。孟子云："人不足与适也，政不足与间也。惟大人为能格君心之非。""一正君而国定矣。"碌碌之士，未论其言之若何，苟言焉，亦足尚矣。若夫君子之志于学者，必时然后言而后可，又不专以敢言为贵也。去恶先其甚者。颠倒是非。固已得罪于名教；若搜罗琐屑，亦君子之所耻矣。尊意以为何如？向时格致之说，近来用工有得力处否？若于此见得真切，即所谓一以贯之。如前所云，亦为琐琐矣。

又

吾子累然忧服之中，顾劳垂念至勤，贤即以书币远及，其何以当。其何以当。道不可须臾而间，故学不须臾而离，居丧亦学也。而丧者以荒迷自居，言不能无荒迷尔，学则不至于荒迷，故曰："丧事不敢不勉。宁戚之说，为流俗忘本者言也。"喜怒哀乐，发皆中节谓和。哀亦有和焉，发于至诚，而无所乘戾之谓也。夫过情，非和也；动气，非和也；有意必于其间，非和也。孺子终日啼而不嗌，和之至也。知此，则知居丧之学，固无所异于平居之学矣。闻吾子近日有过毁之忧，辄敢以是奉告，幸图其所谓大孝者可也。

与林见素

执事孝友之行，渊博之学，俊伟之才，正大之气，忠贞之节。某自弱冠从家君于京师，幸接比邻，又获与令弟相往复，其时固已熟闻习见，心悦而诚服矣。第以薄劣之资，未敢数数有请。其后执事德益盛，望益隆，功业益显，地益远，某企仰益切，虽欲忘其薄劣，一至君子之庭，以濡咳唾之余，又益不可得矣。执事中遭谗嫉，退处丘园，天下之士，凡有知识，莫不为之扼腕不平，思一致其勤惓。而况某素切向慕者，当如何中为心？顾终岁奔走于山夷海僚之区，力不任重，日不暇给，无由一申起居，徒时时于交游士夫间，窃执事之动履消息。皆以为人不堪其忧愤，而执事处之恬然，从容礼乐之间，与平居无异。《易》所谓"时困而德辨，身退而道亨"，于执事见之矣。圣天子维新政化，复起执事，寄之股肱，诚以慰天下之望。此盖宗社生民之庆，不独知游之幸，善类之光而已也。

正欲作一书，略序其前后倾企纡郁未伸之怀，并致其欢欣庆忭之意，值时归省老亲，冗病交集，尚尔未能。而区区一时侥幸之功，连年屈辱之志，乃蒙为之申理，诱掖过情，而褒赏逾分，又特遣人驰报慰谕。此固执事平日与人为善之素心，大公无我之盛节，顾浅陋卑劣，其将何以承之乎。感激惶悚，莫知攸措。使还，冗剧草草，略布下悃。至于恩命之不敢当，厚德之未能谢者，尚容专人特启。不具。

与杨邃庵

某之缪辱知爱，盖非一朝一夕矣。自先君之始托交于门下，至于今，且四十余年。父子之间，受惠于不知，蒙施于无迹者，何可得而胜举。就其显然可述，不一而足者，则如先君之为祖母乞葬祭也，则因而施及其祖考。某之承乏于南赣，而行事之难也，则因而改授以提督。其在广会征，偶获微功，而见诎于当事也，则竟违众议而申之。其在西江，幸夷大憝，而见构于权奸也，则委曲调护，既允全其身家，又因维新之诏，而特为之表扬暴白于天下，力主非常之典，加之以显爵。其因便道而告乞归省也，则既嘉允其奏，而复优之以存问。其颁封爵之典也，出非望之恩，而遂推及其三代。此不待人之请，不由有司之议，傍无一人可致纤毫之力。而独出于执事之心者，恩德之深且厚也如是，受之者宜何如为报乎。夫人有德于己，而不知以报者，草木鸟兽也，栎之树，随之蛇，尚有灵焉，人也而顾草木鸟兽之弗若耶？顾无所可效其报者，惟中心藏之而已。中心藏之，而辄复言之，惧执事之谓其藐然若罔闻知，而遂以草木视之也。迩者先君不幸大故，有司以不肖孤方茕然在疚，谓其且无更生之望，遂以葬祭赠谥为之代请，颇为该部所抑，而朝廷竟与之以葬祭。是执事之心，何所不容其厚哉。乃今而复有无厌之乞，虽亦其情之所不得已，实恃知爱之笃，遂径其情，而不复有所讳忌嫌沮，是诚有类于藐然若罔闻知者矣。事之颠末，别具附启。惟执事始终其德而不以之为戮也，然后敢举而行之。

与萧子雍

缪妄迂疏，多招物议，乃其宜然。每劳知己为之忧念不平，徒增悚赧耳。荼毒未死之人，此身已非己有，况其外之毁誉得丧，又敢与之乎？哀痛稍苏时，与希渊一二友喘息于荒榛丛草间，惴惴焉惟免于戮辱是幸，他更无复愿矣。近惟教化大行，已不负平时祝望。知者不虑其不明，而虑其过察；果者不虑其无断，而虑其过严。若大尊德乐义，激浊扬清，以丕变陋习，吾与昔人，可无间然矣。盛价还，草草无次。

与德洪

《大学或问》数条，非不愿共学之士尽闻斯义，顾恐藉寇兵而赍盗粮，是以未欲轻出。且愿诸公与海内同志口相授受，俟其有风机之动，然后刻之非晚也。此意尝与谦之面论，当能相悉也。江、广两途，须至杭城始决。若从西道，又得与谦之一话于金、焦之间。冗甚，不及写书，幸转致其略。

卷四　诗赋

赋骚七首

太白楼赋 丙辰

岁丙辰之孟冬兮，泛扁舟余南征。凌济川之惊涛兮，览层构乎任城。曰太白之故居兮，俨高风之犹在。蔡侯导余以从陟兮，将放观乎四海。木萧萧而乱下兮，江浩浩而无穷；鲸敖敖而涌海兮，鹏翼翼而承风；月生辉于采石兮，日留景于岳峰；蔽长烟乎天姥兮，渺匡庐之云松。慨昔人之安在兮，吾将上下求索而不可。蹇余虽非白之俦兮，遇季真之知我。羌后人之视今兮，又乌知其不果？吁嗟太白公奚为其居此兮？余奚为其复来？倚穹霄以流盼兮，固千载之一哀。

昔夏桀之颠覆兮，尹退乎莘之野；成汤之立贤兮，乃登庸而伐夏。谓鼎俎其要说兮，维党人之挤诟。曾圣哲之匡时兮，夫焉前枉而直后。当天宝之末代兮，淫好色以信谗。恶来妹喜其猖獗兮，众皆狐媚以贪婪。判独毅而不顾兮，爰命夫以仆妾之役。宁直死以顑颔兮，夫焉患得而局促。开元之绍基兮，亦遑遑其求理。生逢时以就列兮，固云台麟阁而容与。夫何漂泊于天之涯兮？登斯楼乎延伫。信流俗之嫉妒兮，自前世而固然。怀夫子之故都兮，沛余涕之湲湲。庙堂之偃蹇兮，或非情之所好。唯不合于斯世兮，恣沉酣而远眺。

进吾不遇于武丁兮，退吾将颜氏之箪瓢。奚曲蘖其昏迷兮，亦夫子之所逃。管仲之辅纠兮，孔圣与其改行。佐璘而失节兮，始以见道之未明。睹夜郎之有作兮，横逸气以徘徊；亦初心之无他兮，故虽悔而弗摧。吁嗟其谁无过兮，抗直气之为难。轻万乘于褐夫兮，固孟轲之所叹。旷绝代而相感兮，望天宇之漫漫。去夫子其千祀兮，世益隘以周容。媒妇妾以驰骛兮，又从而为之吮痈。贤者化而改度兮，竞规曲以为同。

卒曰：峄山青兮河流泻，风飕飕兮澹平野。凭高楼兮不见，舟楫纷兮楼之下，舟之人兮俨服，亦庶几夫之踪者。

九华山赋 壬戌

循长江而南下，指青阳以幽讨。启鸿濛之神秀，发九华之天巧。非效灵于坤轴，孰构奇于玄造。涉五溪而径入，宿无相之窈窕。访王生于邃谷，掬金沙之清潦。凌风雨乎半霄，登望江而远眺。步千仞之苍壁，俯龙池于深窅。吊谪仙之遗迹，跻化城之缥缈。钦钵盂之朝露，见莲花之孤标。扣云门而望天柱，列仙舞于晴昊。俨双椒之辟门，真人驾阳云而独跻。翠盖平临乎石照，绮霞掩映乎天姥。二神升于翠微，九子邻于积稻。炎熇起于玉甑，烂石碑之文藻。回澄秋丁枕月，建少微之星旐。覆瓯承滴翠之余沥，展旗立云外之旌纛。下安禅而步逍遥，览双泉于松杪。逾西洪而憩黄石，悬百丈之灏灏。

濑流觞而萦纡，遗石船于涧道；呼白鹤于云峰，钓嘉鱼于龙沼；倚透碧之巉岏，谢尘寰之纷扰。攀齐云之巉削，鉴琉璃之浩渶。沿东阳而西历，殑九节之蒲草。樵人导余以冥探，排碧云之瑶岛。群峦翳其缪辖，失阴阳之昏晓。垂七布之沈沈，灵龟隐而复佻。履高僧而屧招贤，开白日之杲杲。试明茗于春阳，汲垂云之渊湫；凌绣壁而据石屋，何文殊螺髻之蟠纠？梯拱辰而北盼，瞟遗光于拾宝。缁裳迓于黄匏，休圆寂之幽悄。鸟呼春于丛篁，和云韶之鷕鷕，唤起促余之晨兴，落星河于檐橑；护山嘎其惊飞，怪游人之太早。揽卉木之如濯，被晨辉而争姣。静鑱声之剥啄，幽人剧参蕨于冥杳。碧鸡唠于青林，鹇翻云而失皓。隐捣药以樛萝，挟提壶饼焦而翔绕。凤凰承盂冠以相遗，饮沆瀣之仙醥；羞竹实以嬉翱，集梧枝之嫋嫋。岚欲雨而霏霏，鸣湿湿于姜葆；躐三游而转青峭，拂天香于茫渺。席泓潭以濯缨，浮桃泻而扬缟。淙澌澌而落荫，饮猿猱之捷狡。睨斧柯而升大还，望会仙于云表。悯子京之故宅，款知微之碧桃。倏金光之闪映，睫累景于穹坳。弄玄珠于赤水，舞千尺之潜蛟。并花塘而峻极，散香林之回飙。抚浮屠之突兀，泛五钗之翠涛。袭珍芳于绝巘，袅金步之摇摇。莎罗踯躅芬敷而灿耀，幢玉女之妖娇。搴龙须于灵宝，堕钵囊之飘摇。开仙掌于嵚嵌，散青馨之迢迢。披白云而踸崇寿，见参错之僧寮。日既夕而山冥，挂星辰于窿嶅。宿南台之明月，虎夜啸而罴嗥。鹿麇群游于左右，若将侣幽人之岑寥。迥高寒其无寐，闻冰壑之洞箫。

溪女厉晴泷而曝术，杂精苓之春苗。邀予觞以玉液，饭玉粒之琼瑶；溘辞予而远去，飒霞裾之飘飘。复中峰而怅望。或仙踪之可招。乃下见阳陵之蜿蜒，忽有感于子明之宿要。逝予将遗世而独立，采石芝于层霄。虽长处于穷僻，乃永离乎匽嚣。彼苍黎之缉缉，固吾生之同胞；苟颠连之能济，吾岂靳于一毛。矧狂胡之越獗，王师局而奔劳。吾宁不欲请长缨于阙下，快平生之郁陶？顾力微而任重，惧覆败于或遭；又出位以图远，将无诮于鷦鹩。嗟有生之迫隘，等灭没于风泡；亦富贵其奚为？犹荣蕣之一朝。旷百世而兴感，蔽雄杰于蓬蒿。吾诚不能同草木而腐朽，又何避乎群喙之呶呶。

已矣乎。吾其鞭风霆而骑日月，被九霞之翠袍。抟鹏翼于北溟，钓三山之巨鳌。道昆仑而息驾，听王母之云璈。呼浮丘于子晋，招句曲之三茅。长遨游于碧落，共太虚而逍遥。

乱曰：蓬壶之藐藐兮，列仙之所逃兮；九华之矫矫兮，吾将于此巢兮。匪尘心之足搅兮，念鞠育之劬劳兮。苟初心之可绍兮，永矢弗挠兮。

吊屈平赋 丙寅

正德丙寅，某以罪谪贵阳，取道沅、湘。感屈原之事，为文而吊之。其词曰：

山黯惨兮江夜波，风飔飔兮木落森柯。泛中流兮焉泊？湛椒醑兮吊湘累。云冥冥兮月星蔽晦，冰崚嶒兮霰又下。累之宫兮安在？怅无见兮愁予。高岸兮嵚崎，纷纠错兮樛枝。下深渊兮不恻，穴沥洞兮蛟螭。山岑兮无极，空谷谽谺兮迥寥寂。猿啾啾兮吟雨，熊罴嗥兮虎交迹。念累之穷兮焉托处？四山无人兮豺狐鼠；魑魅游兮群跳啸，瞰出入兮为累奸宄。嫉累正直兮反诋为殃，昵比上官兮子兰为臧。幽业薄兮畴侣，怀故都兮增伤。望九疑兮参差，就重华兮陈辞。沮积雪兮磵道绝，洞庭渺藐兮天路迷。要彭咸兮江潭，召申屠兮使骖。娥鼓瑟兮冯夷舞，聊遨游兮湘之浦。乘回波兮泊兰渚，睠故都兮独延伫。君不还兮郢为墟，心壹郁兮欲谁语。郢为墟兮函峭亦焚，谗鬼逋戮兮快不酬冤。历千载兮耿忠悃，君可复兮排帝阍。望遁迹兮渭阳，箕罹囚兮其佯以狂。艰贞兮晦明，怀若人兮将予退藏。宗国沦兮摧腑肝，忠愤激兮中道难。勉低回兮不忍，溘自沉兮心所安。雄之谀兮谗喙，众狂稺兮谓累扬。已为魈为魅兮为谗媵妾，累视若鼠兮佞颡有泚。累忽举兮云中，龙旂晻霭兮飘风；横四海兮倏忽，驷玉虬兮上冲；降望兮大壑，山川萧条兮济寥廓。逝远去兮无穷，怀故都兮蜷局。

乱曰：日西夕兮沅湘流，楚山嵯峨兮无冬秋。累不见兮涕泗，世愈隘兮孰知我忧。

思归轩赋 庚辰

阳明子之官于虔也，廨之后乔木蔚然。退食而望，若处深麓而游于其乡之园也。构轩其下，而名之曰“思归”焉。

门人相谓曰：“归乎。夫子之役役于兵革，而没没于徽缠也，而靡寒暑焉，而靡昏朝焉，而发萧萧焉，而色焦焦焉。虽其心之固嚣嚣也，而不免于呶呶焉，哓哓焉，亦奚为乎。槁中竭外，而徒以劳劳焉为乎哉？且长谷之迢迢也，穷林之寥寥也，而耕焉，而樵焉，亦焉往而弗宜矣。夫退身以全节，大知也；敛德以亨道，大时也；怡神养性以游于造物，大熙也，又夫子之夙期也。而今日之归，又奚以思为乎哉？”则又相谓曰：“夫子之思归也，其亦在陈之怀欤？吾党之小子，其狂且简，伥伥然若瞽之无与偕也，非吾夫子之归，孰从而裁之乎？”则又相谓曰：“嗟呼，夫子而得其归也，斯土之人为失其归矣乎。天下之大也，而皆若是焉，其谁与为理乎？虽然，夫子而得其归也，而后得于道。惟夫天下之不得于道也，故若是其贸贸。夫道得而志全，志全而化理，化理而人安。则夫斯人之徒，亦未始为不得其归也。而今日之归又奚疑乎？而奚以思为乎？”

阳明子闻之，怃然而叹曰：吾思乎。吾思乎。吾亲老矣，而暇以他为乎？虽然，之言也，其始也，吾私焉；其次也，吾资焉；又其次也，吾几焉。乃援琴而歌之。歌曰：

归兮归兮，又奚疑兮。吾行日非兮，吾亲日衰兮；胡不然兮，日思予旋兮；后悔可迁兮？归兮归兮，二三子之言兮。

咎言 丙寅

正德丙寅冬十一月，守仁以罪下锦衣狱。省愆内讼，时有所述。既出，而录之。

何玄夜之漫漫兮，悄予怀之独结。严霜下而增寒兮，皦明月之在隙。风呶呶以憎木兮，鸟惊呼而未息。魂营营以惝恍兮，目窅窅其焉极。懔寒飚之中人兮，杳不知其所自。夜展转而九起兮，沾予襟之如泗。胡定省之弗遑兮，岂荼甘之如荠？怀前哲之耿光兮，耻周容以为比。何天高之冥冥兮，孰察予之衷？予匪戚于累囚兮，牿匪予之为恫。沛洪波之浩浩兮，造云阪之濛濛；税予驾其安止兮，终予去此其焉从？孰瘿瘰之在颈兮，谓累足之何伤？熏目而弗顾兮，惟盲者以为常。孔训之服膺兮，恶讦以为直。辞婉变期巷遇兮，岂予言之未力？皇天之无私兮，鉴予情之靡他。宁保身之弗知兮，膺斧锧之谓何。蒙出位之为愆兮，信愚忠者蹈亟。苟圣明之有裨兮，虽九死其焉恤。

乱曰：予年将中，岁月遒兮。深谷崆峒，逝息游兮；飘然凌风，八极周兮。孰乐之同，不均忧兮。匪修名崇仁之求兮，出处时从天命何忧兮。

守俭弟归曰仁歌楚声为别予亦和之

庭有竹兮青青，上乔木兮鸟嘤嘤；妹之来兮，弟与偕行。竹青青兮雨风，鸟嘤嘤兮西东。弟之归兮，兄谁与同？江云暗兮暑雨，江波渺渺兮愁予；弟别兄兮须臾，兄思弟兮何处？景翳翳兮桑榆，念重闱兮离居；路修远兮崎险，沮风波兮江湖。山有洞兮洞有云，深林窅窅兮涧道曛。松落落兮葛累累，猿啾啾兮鹤怨群。山之人兮不归，山鬼昼啸兮下上烟霏。风嫋嫋兮桂花落，草萋萋兮春日迟。葺予屋兮云间，荒予圃兮溪之阳；驱虎豹兮无践我藿，扰麋鹿兮无骇我场。解予绶兮钟阜，委予佩兮江湄。往者不可追兮，叹凤德之日衰；将沮溺其耦耕兮，孰接舆之避予。回予驾兮扶桑，鼓予枻兮沧浪。终携汝兮空谷，采三秀兮徜徉。

祈雨辞 正德丙子南赣作

鸣呼。十日不雨兮，田且无禾；一月不雨兮，川且无波；一月不雨兮，民已为疴；再月不雨兮，民将奈何？小民无罪兮，天无咎民。抚巡失职兮，罪在予臣。鸣呼。盗贼兮为民大屯，天或罪此兮赫威降嗔；民则何罪兮，玉石俱焚？鸣呼。民则何罪兮，天何遽怒？油然兴云兮，雨兹下土。彼罪遏逋兮，哀此穷苦。

归越诗三十五首 弘治壬戌年，以刑部主事告病归越并楚游作。

游牛峰寺四首 牛峰今改名浮峰

洞门春霭蔽深松，飞磴缠空转石峰。猛虎踞崖如出柙，断螭蟠顶讶悬钟。金城降阙应无处，翠壁丹书尚有踪。天下名区皆一到，此山殊不厌来重。

萦纡鸟道入云松，下数湖南百二峰。岩犬吠人时出树，山僧迎客自鸣钟。凌飚陟险真扶病，异日探奇是旧踪。欲扣灵关问丹诀，春风萝薜隔重重。

偶寻春寺人层峰，曾到浑疑是梦中。飞鸟去边悬栈道，冯夷宿处有幽宫。溪云晚度千岩雨，海月凉飘万里风。夜拥苍崖卧丹洞，山中亦自有王公。

一卧禅房隔岁心，五峰烟月听猿吟。飞湍映树悬苍玉，香粉吹香落细金。翠壁年多霜藓合，石床春尽雨花深。胜游过眼俱陈迹，珍重新题满竹林。

又四绝句

翠壁看无厌，山池坐益清。深林落轻叶，不道是秋声。

怪石有千窟，老松多半枝。清风洒岩洞，是我再来时。

人间酷暑避不得，清风都在深山中。池边一坐即三日，忽见岩头碧树红。

两到浮峰兴转剧，醉眠三日不知还。眼前风景色色异，惟有人声似世间。

姑苏吴氏海天楼次邝尹韵

晴雪吹寒春事浓，江楼三月尚残冬。青山暗逐回廊转，碧海真成捷径通。风暖檐牙双燕剧，云深帘幕万花重。倚兰天北疑回首，想像丹梯下六龙。

山中立秋日偶书

风吹蝉声乱，林卧惊新秋。山池静澄碧，暑气亦已收。青峰出白云，突兀成琼楼。袒裼坐溪石，对之心悠悠。倏忽无定态，变化不可求。浩然发长啸，忽起双白鸥。

夜雨山翁家偶书

山空秋夜静，月明松桧凉。沿溪步月色，溪影摇空苍。山翁隔水语，酒熟呼我尝。褰衣涉溪去，笑引开竹房。谦言值暮夜，盘餐百无将。露华明橘柚，摘献冰盘香。洗盏对酬酢，浩歌入苍茫。醉拂岩石卧，言归遂相忘。

寻春

十里湖光放小舟，谩寻春事及西畴。江鸥意到忽飞去，野老情深只自留。日暮草香含雨气，九峰晴色散溪流。吾侪是处皆行乐，何必兰亭说旧游？

西湖醉中漫书二首

十年尘海劳魂梦，此日重来眼倍清。好景恨无苏老笔，乞归徒有贺公情。白鸟飞处青林晚，翠壁明边返照晴。烂醉湖云宿湖寺，不知山月堕江城。

掩映红妆莫谩猜，隔林知是藕花开。共君醉卧不须到，自有香风拂面来。

九华山下柯秀才家

苍峰抱层嶂，翠瀑绕双溪。下有幽人宅，萝深客到迷。

夜宿无相寺

春宵卧无相，月照五溪花。掬水洗双眼，披云看九华。岩头金佛国，树杪谪仙家。仿佛闻笙鹤，青天落绛霞。

题四老围棋图

世外烟霞亦许时，至今风致后人思。却怀刘项当年事，不及山中一著棋。

无相寺三首

老僧岩下屋，绕屋皆松竹。朝闻春鸟啼，夜伴岩虎宿。

坐望九华碧，浮云生晓寒。山灵应秘惜，不许俗人看。

静夜闻林雨，山灵似欲留。只愁梯石滑，不得到峰头。

化城寺六首

化城高住万山深，楼阁凭空上界侵。天外清秋度明月，人间微雨结浮阴。钵龙降处云生座，岩虎归时风满林。最爱山僧能好事，夜堂灯火伴孤吟。

云里轩窗半上钩，望中千里见江流。高林日出三更晓，幽谷风多六月秋。仙骨自怜何日化，尘缘翻觉此生浮。夜深忽起蓬莱兴，飞上青天十二楼。

云端鼓角落星斗，松顶袈裟散雨花。一百六峰开碧汉，八十四梯踏紫霞。山空仙骨葬金榔，春暖石芝抽玉芽。独挥谈尘拂烟雾，一笑天地真无涯。

化城天上寺，石磴八星躔。云外开丹井，峰头耕石田。月明猿听偈，风静鹤参禅。今日揩双眼，幽怀二十年。

僧屋烟霏外，山深绝世哗。茶分龙井水，饭带石田砂。香细云岚杂，窗高峰影遮。林栖无一事，终日弄丹霞。

突兀开穹阁，氤氲散晓钟。饭遗黄稻粒，花发五钗松。金骨藏灵塔，神光照远峰，微茫竟何是？老衲话遗踪。

李白祠二首

千古人豪去，空山尚有祠。竹深荒旧径，藓合失残碑。云雨罗文藻，溪泉系梦思。老僧殊未解，犹自索题诗。

谪仙楼隐地，千载尚高风。云散九峰雨，岩飞百丈虹。寺僧传旧事，词客吊遗踪。回首苍茫外，青山感慨中。

双峰

凌崖望双峰，苍茫竟何在？载拜西北风，为我扫浮霭。

莲花峰

夜静凉飙发，轻云散碧空。玉钩挂新月，露出青芙蓉。

列仙峰

灵峭九万丈，参差生晓寒。仙人招我去，挥手青云端。

云门峰

云门出孤月，秋色坐苍涛。夜久群籁绝，独照宫锦袍。

芙蓉阁二首

青山意不尽，还向月中看。明日归城市，风尘又马鞍。

岩下云万重，洞口桃千树。终岁无人来，惟许山僧住。

书梅竹小画

寒倚春霄苍玉杖，九华峰顶独归来。柯家草亭深云里，却有梅花傍竹开。

山东诗六首 弘治甲子年起复，主试山东时作。

登泰山五首

晓登泰山道，行行入烟霏。阳光散岩壑，秋容淡相辉。云梯挂青壁，仰见蛛丝微。长风吹海色，飘遥送天衣。峰顶动笙乐，青童两相依。振衣将往从，凌云忽高飞。挥手若相待，丹霞闪余晖。凡躯无健羽，怅望未能归。

天门何崔嵬，下见青云浮。泱漭绝人世，迥豁高天秋。暝色从地起，夜宿天上楼。天鸡鸣半夜，日出东海头。隐约蓬壶树，缥缈扶桑洲。浩歌落青冥，遗响入沧流。唐虞变楚汉，灭没如风沤。藐矣鹤山仙，秦皇岂堪求？金砂费日月，颓颜竟难留。吾意在庞古，冷然驭凉飔。相期广成子，太虚显遨游。枯槁向岩谷，黄绮不足俦。

穷崖不可极，飞步凌烟虹。危泉泻石道，空影垂云松。千峰互攒簇，掩映青芙蓉。高台倚巉削，倾侧临崆峒。失足堕烟雾，碎骨颠崖中。下愚竟难晓，摧折纷相从。吾方坐日观，披云笑天风。赤水问轩后，苍梧叫重瞳。隐隐落天语，阊阖开玲珑。去去勿复道，浊世将焉穷。

尘网苦羁縻，富贵真露草。不如骑白鹿，东游入蓬岛。朝登太山望，洪涛隔缥缈。阳辉出海云，来作天门晓。遥见碧霞君，翩翩起员峤。玉女紫鸾笙，双吹入晴昊。举首望不及，下拜风浩浩。掷我《玉虚篇》，读之殊未了；傍有长眉翁，一一能指道。从此炼金砂，人间迹如扫。

我才不救时，匡扶志空大。置我有无间，缓急非所赖。孤坐万峰颠，嗒然遗下块，已矣复何求？至精谅斯在。淡泊非虚杳，洒脱无蒂芥。世人闻予言，不笑即吁怪；吾亦不强语，惟复笑相待。鲁叟不可作，此意聊自快。

泰山高次王内翰司献韵

欧生诚楚人，但识庐山高。庐山之高犹可计寻丈，若夫泰山，仰视恍惚，吾不知其尚在青天之下乎？其已直出青天上？我欲仿拟试作《泰山高》，但恐培塿之见未能测识高大，笔底难具状。扶舆磅礴元气钟，突兀半遮天地东；南衡北恒西泰华，俯视伛偻谁争雄？人寰茫昧乍隐见，雷雨初解开鸿蒙；绣壁丹梯，烟霏霭䨴；海日初涌，照耀苍翠。平麓远抱沧海湾，日观正与扶桑对。听涛声之下泻，知百川之东会。天门石扇，豁然中开；幽崖邃谷，襞积隐埋。中有逐世之流，龟潜雌伏，餐霞吸秀于其间，往往怪谲多仙才。上有百丈之飞湍，悬空络石穿云而直下，其源疑自青天来。岩头肤寸出烟雾，须臾滂沱遍九垓。古来登封，七十二主；后来相效，纷纷如雨；玉检金函无不为，只今埋没知何许？但见白云犹复起，封中断碑无字，天外日月磨；刚风飞尘过眼倏，超忽飘荡，岂复有遗踪。天空翠华远，落日辞千峰。鲁郊获麟，岐阳会凤；明堂既毁，闷宫兴颂。宣尼曳杖，逍遥一去不复来，幽泉呜咽而含悲，群峦拱揖如相送。俯仰宇宙，千载相望，堕山乔岳，尚被其光；峻极配天，无敢颉颃。嗟予瞻眺门墙外，何能仿佛窥室堂？也来攀附摄遗迹，三千之下，不知亦许再拜占末行。吁嗟乎。泰山之高，其高不可极。半壁回首，此身不觉已在东斗傍。

京师诗八首 弘治乙丑年改除兵部主事时作

忆龙泉山

我爱龙泉寺，寺僧颇疏野。尽日坐井栏，有时卧松下。一夕别山云，三年走车马。愧杀岩下泉，朝夕自清泻。

忆诸弟

久别龙山云，时梦龙山雨。觉来枕簟凉，诸弟在何许？终年走风尘，何似山中住。百岁如转蓬，拂衣从此去。

寄舅

老舅近何如？心性老不改。世故恼情怀，光阴不相待。借问同辈中，乡邻几人在？从今且为乐，旧事无劳悔。

送人东归

五泄佳山水，平生思一游。送子东归省，菁鲈况复秋。幽探须及壮，世事苦悠悠。来岁春风里，长安忆故邱。

寄西湖友

予有西湖梦，西湖亦梦予。三年成阔别，近事竟何如？况有诸贤在，他时终卜庐。但恐吾归日，君还轩冕拘。

赠阳伯

阳伯即伯阳，伯阳竟安在？大道即人心，万古未尝改。长生在求仁，金丹非外待。缪矣三十年，于今吾始悔。

故山

鉴水终年碧，云山尽日闲。故山不可到，幽梦每相关。雾豹言长隐，云龙欲共攀。缘知丹壑意，未胜紫宸班。

忆鉴湖友

长见人来说，扁舟每独游。春风梅市晚，月色鉴湖秋。空有烟霞好，犹为尘世留。自今当勇往，先与报江鸥。

狱中诗十四首 正德丙寅年十二月，以上疏忤逆瑾，下锦衣狱作。

不寐

天寒岁云暮，冰雪关河迥。幽室魍魉生，不寐知夜永。惊风起林木，骤若波浪汹。我心良匪石，讵为戚欣动。滔滔眼前事，逝者去相踵。崖穷犹可陟，水深犹可泳。焉知非日月，胡为乱予衷？深谷自逶迤，烟霞日悠永。匡时在贤达，归哉盍耕垅。

有室七章

有室如簴，周之崇墉。窒如穴处，无秋无冬。

耿彼屋漏，天光入之。瞻彼日月，何嗟及之。

倏晦倏明，凄其以风。倏雨倏雪，当昼而蒙。

夜何其矣，靡星靡粲。岂无白日？寤寐永叹。

心之忧矣，匪家匪室。或其启矣，殒予匪恤。

氤氲其埃，日之光矣，渊渊其鼓，明既昌矣。

朝既式矣，日既夕矣。悠悠我思，曷其极矣。

读易

囚居亦何事？省愆惧安饱。瞑坐玩义易，洗心见微奥。乃知先天翁，画画有至教。包蒙戒为寇，童牿事宜早；蹇蹇匪为节，虩虩未违道。遁四获我心，蛊上庸自保。俯仰天地间，触目俱浩浩。箪瓢有余乐，此意良匪矫。幽哉阳明麓，可以忘吾老。

岁暮

兀坐经旬成木石，忽惊岁暮还思乡。高檐白日不到地，深夜黠鼠时登床。峰头雾雪开草阁，瀑下古松闲石房。溪鹤洞猿尔无恙，春江归棹吾相将。

见月

屋罅见明月，还见地上霜。客子夜中起，旁皇涕沾裳。匪为严霜苦，悲此明月光。月光如流水，徘徊照高堂。胡为此幽室，奄忽逾飞扬？逝者不可及，来者犹可望。盈虚有天运，叹息何能忘。

天涯

天涯岁暮冰霜结，永巷人稀罔象游。长夜星辰瞻阁道，晓天钟鼓隔云楼。思家有泪仍多病，报主无能合远投。留得升平双眼在，且应蓑笠卧沧洲。

屋罅月

幽室不知年，夜长昼苦短。但见屋罅月，清光自亏满。佳人宴清夜，繁丝激哀管；朱阁出浮云，高歌正凄婉。宁知幽室妇，中夜独愁叹。良人事游侠，经岁去不返。来归在何时？年华忽将晚。萧条念宗祀，泪下长如霰。

别友狱中

居常念朋旧，簿领成阔绝，嗟我二三友，胡然此簪盍。累累囹圄间，讲诵未能辍。桎梏敢忘罪？至道良足悦。所恨精诚眇，尚口徒自蹶。天王本明圣，旋已但中热。行藏未可期，明当与君别。愿言无诡随，努力从前哲。

赴谪诗五十五首 正德丁卯年赴谪贵阳龙场驿作

答汪抑之三首

去国心已恫，别子意弥恻。伊迩怨昕夕，况兹万里隔。恋恋歧路间，执手何能默？子有昆弟居，而我远亲侧；回思菽水欢，羡子何由得。知子念我深，夙夜敢忘惕。良心忠信资，蛮貊非我戚。

北风春尚号，浮云正南驰。风云一相失，各在天一涯。客子怀往路，起视明星稀；驱车赴长阪，迢迢入岚霏。旅宿苍山底，雾雨昏朝弥。间关不足道，嗟此白日微。切磋怀良友，愿言毋心违。

闻子赋茆屋，来归在何年？索居间楚越，连峰郁参天。缅怀岩中隐，磴道穷扳缘。江云动苍壁，山月流澄川。朝采石上芝，暮漱松间泉。鹅湖有前约，鹿洞多遗篇。寄子春鸿书，待我秋江船。

阳明子之南也其友湛元明歌九章以赠崔子钟和之以五诗于是阳明子作八咏以答之

君莫歌九章，歌以伤我心。微言破寥寂，重以离别吟。别离悲尚浅，言微感逾深。瓦缶易谐俗，谁辩黄钟音？

君莫歌五诗，歌之增离忧。岂无良朋侣？洵乐相遨游。譬彼桃与李，不为仓困谋。君莫忘五诗，忘之我焉求？

洙泗流浸微，伊洛仅如线。后来三四公，瑕瑜未相掩。嗟予不量力，跛鳖期致远。屡兴还屡仆，惴息几不免。道逢同心人，秉节倡予敢；力争毫厘间，万里或可勉。风波忽相失，言之泪徒泫。

此心还此理，宁论己与人。千古一嘘吸，谁为叹离群？浩浩天地内，何物非同春。相思辄奋励，无为俗所分。但使心无间，万里如相亲；不见宴游交，征逐胥以沦？

器道不可离，二之即非性。孔圣欲无言，下学从泛应。君子勤小物，蕴蓄乃成行。我诵穷索篇，于子既闻命；如何圜中士，空谷以为静？

静虚非虚寂，中有未发中。中有亦何有？无之即成空。无欲见真体，忘助皆非功。至哉玄化机，非子孰与穷。

忆与美人别，赠我青琅函。受之不敢发，焚香始开缄。讽诵意弥远，期我濂洛间。道远恐莫致，庶几终不惭。

忆与美人别，惠我云锦裳。锦裳不足贵，遗我冰雪肠。寸肠亦何遗？誓言终不渝。珍重美人意，深秋以为期。

南游三首 元明与予有衡岳、罗浮之期，赋《南游》，申约也。

南游何迢迢，苍山亦南驰。如何衡阳雁，不见燕台书？莫歌沣浦曲，莫吊湘君祠。苍梧烟雨绝，从谁问九疑？

九疑不可问，罗浮如可攀。遥拜罗浮云，奠以双琼环。渺渺洞庭波，东逝何时还？生人不努力，草木同衰残。

洞庭何渺茫，衡岳何崔嵬。风飘回雁雪，美人归未归？我有紫瑜珮，留挂芙蓉台。下有蛟龙峡，往往兴云雷。

忆昔答乔白岩因寄储柴墟三首

忆昔与君约，玩易探玄微。君行赴西岳，经年始来归。方将事穷索，忽复当远辞。相去万里余，后会安可期？问我长生诀，惑也吾谁欺。盈亏消息间，至哉天地机。圣狂天渊隔，失得分毫厘。

毫厘何所辩？惟在公与私。公私何所辩？天动与人为。遗体岂不贵？践形乃无亏。愿君崇德性，问学刊支离。无为气所役，毋为物所疑。恬淡自无欲，精专绝交驰。博弈亦何事，好之甘若饴？吟咏有性情，丧志非所宜。非君爱忠告，斯语容见嗤。试问柴墟子，吾言亦何如？

柴墟吾所爱，春阳溢鬓眉。白岩吾所爱，慎默长如愚。二君廊庙器，予亦山泉姿。度量较齿德，长者皆吾师。置我五人末，庶亦忘崇卑。迢迢万里别，心事两不疑。北风送南雁，慰我长相思。

一日怀抑之也抑之之赠既尝答以三诗意若有歉焉是以赋也

一日复一日，去子日以远。惠我金石言，沉郁未能展。人生各有际，道谊尤所眷。尝嗤儿女悲，忧来仍不免。缅怀沧洲期，聊以慰迟晚。

迟晚不足叹，人命各有常。相去忽万里，河山郁苍苍。中夜不能寐，起视江月光。中情良自抑，美人难自忘。

美人隔江水，仿佛若可睹。风吹蒹葭雪，飘荡知何处？美人有瑶瑟，清奏含太古。高楼明月夜，惆怅为谁鼓？

梦与抑之昆季语湛崔皆在焉觉而有感因记以诗三首

梦与故人语，语我以相思。才为旬日别，宛若三秋期。令弟坐我侧，屈指如有为。须臾湛君至，崔子行相随。肴酯旋罗列，语笑如平时。纵言及微奥，会意忘其辞。觉来复何有？起坐空嗟咨。

起坐忆所梦，默溯犹历历。初谈自有形，继论入无极。无极生往来，往来万化出。万化无停机，往来何时息。来者胡为信？往者胡为屈？微哉屈信间，子午当其屈。非子尽精微，此理谁与测？何当衡庐间，相携玩义易。

衡庐曾有约，相携尚无时。去事多翻覆，来踪岂前知？斜月满虚牖，树影何参差；林风正萧瑟，惊鹊无宁枝。邈彼二三子，惄焉劳我思。

因雨和杜韵

晚堂疏雨暗柴门，忽入残荷泻石盆。万里沧江生白发，几人灯火坐黄昏？客途最觉秋先到，荒径惟怜菊尚存。却忆故园耕钓处，短蓑长笛下江村。

赴谪次北新关喜见诸弟

扁舟风雨泊江关，兄弟相看梦寐间。已分天涯成死别，宁知意外得生还。投荒自识君恩远，多病心便吏事闲。携汝耕樵应有日，好移茅屋傍云山。

南屏

溪风漠漠南屏路，春服初成病眼开。花竹日新僧已老，湖山如旧我重来。层楼雨急青林迥，古殿云晴碧嶂回。独有幽禽解相信，双飞时下读书台。

卧病静慈写怀

卧病空山春复夏，山中幽事最能知。雨晴阶下泉声急，夜静松间月色迟。把卷有时眠白石，解缨随意濯清漪。吴山越峤俱堪老，正奈燕云系远思。

移居胜果寺二首

江上俱知山色好，峰回始见寺门开。半空虚阁有云住，六月深松无暑来。病肺正思移枕簟，洗心兼得远尘埃。富春咫尺烟涛外，时倚层霞望钓台。

病余岩阁坐朝曛，异景相新得未闻。日脚倒明千顷雾，雨声高度万峰云。越山阵水当吴峤，江月随潮上海门。便欲携书从此老，不教猿鹤更移文。

忆别

忆别江干风雪阴，艰难岁月两侵寻。重看骨肉情何限，况复斯文约旧深。贤圣可期先立志，尘凡未脱谩言心。移家便住烟霞壑，绿水青山长对吟。

泛海

险夷原不滞胸中，何异浮云过太空。夜静海涛三万里，月明飞锡下天风。

武夷次壁间韵

肩舆飞度万峰云，回首沧波月下闻。海上真为沧水使，山中又遇武夷君。溪流九曲初谙路，精舍千年始及门。归去高堂慰垂白，细探更拟在春分。

草萍驿次林见素韵奉寄

山行风雪瘦能当，会喜江花照野航。本与宦途成懒散，颇因诗景受闲忙。乡心草色春同远，客鬓松梢晚更苍。料得烟霞终有分，未须连夜梦溪堂。

玉山东岳庙遇旧识严星士

忆昨东归亭下路，数峰箫管隔秋云。肩舆欲到妨多事，鼓枻重来会有云。春夜绝怜灯节近，溪声最好月中闻。行藏无用君平卜，请看沙边鸥鹭群。

广信元夕蒋太守舟中夜话

楼台灯火水西东，箫鼓星桥渡碧空。何处忽谈尘世外？百年惟此月明中。客途孤寂浑常事，远地相求见古风。别后新诗如不惜，衡南今亦有飞鸿。

夜泊石亭寺用韵呈陈娄诸公因寄储柴墟都宪及乔白岩太常诸友

廿年不到石亭寺，惟有西山只旧青。白拂挂墙僧已去，红兰照水客重经。沙村远树凝春望，江雨孤篷入夜听。何处故人还笑语？东风啼鸟梦初醒。

怅望沙头成久坐，江洲春树何青青。烟霞故国虚梦想，风雨客途真惯经。白璧屡投终自信，朱弦一绝好谁听？扁舟心事沧浪旧，从与渔人笑独醒。

过分宜望钤冈庙

共传峰顶树，古庙有灵神。楚俗多尊鬼，巫言解惑人。望禋存旧典，捍御及斯民。世事浑如此，题诗感慨新。

杂诗三首

危栈断我前，猛虎尾我后，倒崖落我左，绝壑临我右。我足复荆榛，雨雪更纷骤，邈然思古人，无闷聊自有。无闷虽足珍，警惕忘尔守。君观真宰意，匪薄亦良厚。

青山清我目，流水静我耳。琴瑟在我御，经书满我几。措足践坦道，悦心有妙理，顽冥非所惩，贤达何靡靡。乾乾怀往训，敢忘惜分晷？悠哉天地内，不知老将至。

羊肠亦坦道，太虚何阴晴？灯窗玩古易，欣然获我情。起舞还再拜，圣训垂明明。拜舞讵逾节？顿忘乐所形。敛衽复端坐，玄思窥沉溟。寒根固生意，息灰抱阳精。冲漠际无极，列宿罗青冥。夜深向晦息，始闻风雨声。

袁州府宜春台四绝

宜春台上还春望，山水南来眼未尝。却笑韩公亦多事，更从南浦羡滕王。

台名何事只宜春？山色无时不可人。不用烟花费妆点，尽教刊落尽嶙峋。

持修江藻拜祠前，正是春风欲暮天。童冠尽多归咏兴，城南兼说有温泉。

古庙香灯几许年？增修还费大官钱。至今楚地多风雨，犹道山神驾铁船。

夜宿宣风馆

山石崎岖古辙痕，沙溪马渡水犹浑。夕阳归鸟投深麓，烟火行人望远村。天际浮云生白发，林间孤月坐黄昏。越南冀北俱千里，正恐春愁入夜魂。

萍乡道中谒濂溪祠

木偶相沿恐未真，清辉亦复凛衣巾。簿书曾屑乘田吏，俎豆犹存畏垒民。碧水苍山俱过化，光风霁月自传神。千年私淑心丧后，下拜春祠荐渚苹。

宿萍乡武云观

晓行山径树高低，雨后春泥没马蹄。翠色绝云开远嶂，寒声隔竹隐晴溪。已闻南去艰舟楫，漫忆东归沮杖藜。夜宿仙家见明月，清光还似鉴湖西。

醴陵道中风雨夜宿泗州寺次韵

风雨偏从险道尝，深泥没马陷车箱。虚传鸟路通巴蜀，岂必羊肠在太行。远渡渐看连暝色，晚霞会喜见朝阳。水南昏黑投僧寺，还理义编坐夜长。

长沙答周生

旅倦憩江观，病齿废谈诵。之子特相求，礼殚意弥重。自言绝学余，有志莫与共；手持一编书，披历见肝衷；近希小范踪，远为贾生恸；兵符及射艺，方技靡不综。我方惩创后，见之色亦动。子诚仁者心，所言亦屡中；愿子且求志，蕴蓄事涵泳。孔圣固惶惶，与点乐归咏；回也王佐才，闭户避邻哄。知子信美才，大构中梁栋；未当匠石求，滋植务培壅。愧子勤绻意，何以相规讽？养心在寡欲，操存舍即纵。岳麓何森森，遗址自南宋；江山足游息，贤迹尚堪踵。何当谢病来，士气多沉勇。

陟湘于迈岳麓是尊仰止先哲因怀友生丽泽兴感伐木寄言二首

客行长沙道，山川郁绸缪。西探指岳麓，凌晨渡湘流；逾冈复陟巘，吊古还寻幽。林壑有余采，昔贤此藏修；我来实仰止，匪伊事盘游。衡云闲晓望，洞野浮春洲。怀我二三友，伐木增离忧。何当此来聚？道谊日相求。

林间憩白石，好风亦时来。春阳熙百物，欣然得予怀。缅思两夫子，此地得徘徊。当年靡童冠，旷代登堂阶。高情讵今昔，物色遗吾侪。顾谓二三子，取瑟为我谐。我弹尔为歌，尔舞我与偕。吾道有至乐，富贵真浮埃。若时乘大化，勿愧点与回。陟冈采松柏，将以遗所思；勿采松柏枝，两贤昔所依。缘峰践台石，将以望所期；勿践台上石，两贤昔所跻。两贤去邈矣，我友何相违？吾斯未能信，役役空尔疲。胡不此簪盍，丽泽相邀嬉？渴饮松下泉，饥餐石上芝。偃仰绝余念，迁客难久稽。洞庭春浪阔，浮云隔九疑。江洲满芳草，目极令人悲。已矣从此去，奚必兹山为。恋系乃从欲，安土惟随时。晚闻冀有得，此外吾何知。

游岳麓书事

醴陵西来涉湘水，信宿江城沮风雨。不独病齿畏风湿，泥潦侵途绝行旅。人言岳麓最形胜，隔水溟蒙隐云雾；赵侯需晴邀我游，故人徐陈各传语；周生好事屡来速，森森雨脚何由住。晓来阴翳稍披拂，便携周生涉江去。戒令休遣府中知，徒尔劳人更妨务。橘洲僧寺浮江流，鸣钟出延立沙际。停桡一至答其情，三洲连绵亦佳处。行云散漫浮日色，是时峰峦益开霁。乱流荡桨济倏忽，系楫江边老檀树。岸行里许入麓山，周生道予勤指顾。柳溪梅堤存仿佛，道林林壑独如故。赤沙想像虚田中，西屿倾颓今冢墓。道乡荒趾留突兀，赫曦远望石如鼓。殿堂释菜礼从宜，下拜朱张息游地。凿石开山面势改，双峰辟阙见江渚；闻是吴君所规画，此举良是反遭忌。九仞谁亏一篑功，叹息遗基独延伫。浮屠观阁摩青霄，盘据名区遍寰宇；其徒素为儒所摈，以此方之反多愧。爱礼思存告朔羊，况此实作匪文具。人云赵侯意颇深，隐忍调停旋修举；昨来风雨破栋脊，方遣圬人补残敝。予闻此语心稍慰，野人蔬蕨亦罗置；欣然一酌才举杯，津夫走报郡侯至。此行隐迹何由闻？遣骑候访自吾寓；潜来鄙意正为此，仓卒行庖益劳费。整冠出讶见两盖，乃知王君亦同御。肴羞层叠丝竹繁，避席兴辞恳莫拒。多仪劣薄非所承，乐阕觞周日将暮。黄堂吏散君请先，病夫沾醉须少憩。入舟暝色渐微茫，却喜顺流还易渡。严城灯火人已稀，小巷曲折忘归路。仙宫酣倦成熟寐，晓闻檐声复如注。昨游偶遂实天假，信知行乐皆有数。涉躐差偿夙好心，尚有名山敢多慕。齿角盈亏分则然，行李虽淹吾不恶。

次韵答赵太守王推官

诘朝事虔谒，玄居宿斋沐。积霖喜新霁，风日散清燠。兰桡渡芳渚，半涉见水陆；溪山俨新宇，雷雨荒大麓。皇皇弦诵区，斯文昔炳郁；兴废尚屯疑，使我怀悱懊。近闻牧守贤，经营亟乘屋。方舟为予来，飞盖遥肃肃。花絮媚晚筵，韶景正柔淑。浴沂谅同情，及兹授春服。令德倡高词，混珠愧鱼目。努力崇修名，迂疏自岩谷。

天心湖阻泊既济书事

挂席下长沙，瞬息百余里。舟人共扬眉，予独忧其驶。日暮入沅江，抵石舟果圮。补敝诘朝发，冲风遂龃龉。暝泊后江湖，萧条旁罾垒。月黑波涛惊，蛟鼍互睥睨。翼午风益厉，狼狈收断汜。天心数里间，三日但遥指。甚雨迅雷电，作势殊未已。溟溟云雾中，四望渺涯涘。篙桨不得施，丁夫尽嗟噫。淋漓念同胞，吾宁忍暴使？饘粥且倾橐，苦甘吾与尔。众意在必济，粮绝亦均死。凭陵向高浪，吾亦讵容止。虎怒安可撄？志同稍足倚。且令并岸行，试涉湖滨沚。收舵幸无事，风雨亦浸弛。逡巡缘沚湄，迤逦就风势。新涨翼回湍，倏忽逝如矢。夜入武阳江，渔村稳堪舣。籴市谋晚炊，且为众人喜。江醪信漓浊，聊复荡胸滓。济险在需时，儌幸岂常理？尔辈勿轻生，偶然非可恃。

居夷诗

去妇叹五首 楚人有间于新娶而去其妇者。其妇无所归，去之山间独居，怀绻不忘，终无他适。予闻其事而悲之，为作《去妇叹》。

委身奉箕帚，中道成弃捐。苍蝇间白璧，君心亦何愆。独嗟贫家女，素质难为妍。命薄良自喟，敢忘君子贤？春华不再艳，颓魄无重圆。新欢莫终恃，令仪慎周还。

依违出门去，欲行复迟迟。邻妪尽出别，强语含辛悲。陋质容有缪，放逐理则宜；姑老籍相慰，缺乏多所资。妾行长已矣，会面当无时。

妾命如草芥，君身比琅玕。奈何以妾故，废仓怀愤冤？无为伤姑意，燕尔且为欢；中厨存宿旨，为姑备朝餐。畜育意千绪，仓卒徒悲酸。伊迩望门屏，盍从新人言。夫意已如此，妾还当谁颜。

去矣勿复道，已去还踌躇。鸡鸣尚闻响，犬恋犹相随。感此摧肝肺，泪下不可挥。冈回行渐远，日落群鸟飞。群鸟各有托，孤妾去何之？

空谷多凄风，树木何潇森。浣衣涧冰合，采苓山雪深。离居寄岩穴，忧思托鸣琴。朝弹别鹤操，暮弹孤鸿吟。弹苦思弥切，巑岏隔云岑。君聪甚明哲，何因闻此音？

罗旧驿

客行日日万峰头，山水南来亦胜游。市谷鸟啼村雨暗，刺桐花暝石溪幽。蛮烟喜过青杨瘴，乡思愁经芳杜洲。身在夜郎家万里，五云天北是神州。

沅水驿

辰阳南望接沅州，碧树林中古驿楼。远各日怜风土异，空山惟见瘴云浮。耶溪有信从谁问，楚水无情只自流。却幸此身如野鹤，人间随地可淹留。

钟鼓洞

见说水南多异迹，岩头时有鼓钟声。空遗石壁千年在，未信金砂九转成。远地星辰瞻北极，春山明月坐更深。年来夷险还忘却，始信羊肠路亦平。

平溪馆次王文济韵

山城寥落闭黄昏，灯火人家隔水村。清世独便吾职易，穷途还赖此心存。蛮烟瘴雾承相往，翠壁丹崖好共论。畎亩投闲终有日，小臣何以答君恩？

清平卫即事

积雨山途喜乍晴，暖云浮动水花明。故园日与青春远，敝缊凉思白苎轻。烟际卉衣窥绝栈，时土苗方仇杀。峰头戍角隐孤城。华夷节制严冠履，漫说殊方列省卿。

兴隆卫书壁

山城高下见楼台，野戍参差暮角摧。贵竹路从峰顶入，夜郎人自日边来。莺花夹道惊春老，雉堞连云向晚开。尺素屡题还屡掷，衡南那有雁飞回？

七盘

鸟道萦纡下七盘，古藤苍木峡声寒。境多奇绝非吾土，时可淹留是谪官。犹记边峰传羽檄，近闻苗俗化衣冠。投簪实有居夷志，垂白难承菽水欢。

初至龙场无所止结草庵居之

草庵不及肩，旅倦体方适。开棘自成篱，土阶漫无级；迎风亦萧疏，漏雨易补缉。灵濑响朝湍，深林凝暮色。群僚环聚讯，语庞意颇质。鹿豕且同游，兹类犹人属。污樽映瓦豆，尽醉不知夕。缅怀黄唐化，略称茅茨迹。

始得东洞遂改为阳明小洞天三首

古洞闷荒僻，虚设疑相待。披莱历风磴，移居快幽垲。营炊就岩窦，放榻依石垒。穹窒旋薰塞，夷坎仍洒扫。卷帙漫堆列，樽壶动光彩。夷居信何陋，恬淡意方在。岂不桑梓怀？素位聊无悔。

童仆自相语，洞居颇不恶。人力免结构，天巧谢雕凿。清泉傍厨落，翠雾还成幕。我辈日嬉偃，主人自愉乐。虽无棨戟荣，且远尘嚣聒。但恐霜雪凝，云深衣絮薄。

我闻莞尔笑，周虑愧尔言。上古处巢窟，抔饮皆污樽。互极阳内伏，古穴多冬暄。豹隐文始泽，龙蛰身乃存。岂无数尺榱，轻裘吾不温。邈矣箪瓢子，此心期与论。

谪居绝粮请学于农将田南山永言寄怀

谪居屡在陈，从者有愠见。山荒聊可田，钱镈还易办。夷俗多火耕，仿习亦颇便。及兹春未深，数亩犹足佃。岂徒实口腹？且以理荒宴。遗穗及鸟雀，贫寡发余羡。出耒在明晨，山寒易霜霰。

观稼

下田既宜稌，高田亦宜稷。种蔬须土疏，种蓣须土湿。寒多不实秀，暑多有螟螣。去草不厌频，耘禾不厌密。物理既可玩，化机还默识；即是参赞功，毋为轻稼穑。

采蕨

采蕨西山下，扳援陟崔嵬。游子望乡国，泪下心如摧。浮云塞长空，颓阳不可回。南归断舟楫，北望多风埃。已矣供子职，勿更贻亲哀。

猗猗

猗猗涧边竹，青青岩畔松。直干历冰雪，密叶留清风。自期永相托，云壑无违踪。如何两分植，憔悴叹西东。人事多翻覆，有如道上蓬。惟应岁寒意，随处还当同。

南溟

南溟有瑞鸟，东海有灵禽；飞游集上苑，结侣珍树林；顾言饰羽仪，共舞箫韶音。风云忽中变，一失难相寻。瑞鸟既遭縻，灵禽投荒岑；天衢雨雪积，江汉虞罗侵。哀哀鸣索侣，病翼飞未任。群鸟亦千百，谁当会其心？南岳有竹实，丹溜青松阴；何时共栖息？永托云泉深。

溪水

溪石何落落，溪水何泠泠。坐石弄溪水，欣然濯我缨。溪水清见底，照我白发生。年华若流水，一去无回停。悠悠百年内，吾道终何成。

龙冈新构 诸夷以予穴居颇阴温，请构小庐。欣然趋事，不月而成。诸生闻之，亦皆来集，请名龙冈书院，其轩曰“何陋”。

谪居聊假息，荒秽亦须治。凿巘薙林条，小构自成趣。开窗入远峰，架扉出深树。墟寨俯逶迤，竹木互蒙翳。畦蔬稍溉锄，花药颇杂莳。宴适岂专予，来者得同憩。轮奂非致美，毋令易倾敝。

营茅乘田隙，洽旬始苟完。初心待风雨，落成还美观。锄荒既开径，拓樊亦理园。低檐避松偃，疏土行竹根。勿剪墙下棘，束列因可藩；莫撷林间萝，蒙笼覆云轩。素缺农圃学，因兹得深论。毋为轻鄙事，吾道固斯存。

诸生来

简滞动罹咎，废幽得幸免。夷居虽异俗，野朴意所眷。思亲独疚心，疾忧庸自遣。门生颇群集，樽斝亦时展。讲习性所乐，记问复怀腼。林行或沿涧，洞游还陟巘。月榭坐鸣琴，云窗卧披卷。澹泊生道真，旷达匪荒宴。岂必鹿门栖，自得乃高践。

西园

方园不盈亩，蔬卉颇成列。分溪免甕灌，补篱防豕蹢。芜草稍焚薙，清雨夜来歇。濯濯新叶敷，荧荧夜花发。放锄息重阴，旧书漫披阅。倦枕竹下石，醒望松间月。起来步闲谣，晚酌檐下设。尽醉即草铺，忘与邻翁别。

水滨洞

送远憩岨谷，濯缨俯清流。沿溪涉危石，曲洞藏深幽。花静馥常闷，溜暗光亦浮。平生泉石好，所遇成淹留。好鸟忽双下，鲦鱼亦群游。坐久尘虑息，澹然与道谋。

山石

山石犹有理，山木犹有枝。人生非木石，别久宁无思。愁来步前庭，仰视行云驰；行云随长风，飘飘去何之？行云有时定，游子无还期。高梁始归燕，鶗鴂已先悲。有生岂不苦，逝者长若斯。已矣复何事？商山行采芝。

无寐二首

烟灯暖无寐，忧思坐长往。寒风振乔林，叶落闻窗响。起窥庭月光，山空游罔象。怀人阻积雪，崖冰几千丈。

穷崖多杂树，上与青冥连。穿云下飞瀑，谁能识其源？但闻清猿啸，时见皓鹤翻。中有避世士，冥寂栖其巅。翳予亦同调，路绝难攀缘。

诸生夜坐

谪居澹虚寂，眇然怀同游。日入山气夕，孤亭俯平畴。草际见数骑，取径如相求；渐近识颜面，隔树停鸣驺；投辔雁鹜进，携盖各有羞；分席夜堂坐，绛蜡清樽浮；鸣琴复散帙，壶矢交觥筹。夜弄溪上月，晓陟林间丘。村翁或招饮，洞客偕探幽。讲习有真乐，谈笑无俗流。缅怀风沂兴，千载相为谋。

艾草次胡少参韵

艾草莫艾兰，兰有芬芳姿。况生幽谷底，不碍君稻畦。艾之亦何益？徒令香气衰。荆棘生满道，出刺伤人肌；持刀忌触手，睨视不敢挥。艾草须艾棘，勿为棘所欺。

凤雏次韵答胡少参

凤雏生高崖，风雨摧其翼。养疴深林中，百鸟惊辟易。虞人视为妖，举网争弹弋。此本王者瑞，惜哉谁能识。吾方哀其穷，胡忍复相亟？鸱枭据丛林，驱鸟恣搏食。嗟尔独何心？枭凤如白黑。

鹦鹉和胡韵

鹦鹉生陇西，群飞恣鸣游。何意虞罗及？充贡来中州；金绦縻华屋，云泉谢林丘。能言实阶祸，吞声亦何求。主人有隐寇，窃发闻其谋。感君惠养德，一语思所酬。惧君不见察，杀身反为尤。

诸生

人生多离别，佳会难再遇。如何百里来，三宿便辞去？有琴不肯弹，有酒不肯御。远陟见深情，宁予有弗顾？洞云还自栖，溪月谁同步？不念南寺时，寒江雪将暮？不记西园日，桃花夹川路？相去倏几月，秋风落高树。富贵犹尘沙，浮名亦飞絮。嗟我二三子，吾道有真趣。胡不携书来，茆堂好同住。

游来仙洞早发道中

霜风清木叶，秋意生萧疏。冲星策晓骑，幽事将有徂。股虫乱飞掷，道狭草露濡；倾暑特晨发，征夫已先途。淅米石间溜，炊火岩中庐。烟峰上初日，林鸟相嘤呼。意欣物情适，战胜癯色腴。行乐信宇宙，富贵非吾图。

别友

幽寻意方结，奈此世累牵。凌晨驱马别，持杯且为传。相求苦非远，山路多风烟。所贵明哲士，秉道非苟全。去矣崇令德，吾亦行归田。

赠黄太守澍

岁宴乡思切，客久亲旧疏。卧病闭空院，忽来故人车。入门辨眉宇，喜定还惊吁。远行亦安适，符竹膺新除。荒郡号难理，况兹征索余。君才素通敏，窘剧宜有纾。蛮乡虽瘴毒，逐客犹安居。经济非复事，时还理残书。山泉足游憩，鹿麋能友予。澹然穹壤内，容膝皆吾庐。惟营垂白念，旦夕怀归图。君行勉三事，吾计终五湖。

寄友用韵

怀人坐沉夜，帷灯暧幽光。耿耿积烦绪，忽忽如有忘。玄景逝不处，朱炎化微凉。相彼谷中葛，重阴殒衰黄。感此游客子，经年未还乡。伊人不在目，丝竹徒满堂，天深雁书杳，梦短关塞长。情好矢无数，愿言觊终偿。惠我金石编，徽音激宫商。驰辉不可即，式尔增予伤。馨香袭肝膂，聊用心中藏。

秋夜

树暝栖翼喧，萤飞夜堂静。遥穹出晴月，低檐入峰影。窅然坐幽独，怵尔抱深警。年徂道无闻，心违迹未屏。萧瑟中林秋，云凝松桂冷。山泉岂无适？离人怀故境。安得驾云鸿，高飞越南景。

采薪二首

朝采山上荆，暮采谷中栗。深谷多凄风，霜露沾衣湿。采薪勿辞辛，昨来断薪拾。晚归阴壑底，抱瓮还自汲。薪水良独劳，不愧吾食力。

倚担青岩际，历斧崖下石。持斧起环顾，长松百余尺。徘徊不忍挥，俯略涧边棘。同行笑吾馁，尔斧安用历？快意岂不能？物材各有适。可以相天子，众稚讵足识。

龙冈漫兴五首

投荒万里入炎州，却喜官卑得自由。心在夷居何有陋？身虽吏隐未忘忧。春山卉服时相问，雪寨蓝与每独游。拟把犁锄从许子，谩将弦诵止言游。

旅况萧条寄草堂，虚檐落日自生凉。芳春已共烟花尽，孟夏俄惊草木长。绝壁千寻凌杳霭，深岩六月宿冰霜。人间不有宣尼叟，谁信申韩未是刚？

路僻官卑病益闲，空林惟听鸟间关。地无医药凭书卷，身处蛮夷亦故山。用世谩怀伊尹心，思家独切老莱斑。梦魂兼喜无余事，只在耶溪舜水湾。

卧龙一去忘消息，千古龙冈漫有名。草屋何人方管乐，桑间无耳听咸英。江沙漠漠遗云鸟，草木萧萧动甲兵。好共鹿门庞处士，相期采药入青冥。

归与吾道在沧浪，颜氏何曾击柝忙？枉尺已非贤者事，斩轮徒有古人方。白云晚忆归岩洞，苍藓春应遍石床。寄语峰头双白鹤，野夫终不久龙场。

答毛拙庵见招书院

野夫病卧成疏懒，书卷长抛旧学荒。岂有威仪堪法象？实惭文檄过称扬。移居正拟投医肆，虚席仍烦避讲堂。范我定应无所获，空令多士笑王良。

老桧

老桧斜生古驿傍，客来系马解衣裳。托根非所还怜汝，直干不挠终异常。风雪凛然存节概，刮摩聊尔见文章。何当移植山林下，偃蹇从渠拂汉苍。

却巫

卧病空山无药石，相传土俗事神巫。吾行久矣将焉祷？众议纷然反见迂。积习片言容未解，舆情三月或应孚。也知伯有能为厉，自笑孙侨非丈夫。

过天生桥

水光如练落长松，云际天桥隐白虹。辽鹤不来华表烂，仙人一去石桥空。徒闻鹊驾横秋夕，谩说秦鞭到海东。移放长江还济险，可怜虚却万山中。

南霁云祠

死矣中丞莫谩疑，孤城援绝久知危。贺兰未灭空遗恨，南八如生定有为。风雨长廊嘶铁马，松杉阴雾卷灵旗。英魂千载知何处？岁岁边人赛旅祠。

春晴

林下春晴风渐和，高岩残雪已无多。游丝冉冉花枝静，青壁迢迢白鸟过。忽向山中怀旧侣，几从洞口梦烟萝。客衣尘土终须换，好与湖边长芰荷。

陆广晓发

初日曈曈似晓霞，雨痕新霁渡头沙。溪深几曲云藏峡，树老千年雪作花。白鸟去边回驿路，青崖缺处见人家。遍行奇胜才经此，江上天劳羡九华。

雪夜

天涯久客岁侵寻，茆屋新开枫树林。渐惯省言因病齿，屡经多难解安心。犹怜未系苍生望，且得闲为白石吟。乘兴最堪风雪夜，小舟何日返山阴？

元夕二首

故园今夕是元宵，独向蛮村坐寂寥。赖有遗经堪作伴，喜无车马过相邀。春还草阁梅先动，月满虚庭雪未消。堂上花灯诸弟集，重闱应念一身遥。

去年今日卧燕台，铜鼓中宵隐地雷。月傍苑楼灯彩淡，风传阁道马蹄回。炎荒万里频回首，羌笛三更谩自哀。尚忆先朝多乐事，孝皇曾为两宫开。

家僮作纸灯

寥落荒村灯事赊，蛮奴试巧剪春纱。花枝绰约含轻雾，月色玲珑映绮霞。取办不徒酬令节，赏心兼是惜年华。如何京国王侯第，一盏中人产十家。

白云堂

白云僧舍市桥东，别院回廊小径通。岁古檐松存独干，春还庭竹发新丛。晴窗暗映群峰雪，清梵长飘高阁风。迁客从来甘寂寞，青鞋时过月明中。

来仙洞

古洞春寒客到稀，绿苔荒径草霏霏。书悬绝壁留僧偈，花发层萝绣佛衣。壶榼远从童冠集，杖藜随处宦情微。石门遥锁阳明鹤，应笑山人久不归。

木阁道中雪

瘦马支离缘绝壁，连峰窅窕入层云。山村树暝惊鸦阵，涧道雪深逢鹿群。冻合衡茅炊火断，望迷孤戍暮笳闻。正思讲习诸贤在，绛蜡清醅坐夜分。

元夕雪用苏韵二首

林间暮雪定归鸦，山外铃声报使车。玉盏春光传柏叶，夜堂银烛乱檐花。萧条音信愁边雁，迢递关河梦里家。何日扁舟还旧隐，一蓑江上把鱼叉。

寒威入夜益廉纤，酒瓮炉床亦戒严。久客渐怜衣有结，蛮居长叹食无盐。饥豺正尔群当路，冻雀从渠自宿檐。阴极阳回知不远，兰芽行见发春尖。

晓霁用前韵书怀二首

双阙钟声起万鸦，禁城月色满朝车。竟谁诗咏东曹桧？正忆梅开西寺花。此日天涯伤逐客，何年江上却还家？曾无一字堪驱使，谩有虚名拟八叉。

涧草岩花欲斗纤，溪风林雪故争严。连歧尽说还宜麦，煮海何曾见作盐。路断暂怜无过客，病余兼喜曝晴檐。谪居亦自多清绝，门外群峰玉笋尖。

次韵陆佥宪元日喜晴

城里夕阳城外雪，相将十里异阴晴。也知造物曾何意？底是人心苦未平。柏府楼台衔倒景，茆茨松竹泻寒声。布衾莫谩愁僵卧，积素还多达曙明。

元夕木阁山火

荒村灯夕偶逢晴，野烧峰头处处明。内苑但知鳌作岭，九门空说火为城。天应为我开奇观，地有兹山不世情。却恐炎威被松柏，休教玉石遂同赪。

夜宿汪氏园

小阁藏身一斗方，夜深虚白自生光。梁间来下徐生榻，座上惭无荀令香。驿树雨声翻屋瓦，龙池月色浸书床。他年贵竹传异事，应说阳明旧草堂。

春行

冬尽西归满山雪，春初复来花满山。白鸥乱浴清溪上，黄鸟双飞绿树间。物色变迁随转眼，人生岂得长朱颜。好将吾道从吾党，归把渔竿东海湾。

村南

花事纷纷春欲酣，杖藜随步过村南。田翁开野教新犊，溪女分流浴种蚕。稚犬吠人依密槿，闲凫照影立晴潭。偶逢江客传乡信，归卧枫堂梦石龛。

山途二首

上山见日下山阴，阴欲开时日欲沉。晚景无多伤远道，朝阳莫更沮云岑。人归暝市分渔火，客舍空林依暮禽。世事验来还自领，古人先已得吾心。

南北驱驰任板舆，谪乡何地是安居？家家细雨残灯后，处处荒原野烧余。江树欲迷游子望，朔云长断故人书。茂陵多病终萧散，何事相如赋子虚？

白云

白云冉冉出晴峰，客路无心处处逢。已逐肩舆度青壁，还随孤鹤下苍松。此身愧尔长多系，他日从龙谩讬踪。断鸳残鸦飞欲尽，故山回首意重重。

答刘美之见寄次韵

休疑迁客迹全贫，犹有沙鸥日见亲。勋业已辞沧海梦，烟花多负故园春。百年长恐终无补，万里宁期尚得身。念我不劳伤鬓雪，知君亦欲拂衣尘。

寄徐掌教

徐稚今安在？空梁榻久悬。北门倾盖日，东鲁校文年。岁月成超忽，风云易变迁。新诗劳寄我，不愧鸟鸣篇。

书庭蕉

檐前蕉叶绿成林，长夏全无暑气侵。但得雨声连夜静，不妨月色半床阴。新诗旧叶题将满，老芰疏梧根共深。莫笑郑人谈讼鹿，至今醒梦两难寻。

送张宪长左迁滇南大参次韵

世味知公最饱谙，百年清德亦何惭。柏台藩省官非左，江汉滇池道益南。绝域烟花怜我远，今宵风月好谁谈？交游若问居夷事，为说山泉颇自堪。

南庵次韵二首

隔水樵渔亦几家？缘冈石路入溪斜。松林晚映千峰雨，枫叶秋连万树霞。渐觉形骸逃物外，未妨游乐在天涯。频来不用劳僧榻，已僭汀鸥一席沙。

斜日江波动客衣，水南深竹见岩扉。渔人收网舟初集，野老忘机坐未归。渐觉云间栖翼乱，愁看天北暮云飞。年年岁晚长为客，闲杀西湖旧钓矶。

观傀儡次韵

处处相逢是戏场，何须傀儡夜登堂？繁华过眼三更促，名利牵人一线长。稚子自应争诧说，矮人亦复浪悲伤。本来面目还谁识？且向樽前学楚狂。

徐都宪同游南庵次韵

岩寺藏春长不夏，江花映日艳于桃。山阴入户川光暮，林影浮空暑气高。树老岂能知岁月，溪清真可鉴秋毫。但逢佳景须行乐，莫遣风霜著鬓毛。

即席次王文济少参韵二首

摇落休教感客途，南来秋兴未全孤。肝肠已自成金石，齿发从渠变柳蒲。倾倒酒怀金谷罚，逼真词格辋川图。谪乡莫道贫消骨，犹有新诗了旧逋。

此身未拟泣穷途，随处翻飞野鹤孤。霜冷几枝存晚菊，溪春两度见新蒲，荆西寇盗纡筹策，湘北流移入画图。莫怪当筵倍凄切，诛求满地促官逋。

赠刘侍御二首 蹇以反身，困以遂志。今日患难，正阁下受用处也。知之，则处此当自别。病笔不能多及，然其余亦无足言者。聊次韵。某顿首刘侍御大人契长。

相送溪桥未隔年，相逢又过小春天。忧时敢负君臣义？念别羞为儿女怜。

道自升沉宁有定，心存气节不无偏。知君已得虚舟意，随处风波只宴然。

夜寒

檐际重阴覆夜寒，石炉松火坐更残。穷荒正讶乡书绝，险路仍愁归梦难，仙侣春风怀越峤，钓船明月负严滩。未因谪宦伤憔悴，客鬓还羞镜里看。

冬至

客床无寐听潜雷，珍重初阳夜半回。天地未尝生意息，冰霜不耐鬓毛催。春添衮线谁能补？岁晚心丹自动灰。料得重闱强健在，早看消息报窗梅。

春日花间偶集示门生

闲来聊与二三子，单夹初成行暮春。改课讲题非我事，研几悟道是何人？阶前细草雨还碧，檐下小桃晴更新。坐起咏歌俱实学，毫厘须遣认教真。

次韵送陆文顺佥宪

贵阳东望楚山平，无奈天涯又送行。杯酒豫期倾盍日，封书烦慰倚门情。心驰魏阙星辰迥，路绕乡山草木荣。京国交游零落尽，空将秋月寄猿声。

次韵陆佥宪病起见寄

一赋归来不愿余，文园多病滞相如。篱边竹笋青应满，洞口桃花红自舒。荷蒉有心还击磬，周公无梦欲删书。云间宪伯能相慰，尺素长题问谪居。

次韵胡少参见过

旋管小酌典春裘，佳客真惭竟日留。长怪岭云迷楚望，忽闻吴语破乡愁。镜湖自昔堪归老，杞国何人独抱忧。莫讶临花倍惆怅，赏心原不在枝头。

雪中桃次韵

雪里桃花强自春，萧疏终觉损精神。却惭幽竹节逾劲，始信寒梅骨自真。遭际本非甘冷淡，飘零须信季风尘。从来此事还希阔，莫怪临轩赏更新。

舟中除夕二首

扁舟除夕尚穷途。荆楚还怜俗未殊。处处送神悬楮马，家家迎岁换桃符。江醪信薄聊相慰，世路多歧谩自吁。白发频年伤远别，彩衣何日是庭趋？

远客天涯又岁除，孤航随处亦吾庐。也知世上风波满，还恋山中木石居。事业无心从齿发，亲交多难绝音书，江湖未就新春计，夜半樵歌忽起予。

溆浦山夜泊

溆浦山边泊，云间见驿楼。滩声回远树，崖影落中流。柳放新年绿，人归隔岁舟。客途时极目，天北暮阴愁。

过江门崖

三年谪宦沮蛮氛，天放扁舟下楚云。归信应先春雁到，闲心期与白鸥群。晴溪欲转新年色，苍壁多遗古篆文。此地从来山水胜，它时回首忆江门。

辰州虎溪龙兴寺闻杨名父将到留韵壁间

杖藜一过虎溪头，何处僧房是惠休？云起峰头沉阁影，林疏地底见江流。烟花日暖犹含雨，鸥鹭春闲欲满洲。好景同来不同赏，诗篇还为故人留。

武陵潮音阁怀元明

高阁凭虚台十寻，卷帘疏雨动微吟。江天云鸟自来去，楚泽风烟无古今。山色渐疑衡岳近，花源欲问武陵深。新春尚沮东归楫，落日谁堪话此心？

阁中坐雨

台下春云及寺门，懒夫睡起正开轩。烟芜涨野平堤绿，江雨随风入夜喧。道意萧疏惭岁月，归心迢递忆乡园。年来身迹如漂梗，自笑迂痴欲手援。

霁夜

雨霁僧堂钟磬清，春溪月色特分明。沙边宿鹭寒无影，洞口流云夜有声。静后始知群动妄，闲来还觉道心惊。问津久已惭沮溺，归向东皋学耦耕。

僧斋

尽日僧斋不厌闲，独余春睡得相关。檐前水涨遂无地，江外云晴忽有山。远客趁墟招渡急，舟人晒网得鱼还。也知世事终无补，亦复心存出处间。

德山寺次壁间韵

乘兴看山薄暮来，山僧迎客寺门开。雨昏碧草春申墓，云卷青峰善卷台。性爱烟霞终是僻，诗留名姓不须猜。岩根老衲成灰色，枯坐何年解结胎？

沅江晚泊二首

去时烟雨沅江暮，此日沅江暮雨归。水漫远沙村市改，泊依旧店主人非。草深廨宇无官住，花落僧房有鸟啼。处处春光萧索甚，正思荆棘掩岩扉。

春来客思独萧骚，处处东田没野蒿。雷雨满江喧日夜，扁舟经月住风涛。流民失业乘时横，原兽争群薄暮号。却忆鹿门栖隐地，杖藜壶榼饷东皋。

夜泊江思湖忆元明

扁舟泊近渔家晚，茅屋深环柳港清。雷雨骤开江雾散，星河不动暮川平。梦回客枕人千里，月上春堤夜四更。欲寄愁心无过雁，披衣坐听野鸡鸣。

睡起写怀

江日熙熙春睡醒，江云飞尽楚山青。闲观物态皆生意，静悟天机入窅冥。道在险夷随地乐，心忘鱼鸟自流形。未须更觅羲唐事，一曲沧浪击壤听。

三山晚眺

南望长沙杳霭中，鹅羊只在暮云东。天高双橹哀明月，江阔千帆舞逆风。花暗渐惊春事晚，水流应与客愁穷，北飞亦有衡阳雁，上苑封书未易通。

鹅羊山

福地相传楚水阿，三年春色两经过。羊亡但有初平石，书罢惟笼道士鹅，礼斗坛空松影静，步虚台迥月明多。岩房一宿犹缘薄，遥忆开云住薜萝。

泗州寺

渌水西头泗洲寺，经过转眼又三年。老僧熟认直呼姓，笑我清癯只似前。每有客来看宿处，诗留佛壁作灯传。开轩扫榻还相慰，惭愧维摩世外缘。

再经武云观书林玉玑道士壁

碧山道士曾相约，归路还来宿武云。月满仙台依鹤侣，书留苍壁看鹅群。春岩多雨林芳淡，暗水穿花石溜分。奔走连年家尚远，空余魂梦到柴门。

再过濂溪祠用前韵

曾向图书识面真，半生长自愧儒巾。斯文久已无先觉，圣世今应有逸民。一自支离乖学术，竞将雕刻费精神。瞻依多少高山意，水漫莲池长绿苹。

庐陵诗六首 正德庚午三月迁庐陵尹作。

游瑞华二首

簿领终年未出郊，此行聊解俗人嘲。忧时有志怀先达，作县无能愧旧交。松古尚存经雪干，竹高还长拂云梢。溪山处处堪行乐，正是浮名未易抛。

万死投荒不拟回，生还且复荷栽培。逢时已负三年学，治剧兼非百里才。身可益民宁论屈，志存经国未全灰。正愁不是中流砥，千尺狂澜岂易摧。

古道

古道当长阪，肩舆入暮天。苍茫闻驿鼓，冷落见炊烟。冻烛寒无焰，泥炉湿未燃。正思江槛外，闲却钓鱼船。

立春日道中短述

腊意中宵尽，春容傍晓生。野塘冰转绿，江寺雪消晴。农事沾泥犊，羁怀听谷莺。故山梅正发，谁寄欲归情？

公馆午饭偶书

行台依独寺，僧屋自成邻。殿古凝残雪，墙低入早春。巷泥晴淖马，檐日暖堪人。雪散小岩碧，松梢挂月新。

午憩香社寺

修程动百里，往往饷僧居。佛鼓迎官急，禅床为客虚。桃花成井落，云水接郊墟。不觉泥尘涩，看山兴有余。

京师诗二十四首 正德庚午年十月，升南京刑部主事。辛未年入觐，调北京吏部主事作。

夜宿功德寺次宗贤韵二绝

山行初试夹衣轻，脚软黄尘石路生。一夜洞云眠未足，湖风吹月渡溪清。

水边杨柳覆茅楹，饮马春流更一登。坐久逐忘归路夕，溪云正泻春山青。

别方叔贤四首

西樵山色远依依，东指江门石路微。料得楚云台上客，久悬秋月待君归。

自是孤云天际浮，箧中枯蠹岂相谋。请君静后看羲画，曾有陈篇一字不？

休论寂寂与惺惺，不妄由来即性情。笑却殷勤诸老子，翻从知见觅虚灵。

道本无为只在人，自行自住岂须邻？坐中便是天台路，不用渔郎更问津。

白湾六章 宗岩文先生居白浦之湾，四方学者称曰白浦先生，而不敢以姓字。某素高先生，又辱为之僚，因为书“白湾”二字，并诗以咏之。

浦之湾，其白漫漫。彼美君子，在水之盘。

湾之浦，其白弥弥。彼美君子，在水之涘。

云之溶溶，于湾之湄。君子于处，民以为期。

云之油油，于湾之委。君子于兴，施及四海。

白湾之渚，于游以处。彼美君子兮，可以容与。

白湾之洋，于濯以湘。彼美君子兮，可以徜徉。

寄隐岩

每逢山水地，便有卜居心。终岁风尘里，何年沧海浔？洞寒泉滴细，花暝石房深。青壁须留姓，他时好共寻。

香山次韵

寻山到山寺，得意却忘山。岩树坐来静，壁萝春自闲。楼台星斗上，钟声翠微间。顿息尘寰念，清溪踏月还。

夜宿香山林宗师房次韵二首

幽壑来寻物外情，石门遥指白云生。林间伐木时闻响，谷口逢僧不记名。天壁倒涵湖月晓，烟梯高接纬阶平。松堂静夜浑无寐，到枕风泉处处声。

久落泥涂惹世情，紫崖丹壑是平生。养真无力常怀静，窃禄未归羞问名。树隐洞泉穿石细，云回溪路入花平。道人只住层萝上，明月峰头有磬声。

别湛甘泉二首

行子朝欲发，驱车不得留。驱车下长阪，顾见城东楼。远别情已惨，况此艰难秋。分手诀河梁，涕下不可收。车行望渐杳，飞埃越层邱。迟回歧路侧，孰知我心忧。

我心忧以伤，君去阻且长。一别岂得已？母老思所将。奉命危难际，流俗反猜量。黄鹄万里逝，岂伊为稻粱？栋火及毛羽，燕雀犹栖堂。跳梁多不测，君行戒前途。达命谅何滞，将母能忘虞。安居尤阴护，关路非歧岖。令德崇易简，可以知险阻。结茆湖水阴，幽期终不忘。伊尔得相就，我心亦何伤。世艰变倏忽，人命非可常。斯文天未坠，别短会日长。南寺春月夜，风泉闲竹房。逢僧或停楫，先扫白云床。

赠别黄宗贤

古人戒从恶，今人戒从善；从恶乃同污，从善翻滋怨；纷纷嫉娼兴，指谪相非讪。自非笃信士，依违多背面。宁知竟漂流，沦胥亦污贱。卓哉汪陂子，奋身勇厥践。拂衣还旧山，雾隐期豹变。嗟嗟吾党贤，白黑匪难辨。

归越诗五首 正德壬申年升南京太仆寺少卿，便道归越作。

四明观白水二首

邑南富岩壑，白水尤奇观；兴来每思往，十年就兹观。停骖指绝壁，涉涧缘危蟠。百源旱方歇，云际犹飞湍。霏霏洒林薄，漠漠凝风寒。前闻若未惬，仰视终莫攀。石阴暑气薄，流触溯回澜。兹游讵盘乐？养静意所关。逝者谅如斯，哀此岁月残。择幽虽得所，避时时犹难。刘樊古方外，感慨有余叹。

千丈飞流舞白鸾，碧潭倒影镜中看。藤萝半壁云烟湿。殿角长年风雨寒。野性从来山水癖，直躬更觉世途难。卜居断拟如周叔，高卧无劳比谢安。

杖锡道中用张宪使韵

山鸟欢呼欲问名，山花含笑似相迎。风回碧树秋声早，雨过丹岩夕照明。雪岭插天开玉帐，云溪环碧抱金城。悬灯夜宿茅堂静，洞鹤林僧相对清。

又用曰仁韵

每逢佳处问山名，风景依稀过眼生。归雾忽连千嶂暝，夕阳偏放一溪晴。晚投岩寺依云宿，静爱枫林送雨声。夜久披衣还起坐，不禁风月照人清。

书杖锡寺

杖锡青冥端，洞壁环天险。垂岩下陡壑，涉水攀绝巘。溪深听喧瀑，路绝骇危栈。扪萝登峻极，披翳见平衍。僧逋寄孤衲，守废遗荒殿。伤兹穷僻墟，曾未诛求免。探幽冀累息，愤时翻意惨。拯援才已疏，栖迟心益眷。哀猿啸春嶂，悬灯宿西崦。诛茆竟何时？白云愧舒卷。

滁州诗三十六首 正德癸酉年到太仆寺作。

梧桐江用韵

凤鸟久不至，梧桐生高冈。我来竟日坐，清阴洒衣裳。援琴俯流水，调短意苦长。遗音满空谷，随风递悠扬。人生贵自得，外慕非所臧。颜子岂忘世？仲尼固遑遑。已矣复何事，吾道归沧浪。

林间睡起

林间尽日扫花眠，只是官闲愧俸钱。门径不妨春草合，齐居长对晚山妍。每疑方朔非真隐，始信扬雄误太玄。混世亦能随地得，野情终是爱邱园。

赠熊彰归

门径荒凉蔓草生，相求深愧远来情。千年绝学蒙尘土，何处澄江无月明？坐看远山凝暮色，忽惊废叶起秋声。归途望岳多幽兴，为问山田待耦耕。

别易仲 辰州刘易仲从予滁阳，一日问“道可言乎？”予曰：“哑子吃苦瓜，与你说不得。尔要知我苦，还须你自吃。”易仲省然有悟。久之辞归，别以诗。

迢递滁山春，子行亦何远。累然良苦心，惝恍不遑饭。至道不外得，一悟失群暗。秋风洞庭波，游子归已晚。结兰意方勤，寸草心先断。末学久仳离，颓波竟谁挽？归哉念流光，一逝不复返。

送守中至龙盘山中

未尽师生六日情，天教风雪阻西行。茅堂岂有春风坐，江郭虚留一月程。客邸琴书灯火静，故园风竹梦魂清。何年稳闭阳明洞，榾柮山炉煮石羹。

龙蟠山中用韵

无奈青山处处情，村沽日日办山行。真惭廪食虚官守，只把山游作课程。谷口乱云随骑远，林间飞雪点衣轻。长思淡泊还真性，世味年来久絮羹。

琅琊山中三首

草堂寄放琅琊间，溪鹿岩僧且共闲。冰雪能回草木死，春风不化山石顽。六经散地莫收拾，丛棘被道谁刊删？已矣驱驰二三子，凤图不出吾将还。

狂歌莫笑酒杯增，异境人间得未曾。绝壁倒翻银海浪，远山真作玉龙腾。浮云野思春前动，虚室清香静后凝。懒拙惟余林壑计，伐檀长自愧无能。

风景山中雪后增，看山雪后亦谁曾？隔溪岩犬迎人吠，饮涧飞猱踔树腾。归骑林间灯火动，鸣钟谷口暮光凝。尘踪正自韬笼在，一宿云房尚未能。

答朱汝德用韵

东去蓬瀛合有津，若为风雨动经旬。同来海岸登舟在，俱是尘寰欲渡人。弱水洪涛非世险，长年三老定谁真。青鸾眇眇无消息，怅望烟花又暮春。

送惟乾二首

独见长年思避地，相从千里欲移家。惭予岂有万间庇？借尔刚余一席沙。古洞幽期攀桂树，春溪归路问桃花。故人劳念还相慰，回雁新秋寄彩霞。

簦芨连年愧远求，本来无物若为酬。春城驿路聊相送，夜雪空山且复留。江浦云开庐岳曙，洞庭湖阔九疑浮。悬知再鼓潇湘柁，应是芙蓉湘水秋。

别希颜二首

中岁幽期亦几人？是谁长负故山春？道情暗与物情化，世味争如酒味醇。耶水云门空旧隐，青鞋布袜定何晨？童心如故容颜改，惭愧年年草木新。

后会难期别未轻，莫辞行李滞江城。且留南国春山兴，共听西堂夜雨声。归路终知云外去，晴湖想见镜中行。为寻洞里幽栖处，还有峰头双鹤鸣。

山中示诸生五首

路绝春山久废寻，野人扶病强登临。同游仙侣须乘兴，共探花源莫厌深。鸣鸟游丝俱自得，闲云流水亦何心？从前却恨牵文句，展转支离叹陆沉。

滁流亦沂水，童冠得几人？莫负咏归兴，溪山正暮春。

桃源在何许？西峰最深处。不用问渔人，沿溪踏花去。

池上偶然到，红花间白花。小亭闲可坐，不必问谁家。

溪边坐流水，水流心共闲。不知山月上，松影落衣斑。

龙潭夜坐

何处花香入夜清？石林茅屋隔溪声。幽人月出每孤往，栖鸟山空时一鸣。草露不辞芒履湿，松风偏与葛衣轻。临流欲写猗兰意，江北江南无限情。

送德观归省二首

雪里闭门十日坐，开门一笑忽青天。茅檐正好负暄日，客子胡为思故园？椿树惯经霜雪老，梅花偏向岁寒妍。瑯琊春色如相忆，好放山阴月下船。

郎琊雪是故园雪，故园春亦瑯琊春。天机动处即生意，世事到头还俗尘。立雪浴沂传故事，吟风弄月是何人？到家好谢二三子，莫向长沮错问津。

送蔡希颜三首 正德癸酉冬，希渊赴南宫试，访予滁阳，遂留阅岁。既而东归，问其故，辞以疾。希渊与予论学瑯琊之间，于斯道既释然矣，别之以诗。

风雪蔽旷野，百鸟冻不翻。孤鸿亦何事，嗷嗷溯寒云？岂伊稻粱计，独往求其群？之子眇万钟，就我滁水滨。野寺同游请，春山共攀援。鸟鸣幽谷曙，伐木西涧曛。清夜湛玄思，晴窗玩奇文。寂景赏新悟，微言欣有闻。寥寥绝代下，此意冀可论。

群鸟喧北林，黄鹄独南逝。北林岂无枝？罗弋苦难避。之子丹霞姿，辞我云门去。山空响流泉，路僻迷深树。长谷何盘纡，紫芝春可茹。求志暂栖岩，避喧宁遁世。系予辱风尘，送子愧云雾。匡时已无术，希圣徒有慕。倘入阳明峰，为寻旧栖处。

何事憧憧南北行？望云依阙两关情。风尘暂息滁阳驾，鸥鹭还寻鉴水盟。悟后六经无一字，静余孤月湛虚明。从知归路多相忆，伐木山山春鸟鸣。

赠守中北行二首

江北梅花雪易残，山窗一树自家看。临行掇赠聊数颗，珍重清香是岁寒。

来何匆促去何迟，来去何心莫漫疑。不为高堂双雪鬓，岁寒宁受北风欺。

郑伯兴谢病还鹿门雪夜过别赋赠三首

之子将去远，雪夜来相寻。秉烛耿无寐，怜此岁寒心。岁寒岂徒尔，何以赠远行？圣路塞已久，千载无复寻。岂无群儒迹？蹊径榛茆深。浚流须寻源，积土成高岑。揽衣望远道，请君从此征。

浚流须有源，植木须有根。根源未浚植，枝派宁先蕃？谓胜通夕话，义利分毫间。至理匪外得，譬犹镜本明，外尘荡瑕垢，镜体自寂然。孔训示克己，孟子垂反身，明明贤圣训，请君勿与谖。

鹿门在何许？君今鹿门去。千载庞德公，犹存栖隐处。洁身匪乱伦，其次乃避地。世人失其心，顾瞻多外慕。安宅舍弗居，狂驰惊奔骛。高言诋独善，文非遂巧智。琐琐功利儒，宁复知此意。

门人王嘉秀实夫萧琦子玉告归书此见别意兼寄声辰阳诸贤

王生兼养生，萧生颇慕禅；迢迢数千里，拜我滁山前。吾道既匪佛，吾学亦匪仙。坦然由简易，日用匪深玄。始闻半疑信，既乃心豁然。譬彼土中镜，暗暗光内全；外但去昏翳，精明烛媸妍。世学如剪彩，妆缀事蔓延；宛宛具枝叶，生理终无缘。所以君子学，布种培根原；萌芽渐舒发，畅茂皆由天。秋风动归思，共鼓湘江船。湘中富英彦，往往多及门。临岐缀斯语，因之寄拳拳。

滁阳别诸友 滁阳诸友从游，送予至乌衣，不能别。及暮，王性甫汝德诸友送至江浦，必留居，俟予渡江。因书此促之归，并寄诸贤，庶几共进此学，以慰离索耳。

滁之水，入江流，江潮日复来滁州。相思若潮水，来往何时休？空相思，亦何益？欲慰相思情，不如崇令德。掘地见泉水，随处无弗得；何必驱驰为？千里远相即。君不见尧羹与舜墙，又不见孔与跖对面不相识？逆旅主人多殷勤，出门转盼成路人。

寄浮峰诗社

晚凉庭院坐新秋，微月初生亦满楼。千里故人谁命驾？百年多病有孤舟。风霜草木惊时态，砧杵关河动远愁。饮水曲肱吾自乐，茆堂今在越溪头。

栖云楼坐雪二首

才看庭树玉森森，忽漫阶除已许深。但得诸生通夕坐，不妨老子半酣吟。琼花入座能欺酒，冰溜垂檐欲堕针。却忆征南诸将士，未禁寒夜铁衣沉。

此日栖云楼上雪，不知天意为谁深。忽然夜半一言觉，又动人间万古吟。玉树有花难结果，天机无线可通针。晓来不觉城头鼓，老懒羲皇睡正沉。

与商贡士二首

见说浮山麓，深林绕石溪。何时拂衣去，三十六岩栖。

见说浮山胜，心与浮山期。三十六岩内，为选一岩奇。

南都诗四十七首 正德甲戌年四月升南京鸿胪寺卿作。

题岁寒亭赠汪尚和

一觉红尘梦欲残，江城六月滞风湍。人间炎暑无逃遁，归向山中卧岁寒。

与徽州程毕二子

句句糠粃字字陈，却于何处觅知新？紫阳山下多豪俊，应有吟风弄月人。

山中懒睡四首

竹里藤床识懒人，脱巾山麓任吾真。病夫已久逃方外，不受人间礼数嗔。

扫石焚香任意眠，醒来时有客谈玄。松风不用蒲葵扇，坐对青崖百丈泉。

古洞幽深绝世人，石床风细不生尘。日长一觉羲皇睡，又见峰头上月轮。

人间白日醒犹睡，老子山中睡却醒。醒睡两非还两是，溪云漠漠水泠泠。

题灌山小隐二绝

茆屋山中早晚成，任他风雨任他晴。男婚女嫁多年毕，不待而今学向平。

一自移家入紫烟，深林住久遂忘年。山中莫道无供给，明月清风不用钱。

六月五章 六月乙亥，南都熊峰少宰石公以少宗伯召。南都之士闻之，有恻然而戚者，有欣然而喜者。其戚者曰:“公端介敏直，方为留都所倚重，今兹往，善类失所恃，群小罔以严。辩惑考学者曷从而讨究？剖政断疑者曷从而咨决？南都非根本地乎？而独不可以公遗之。”其喜者曰：“公之端介敏直，宁独留都所倚重，其在京师，独无善类乎？独无群小乎？独无辩惑考学、剖政断疑者乎？且天子之召之也，亦宁以少宗伯，将必大用。大用则以庇天下，斯汇征之庆也。”公闻之曰：“戚者非吾之所敢，喜者乃吾之所忧也。吾思所以逃吾之忧者而不得其道，若之何？”阳明子素知于公，既以戚众之戚、喜众之喜，而复忧公之忧。乃叙其事，为赋《六月》，庸以赠公之行。

六月凄风，七月暑雨。倏雨倏寒，道修以阻。允允君子，迪尔寝兴。毋沾尔行，国步斯频。

哀此下民，靡届靡极。不有老成，其何能国？吁嗟老成，独遗典刑，若屋之倾，尚支其楹。

心之忧矣，言靡有所。如彼喑人，食荼与苦。依依长谷，言采其芝。人各有时，我归孔时。

昔彼叔季，沉湎以逞。耄集以咨，我人自靖。允允君子，淑慎尔则。靡曰休止，民何于极。

日月其逝，如彼沧浪。南北其望，如彼参商。允允君子，毋沾尔行。如日之升，以曷不光。

守文弟归省携其手歌以别之

尔来我心喜，尔去我心悲。不为倚门念，吾宁舍尔归？长途正炎暑，尔行慎兴居。凉茗勿频啜，节食但无饥。勿出船旁立，忽登岸上嬉。收心每澄坐，适意时观书。申洪皆冥顽，不足长嗔笞。见人勿多说，慎默真如愚。接人莫轻率，忠信持谦卑。从来为己学，慎独乃其基。纷纷多嗜欲，尔病还尔知。到家良足乐，怡颜报重闱。昨秋童蒙去，今夏成人归。长者爱尔敬，少者悦尔慈。亲朋称啧啧，羡尔能若兹。信哉学问功，所贵在得师。吾匪崇外饰，欲尔沽名为；望尔日慥慥，圣贤以为期。九兄及印弟，诵此共勉之。

书扇面寄馆宾

湖上群山落照晴，湖边万木起秋声。何年归去阳明洞，独棹扁舟鉴里行？

用实夫韵

诗从雪后吟偏好，酒向山中味转佳。岩瀑随风杂钟磬，水花如雨落袈裟。

游牛首山

春寻指天阙，烟霞眇何许。双峰久相违，千岩来旧主。浮云刺中天，飞阁凌风雨。探秀涧阿入，萝阴息筐筥。灭迹避尘缨，清朝入深沮。风磴仰扪历，淙壑屡窥俯。梯云跻石阁，下榻得吾所。释子上方候，鸣钟出延伫。颓景耀回盼，层飚翼轻举。暧暧林芳暮，泠泠石泉语。清宵耿无寐，峰月升烟宇。会晤得良朋，可以寄心腑。

送徽州洪侹承瑞

平生举业最疏慵，挟册虚烦五月从。竹院检方时论药，茆堂放鹤或开笼。忧时漫有孤忠在，好古全无一艺工。念我还能来夜雪，逢人休说坐春风。

病中大司马乔公有诗见怀次韵奉答二首

十日无缘拜后尘，病夫心地欲生榛。诗篇极见怜才意，伎俩惭非可用人。黄阁望公长秉轴，沧江容我老垂纶。保厘珍重回天手，会看春风万木新。

一自多歧分路尘，堂堂正道遂生榛，聊将肤浅窥前圣，敢谓心传启后人。淮海帝图须节制，云雷大造看经纶。枉劳诗句裁风雅，欲借盘铭献日新。

送诸伯生归省

天涯送尔独伤神，岁月龙山梦裹春。为谢江南诸故旧，起居东岳太夫人。闲中书卷堪时展，静裹工夫要日新。能向尘途薄轩冕，不妨蓑笠老江滨。

寄冯雪湖二首

竿竹谁隐扶桑东？白眉之叟今庞公。隔湖闻鸡谢墅接，渡海有鹤蓬山通。卤田经岁苦秋雨，浪痕半壁惊湖风。歌声屋低似金石，点也此意当能同。

海岸西头湖水东，他年蓑笠拟从公。钓沙碧海群鸥借，樵径青云一鸟通。席有春阳堪坐雪，门垂五柳好吟风。于今犹是天涯梦，怅望青霄月色同。

诸用文归用子美韵为别

一别烟云岁月深，天涯相见二毛侵。孤帆江上亲朋意，樽酒灯前故国心。冷雪晴林还作雨，鸟声幽谷自成吟。饮余莫上峰头望，烟树迷茫思不禁。

题王实夫画

随处山泉着草庐，底须松竹掩柴扉。天涯游子何曾出？画里孤帆未是归。小酉诸峰开夕照，虎溪春寺入烟霏。他年还向辰阳望，却忆题诗在翠微。

赠潘给事

五月沧浪濯足归，正堪荷叶制初衣。甲非乙是君休问，酉水辰山志未违。沙鸟不须疑雀舫，江云先为扫鱼矶。武陵溪壑犹深僻，莫更移家入翠微。

与沅陵郭掌教

记得春眠寺阁云，松林水鹤日为群。诸生问业冲星入，稚子拈香静夜焚。世事暗随江草换，道情曾许碧山闻。别来点瑟还谁鼓？怅望烟花此送君。

别族太叔克彰

情深宗族谊同方，消息那堪别后荒。江上相逢疑未定，天涯独去意重伤。身闲最觉湖山静，家近殊闻草木香。云路莫嗟迟发轫，世途涂崎曲尽羊肠。

登凭虚阁和石少宰韵

山阁新春负一登，酒边孤兴晚堪乘。松间鸣瑟惊栖鹤，竹里茶烟起定僧。望远每来成久坐，伤时有涕恨无能。峰头见说连阊阖，几欲排云尚未曾。

登阅江楼

绝顶楼荒旧有名，高皇曾此驻龙旌。险存道德虚天堑，守在蛮夷岂石城。山色古今余王气，江流天地变秋声。登临授简谁能赋？千古新亭一怆情。

狮子山

残暑须还一雨清，高峰极目快新晴。海门潮落江声急，吴苑秋深树脚明。烽火正防胡骑入，羽书愁见朔云横。百年未有涓埃报，白发今朝又几茎？

游清凉寺三首

春寻载酒本无期，乘兴还嫌马足迟。古寺共怜春草没，远山偏与夕阳宜。雨晴涧竹消苍粉，风暖岩花落紫蕤。昏黑更须凌绝顶，高怀想见少陵诗。

积雨山行已后期，更堪多病益迟迟。风尘渐觉初心负，邱壑真与野性宜。绿树阴层新作盖，紫兰香细尚余蕤。辋川图画能如许，绝是无声亦有诗。

不顾尚书此日期，欲为花外板舆迟。繁丝急管人人醉，竹径松堂处处宜。双树暗芳春寂寞，五峰晴秀晚羲蕤。暮钟杳杳催归骑，惆怅烟光不尽诗。

寄张东所次前韵

远趋君命忽中违，此意年来识者稀。黄绮曾为炎祚出，子陵终向富春归。江船一话千年阔，尘梦今惊四十非。何日孤帆过天目，海门春浪扫渔矶。

别余缙子绅

不须买棹往来频，我亦携家向海滨。但得青山随鹿豕，未论黄阁画麒麟。丧心疾已千年痼，起死方存六籍真。归向兰溪溪上问，桃花春水正迷津。

送刘伯光

五月茅茨静竹扉，论心方洽忽辞归。沧江独棹冲新暑，白发高堂恋夕晖。谩道《六经》皆注脚，还谁一语悟真机？相知若问年来意，已傍西湖买钓矶。

冬夜偶书

百事支离力不禁，一官栖息病相侵。星辰魏阙江湖迥，松柏茅茨岁月深。欲倚黄精消白发，由来空谷有余音。曲肱已醒浮云梦，荷蒉休疑击磬心。

寄潘南山

秋风吹散锦溪云，一笑南山雨后新。诗妙尽从言外得，易微谁见画前真？登山脚健何妨老，留客情深不计贫。朱吕月林传故事，他年还许上西邻。

送胡廷尉

钟陵雪后市灯残，箫鼓江船发晓寒。山水总怜南国好，才猷须济朔方艰。彩衣得侍仙舟远，春色行应故里看。别去中宵瞻北极，五云飞处是长安。

与郭子全

相别翻怜相见时，碧桃开尽桂花枝。光阴如许成虚掷，世故摧人总不知。云路不须朱绂去，归帆且得彩衣随。岚山风景濂溪近，此去还应自得师。

次栾子仁韵送别四首 子仁归，以四诗请用其韵答之，言亦有过者，盖因子仁之病而药之，病已则去其药。

从来尼父欲无言，须信无言已跃然。悟到鸢鱼飞跃处，工夫原不在陈编。

操持存养本非禅，矫枉宁知已过偏。此去好从根脚起，竿头百尺未须前。

野夫非不爱吟诗，才欲吟诗即乱思。未会性情涵咏地，二南还合是淫辞。

道听涂传影响前，可怜绝学遂多年。正须闭口林间坐，莫道青山不解言。

书悟真篇答张太常二首

悟真篇是误真篇，三注由来一手笺。恨杀妖魔图利益，遂令迷妄竞流传。造端难免张平叔，首祸谁诬薛紫贤。直说与君惟个字，从头去看野狐禅。

误真非是悟真篇，平叔当时已有言。只为世人多恋著，且从情欲起因缘。痴人前岂堪谈梦？真性中难更说玄。为问道人还具眼，试看何物是青天？

赣州诗三十六首 正德丙子年九月升南赣佥都御史以后作。

丁丑二月征漳寇进兵长汀道中有感

将略平生非所长，也提戎马入汀漳。数峰斜日旌旗远，一道春风鼓角扬。莫倚贰师能出塞，极知充国善平羌。疮痍到处曾无补，翻忆钟山旧草堂。

回军上杭

山城经月驻旌戈，亦复幽寻到薜萝。南国已忻回甲马，东田初喜出农蓑。溪云晓度千峰雨，江涨新生两岸波。暮倚七星瞻北极，绝怜苍翠晚来多。

喜雨三首

即看一雨洗兵戈，便觉光风转石萝。顺水飞樯来买舶，绝江喧浪舞渔蓑。片云东望怀梁国，五月南征想伏波。长拟归耕犹未得，云门初伴渐无多。

辕门春尽犹多事，竹院空闲未得过。特放小舟乘急浪，始闻幽碧出层萝。山田旱久兼逢雨，野老欢腾且纵歌。莫谓可塘终据险，地形原不胜人和。

吹角峰头晓散军，横空万骑下氤氲。前旌已带洗兵雨，飞鸟犹惊卷阵云。南亩渐忻农事动，东山休共凯歌闻。正思锋镝堪挥泪，一战功成未足云。

闻日仁买田霅上携同志待予归二首

见说相携霅上耕，连蓑应已出乌程。荒畬初垦功须倍，秋熟虽微税亦轻。雨后湖舠兼学钓，饷余堤树合闲行。山人久有归农兴，犹向千峰夜度兵。

月夜高林坐夜沉，此时何限故园心。山中古洞阴萝合，江上孤舟春水深。百战自知非旧学，三驱犹愧失前禽。归期久负云门伴，独向幽溪雪后寻。

祈雨二首

旬初一雨遍汀漳，将谓汀虔是接疆。天意岂知分彼此？人情端合有炎凉。月行今已虚缠毕，斗杓何曾解挹浆。夜起中庭成久立，正思民瘼欲沾裳。

见说虔南惟苦雨，深山毒雾长阴阴。我来偏遇一春旱，谁解挽回三日霖？寇盗郴阳方出掠，干戈塞北还相寻。忧民无计泪空堕，谢病几时归海浔？

还赣

积雨雩都道，山途喜乍晴。溪流迟渡马，冈树隐前旌。野屋多移灶，穷苗尚阻兵，迎趋勤父老，无苗愧巡行。

借山亭

借山亭子近如何？乘兴时从梦里过。尚想清池环醉影，犹疑花径驻鸣珂。疏帘细雨灯前局，碧树凉风月下歌。传语诸公合频赏，休令岁月亦蹉跎。

桶冈和邢太守韵二首

处处山田尽入畬，可怜黎庶半无家。兴师正为民痍甚，陟险宁辞鸟道斜。胜世真如瓴水建，先声不碍岭云遮。穷巢容有遭驱胁，尚恐兵锋或滥加。

战乱兴师既有名，挥戈真已见风行。岂云薄劣能驱策？实仗皇威自震惊。烂额尚惭为上客，徙薪尤觉费经营。主恩未报身多病，旋凯须还陇上耕。

通天岩

青山随地佳，岂必故园好？但得此身闲，尘寰亦蓬岛。西林日初暮，明月来何早。醉卧石床凉，洞云秋未扫。

游通天岩次邹谦之韵

天风吹我上丹梯，始信青霄亦可跻。俯视氛寰成独慨，却怜人世尚多迷。东南真境埋名久，闽楚诸峰入望低。莫道仙家全脱俗，三更日出亦闻鸡。

又次陈惟浚韵

四山落木正秋声，独上高峰望眼明。树色遥连闽峤碧，江流不尽楚天清。云中想见双龙转，风外时传一笛横。莫遣新愁添白发，且呼明月醉沉觥。

忘言岩次谦之韵

意到已忘言，兴剧复忘饭。坐我此岩中，是谁凿混沌？尼父欲无言，达者窥其本；此道何古今？斯人去则远。空岩不见人，真成面墙立。岩深雨不到，云归花亦湿。

圆明洞次谦之韵

群山走波浪，出没龙蛇脊。岩栖寄盘涡，沉沦遂成癖。我来汲东溟，烂煮南山石。千年熟一炊，欲饷岩中客。

潮头岩次谦之韵

潮头起平地，化作千丈雪。棹舟者何人？试问岩头月。

天成素有志于学兹得告东归林居静养其所就可知矣临别以此纸索赠漫为赋此遂寄声山泽诸贤

予有山林期，荏冉风尘际。高秋送将归，神往迹还滞。回车当盛年，养疴非遁世。垂竿鉴湖云，结庐浮峰树。爱日遂庭趋，芳景添游诣。掎生悟玄魄，妙静息缘虑。眇眇素心人，望望沧洲去。东行访天沃，云中倘相遇。

坐忘言岩问二三子

几日岩栖事若何？莫将佳景复虚过。未妨云壑淹留久，终是尘寰错误多。涧道霜风疏草木，洞门烟月挂藤萝。不知相继来游者，还有吾侪此意么？

留陈惟浚

闻说东归欲问舟，清游方此复离忧。却看阴雨相淹滞，莫道山灵独苦留。薜荔岩高兼得月，桂花香满正宜秋。烟霞到手休轻掷，尘土驱人易白头。

栖禅寺雨中与惟乾同登

绝顶深泥冒雨扳，天于佳景亦多悭。自怜久客频移棹，颇羡高僧独闭关。江草远连云梦泽，楚云长断九疑山。年来出处浑无定，惭愧沙鸥尽日闲。

茶寮纪事

万壑风泉秋正哀，四山云雾晚初开。不因王事兼程入，安得闲行向北来？登陟未妨安石兴，纵擒徒羡孔明才。乞身已拟全师日，归扫溪边旧钓台。

回军九连山道中短述

百里妖氛一战清，万峰雷雨洗回兵。未能干羽苗顽格，深愧壶浆父老迎。莫倚谋攻为上策，还须内治是先声。功微不愿封侯赏，但乞蠲输绝横征。

回军龙南小憩玉石岩双洞绝奇徘徊不忍去因寓以阳明别洞之号兼留此作三首

甲马新从鸟道回，览奇还更陟崔嵬。寇平渐喜流移复，春暖兼欣农务开。两窦高明行日月，九关深黑闭风雪。投簪最好支茅地，恋土犹怀旧钓台。

洞府人寰此最佳，当年空自费青鞋。麾幢旖旎悬仙仗，台殿高低接纬阶。天巧固应非斧凿，化工无乃太安排？欲将点瑟携童冠，就揽春云结小斋。

阳明山人旧有居，此地阳明景不如。但在乾坤俱逆旅，曾留信宿即吾庐。行窝已许人先号，别洞何妨我借书。他日巾车还旧隐，应怀兹土复乡闾。

再至阳明别洞和邢太守韵二首

春山随处款归程，古洞幽虚道意生。涧壑风泉时远近，石门萝月自分明。林僧住久炊遗火，野老忘机罢席争。习静未缘成久坐，却惭尘土逐虚名。

山水平生是课程，一淹尘土遂心生。耦耕亦欲随沮溺，七纵何缘得孔明？吾道羊肠须蠖屈，浮名蜗角任龙争。好山当面驰车过，莫漫寻山说避名。

夜坐偶怀故山

独夜残灯梦未成，萧萧总是故园声。草深石径鼪鼯笑，雪静空山猿鹤惊。漫有缄书怀旧侣，常牵缨冕负初情。云溪漠漠春风转，紫菌黄花又自生。

怀归二首

深惭经济学封侯，都付浮云自去留。往事每因心有得，身闲方喜世无求。狼烟幸息昆阳患，蠡测空怀杞国忧。一笑海天空阔处，从知吾道在沧洲。

身经多难早知非，此事年来识者稀。老大有情成旧德，细谋无计解重围。意常不足真夷道，情到方浓是险机。怅望衡茅无事日，漫吹松火织秋衣。

送德声叔父归姚 并序　守仁与德声叔父共学于家君龙山先生。叔父屡困场屋，一旦以亲老辞廪归养。交游强之出，辄笑曰：“古人一日养，不以三公易。吾岂以一老母博一弊儒冠乎？”呜呼。若叔父可谓真知内外轻重之分矣。今年夏，来赣视某，留三月。飘然归，兴不可挽，因谓某曰：“秋风菁鲈，知子之兴无日不切。然时事若此，恐即未能脱，吾不能俟子之归舟。吾先归，为子开荒阳明之麓，如何？”呜呼。若叔父可谓真知内外轻重之分矣。某方有诗戒，叔父曰：“吾行，子可无言？”辄为赋此。

犹记垂髫共学年，于今鬓发两苍然。穷通只好浮云看，岁月真同逝水悬。归鸟长空随所适，秋江落木正无边。何时却返阳明洞，萝月松风扫石眠。

示宪儿

幼儿曹，听教诲：勤读书，要孝弟；学谦恭，循礼义；节饮食，戒游戏；毋说谎，毋贪利；毋任情，毋斗气；毋责人，但自治。能下人，是有志；能容人，是大器。凡做人，在心地；心地好，是良士；心地恶，是凶类。譬树果，心是蒂；蒂若坏，果必坠。吾教汝，全在是。汝谛听，勿轻弃。

赠陈东川

白沙诗里莆阳子，尽是相逢逆旅间。开口向人谈古礼，拂衣从此入云山。

江西诗一百二十首

正德己卯年，奉敕往福建处叛军。至丰城，遭宸濠之变，趋还吉安，集兵平之。八月，升副都御史，巡按江西作。

鄱阳战捷

甲马秋惊鼓角风，旌旗晓拂阵云红。勤土敢在汾淮后，恋阙真随江汉东。群丑漫劳同吠犬，九重端合是飞龙。涓埃未遂酬沧海，病懒先须伴赤松。

书草萍驿二首

九月献俘北上，驻草萍，时已暮。忽传王师已及徐淮，遂乘夜速发。次壁间韵纪之二首。

一战功成未足奇，亲征消息尚堪危。边烽西北方传警，民力东南已尽疲。万里秋风嘶甲马，千山斜日度旌旗。小臣何尔驱驰急？欲请回銮罢六师。

千里风尘一剑当，万山秋色送归航。堂垂双白虚频疏，门已三过有底忙。羽檄西来秋黯黯，关河北望夜苍苍。自嗟力尽螳螂臂，此日回天在庙堂。

西湖

灵鹫高林暑气清，天竺石壁雨痕晴。客来湖上逢云起，僧住峰头话月明。世路久知难直道，此身那得尚虚名。移家早定孤山计，种果支茅却易成。

寄江西诸士夫

甲马驱驰已四年，秋风归路更茫然。惭无国手医民病，空有官衔縻俸钱。湖海风尘虽暂息，江湘水旱尚相沿。题诗忽忆并州句，回首江西亦故园。

太息

一日复一日，中夜坐叹息。庭中有嘉树，落叶何淅沥。蒙翳乱藤缠，宁知绝根脉。丈夫贵刚肠，光阴勿虚掷。头白眼昏昏，吁嗟亦何及。

宿净寺四首 十月至杭，王师遣人追宸濠，复还江西。是日遂谢病退居西湖。

老屋深松覆古藤，羁栖犹记昔年曾。棋声竹里消闲画，药裹窗前对病僧。烟艇避人长晓出，高峰望远亦时登。而今更是多牵系，欲似当时又不能。

常苦人间不尽愁，每拼须是入山休。若为此夜山中宿，犹自中宵煎百忧。百战西江方底定，六飞南向尚淹留。何人真有回天力，诸老能无取日谋？

百战归来一病身，可看时事更愁人。道人莫问行藏计，已买桃花洞里春。

山僧对我笑，长见说归山。如何十年别，依旧不曾闲？

归兴

一丝无补圣明朝，两鬓徒看长二毛。自识淮阴非国士，由来康节是人豪。时方多难容安枕？事已无能欲善刀。越水东头寻旧隐，白云茅屋数峰高。

即事漫述四首

从来野兴只山林，翠壁丹梯处处寻。一自浮名萦世网，遂令真诀负初心。夜驰险寇天峰雪，秋虏强王汉水阴。辛苦半生成底事？始怜庄舄亦哀吟。

百战深秋始罢兵，六师冬尽尚南征。诚微未足回天意，性僻还多拂世情。烟水沧江从鹤好，风云溟海任龙争。他年若访陶元亮，五柳新居在赤城。

窅窅深愁伴客居，江船风雨夜灯虚。尚劳车驾臣多缺，无补疮痍术已疏。亲老岂堪还远别，时危那得久无书。明朝且就君平卜，要使吾心不负初。

茅茨松菊别多年，底事寒江尚客船？强所不能儒作将，付之无奈数由天。徒闻诸葛能兴汉，未必田单解误燕。最羡渔翁闲事业，一竿明月一蓑烟。

泊金山寺二首 十月将趋行在。

但过金山便一登，鸣钟出迓每劳僧。云涛石壁深龙窟，风雨楼台迴佛灯。难后诗怀全欲减，酒边孤兴尚堪凭。岩梯未用妨苔滑，曾踏天峰雪栈冰。

醉入江风酒易醒，片帆西去雨冥冥。天回江汉留孤柱，地缺东南著此亭。沙渚乱更新世态，峰峦不改旧时青。舟人指点龙王庙，欲话前朝不忍听。

舟夜

随处看山一叶舟，夜深霜月亦兼愁。翠华此际游何地？画角中宵起戍楼。甲马尚屯淮海北，旌旗初散楚江头。洪涛滚滚乘风势，容易开帆不易收。

舟中至日

岁寒犹叹滞江滨，渐喜阳回大地春。未有一丝添衮绣，谩提三尺净风尘。丹心倍觉年来苦，白发从教镜里新。若待完名始归隐，桃花笑杀武陵人。

阻风

冬江尽说风长北，偏我北来风便南。未必天公真有意，却逢人事偶相参。残农得暖堪登获，破屋多寒且曝檐。果使困穷能稍济，不妨经月阻江潭。

用韵答伍汝真

莫怪乡思日夜深，干戈衰病两相侵。孤肠自信终如铁，众口从教尽铄金。碧水丹山曾旧约，青天白日是知心。茅茨岁晚饶风景，云满清溪雪满岑。

过鞋山戏题

曾驾双虬渡海东，青鞋失脚堕天风。经过已是千年后，踪迹依然一梦中。屈子漫劳伤世隘，杨朱空自泣途穷。正须坐我匡庐顶，濯足寒涛步晓空。

杨邃庵待隐园次韵五首

嘉园名待隐，专待主人归。此日真归隐，名园竟不违。岩花如共语，山石故相依。朝市都忘却，无劳更掩扉。

大隐真廛市，名园陋给孤。留侯先谢病，范老竟归湖。种竹非医俗，移山不是愚。是日公方移山石。对时存燮理，经济自成谟。

绿野春深地，山阴夜静时。冰霜缘径滑，云石向人危。平难心仍在，扶颠力未衰。江湖兵甲满，岭罢有余思。

兹园闻已久，今度始来窥。市里烟霞静，壶中结构奇。胜游须继日，虚席亦多时。莫道东山僻，苍生或未知。

芳园待公隐，屯世待公亭。花竹深台榭，风尘暗甲兵。一身良得计，四海未忘情。语及艰难际，停杯泪欲倾。

登小孤书壁

人言小孤殊阻绝，从来可望不可攀。上有颠崖势欲堕，下有剑石交巉顽。峡风闪壁船难进，洪涛怒撞蛟龙关；帆樯摧缩不敢越，往往退次依前山。崖傍沙岸日东徙，忽成巨浸通西湾。帝心似悯舟楫苦，神斧夜劈无痕斑。风雷倏翕见万怪，人谋不得容其间。我来锐意欲一往，小舟微服沿回澜。侧身肋息仰天窦，悬空绝栈蛛丝悭。风吹卯酒眼花落，冻滑丹梯足力孱。青单吹雨出仍没，白鸟避客来复还。峰头四顾尽落日，宛然风景如瀛寰。烟霞未觉三山远，尘土聊乘半日闲。奇观江海讵为险？世情平地犹多艰。呜呼。世情平地犹多艰，回瞻北极双泪潸。

登蟂矶次草泉心刘石门韵二首 二诗壬戌年作，误入此。

中流片石倚孤雄，下有冯夷百尺宫。滟滪西蟠浑失地，长江东去正无穷。徒闻吴女埋香玉，惟见沙鸥乱雪风。往事凄微何足问，永安宫阙草莱中。

江上孤臣一片心，几经漂没水痕深。极怜撑住即从古，正恐崩颓或自今。藓蚀秋螺残老翠，蟂鸣春雨落空音。好携双鹤矶头坐，明月中宵一朗吟。

望庐山

尽说庐山若个奇，当时图画亦堪疑。九江风浪非前日，五老烟云岂定期？眼惯不妨层壁险，足跰须著短筇随。香炉瀑布微如线，欲决天河泻上池。

除夕伍汝真用待隐园韵即席次答五首

一年今又去，独客尚无归。人世伤多难，亲庭叹久违。壮心都欲尽，衰病特相依。旅馆聊随俗，桃符换旱扉。

向忆青年日，追欢兴不孤。风尘淹岁月，漂泊向江湖。济世浑无术，违时竟笑愚。未须悲蹇难，列圣有遗谟。

正逢兵乱地，况是岁穷时。天运终无息，人心本自危。忧疑纷并集，筋力顿成衰。千载商山隐，悠然获我思。

世道从卮漏，人情只管窥。年华多涉历，变故益新奇。莫惮颠危地，曾逢全盛时。海翁机已息，应是白鸥知。

星穷回历纪，贞极起元亨。日望天回驾，先沾雨洗兵。雪犹残岁恋，风已旧春情。莫更辞蓝尾，人生未几倾。

元日雾

元日昏昏雾塞空，出门咫尺误西东。人多失足投坑堑，我亦停车泣路穷。欲斩蚩尤开白日，还排阊阖拜重瞳。小臣谩有澄清志，安得扶摇万里风。

二日雨

昨朝阴雾埋元日，向晓寒云迸雨声。莫道人为无感召，从来天意亦分明。安危他日须周勃，痛苦当年笑贾生。坐对残灯愁彻夜，静听晨鼓报新晴。

三日风

一雾二雨三日风，田家卜岁疑凶丰。我心惟愿兵甲解，天意岂必斯民穷。虎旅归思怀旧土，銮舆消息望还宫。春盘浊酒聊自慰，无使戚戚干吾衷。

立春二首

才见春归春又来，春风如旧鬓毛衰。梅花未放天机泄，萱草先将地脉回。渐老光阴逢世难，经年怀抱欲谁开？孤云渺渺亲庭远，长日斑衣羡老莱。

天涯霜雪叹春迟，春到天涯思转悲。破屋多时空杼轴，东风无力起苍痍。周王车驾穷南服，汉将旌旗守北陲。莫讶春盘断生菜，人间菜色正离仳。

游庐山开先寺

僻性寻常惯受猜，看山又是百忙来。北风留客非无意，南寺逢僧即未回。白日高峰开雨雪，青天飞瀑泻云雷。缘溪踏得支茆地，修竹长松覆石台。

又次壁间杜牧韵

春山路僻问归樵，为指前峰石径遥。僧与白云还暝壑，月随沧海上寒潮。世情老去浑无懒，游兴年来独未消。回首孤航又陈迹，疏钟隔渚夜迢迢。

舟过铜陵野云县东小山有铁船因往观之果见其仿佛因题石上

青山滚滚如奔涛，铁船何处来停桡？人间刳木宁有此？疑是仙人之所操。仙人一去已千载，山头日日长风号。船头出土尚仿佛，后冈有石云船稍。我行过此费忖度，昔人用心无乃切？由来风波平地恶，纵有铁船还未牢。秦鞭驱之未能动，傲力何所施其篙。我欲乘之访蓬岛，雷师鼓舵虹为缫。弱流万里不胜芥，复恐驾此成徒劳。世路难行每如此，独立斜阳首重搔。

山僧

岩下萧然老病僧，曾求佛法礼南能。论诗自许窥三昧，入圣无梯出小乘。高阁松风飘夜磬，石床花雨落寒灯。更深月出山窗曙，漱齿焚香诵法楞。

江上望九华山二首

当年一上化城峰，十日高眠雷雨中。霁色晓开千嶂雪，涛声夜渡九江风。此时隔水看图画，几岁缘云住桂丛？却负洞仙蓬海约，玉函丹诀在崆峒。

穷探虽得尽幽奇，山势须从远望知。几朵芙蓉开碧落，九天屏嶂列旌麾。高同华岳应无忝，名亚匡庐却稍卑。信是谪仙还具眼，九华题后竟难移。

观九华龙潭

飞流三百丈，澒洞秘灵湫。峡坼开雷斧，天虚下月钩。化形时试钵，吐气或成楼。吾欲鞭龙起，为霖遍九州。

庐山东林寺次韵

东林日暮更登山，峰顶高僧有兰若。云萝磴道石参差，水声深涧树高下。远公学佛却援儒，渊明嗜酒不入社。我亦爱山仍恋官，同是乾坤避人者。我歌白云听者寡，山自点头泉自泻。月明壑底忽惊雷，夜半天风吹屋瓦。

又次邵二泉韵

昨游开先殊草草，今日东林游始好。手持苍竹拨层云，直上青天招五老。万壑笙竽松籁哀，千峰掩映芙蓉开。坐俯西岩窥落日，风吹孤月江东来。莫向人间空白首，富贵何如一杯酒。种莲栽菊两荒凉，慧远陶潜骨同朽。乘风我欲还金庭，三洲弱水连沙汀。他年海上望庐顶，烟际浮萍一点青。

远公讲经台

远公说法有高台，一朵青莲云外开。台上久无狮子吼，野狐时复听经来。

太平宫白云

白云休道本无心，随我迢迢度远岑。拦路野风吹暂断，又穿深树候前林。

书九江行台壁

九华真实是奇观，更是庐山亦耐看。幽胜未穷三日兴，风尘已觉再来难。眼余五老晴光碧，衣染天池积翠寒。却怪寺僧能好事，直来城市索诗刊。

又次李佥事素韵

省灾行近郊，探幽指层麓。回飚振玄冈，颓阳薄西陆。菑田收积雨，禾稼泛平菉。取径历村墟，停车问耕牧。清溪厉月行，暝洞披云宿。淅米石涧溜，斧薪涧底木。田翁来聚观，中宵尚驰逐。将迎愧深情，疮痍惭抚掬。幽枕静无寐，风泉朗鸣玉。虽缪真诀传，颇苦尘缘熟。终当遁名山，练药洗凡骨。缄辞谢亲交，流光易超忽。

繁昌道中阻风二首

阻风夜泊柳边亭，懒梦还乡午未醒。卧稳从教波浪恶，地深长是水云冥。入林沽酒村童引，隔水放歌渔父听。颇觉看山缘独在，蓬窗刚对一峰青。

东风漠漠水潭潭，花柳沿村春事殷。泊久渔樵来作市，心闲麋鹿渐同群。自怜失脚趋尘土，长恐归期负海云。正忆山中诗酒伴，石门延望几斜曛。

江边阻风散步至灵山寺

归船不遇打头风，行脚何缘到此中？幽谷余寒春雪在，虚帘斜日暮江空。林间古塔无僧住，花外仙源有路通。随处看山随处乐，莫将踪迹叹萍蓬。

泊舟大同山溪间诸生闻之有挟册来寻者

扁舟经月住林隈，谢得黄莺日日来。兼有清泉堪洗耳，更多修竹好衔杯。诸生涉水携诗卷，童子和云扫石苔。独奈华峰隔烟雾，时劳策杖上崔嵬。

岩下桃花盛开携酒独酌

小小山园几树桃，安排春色候停桡。开樽旋扫花阴雪，展席平临松顶涛。地远不须防俗驾，溪晴还好著渔舠。云间石路稀人迹，深处容无避世豪。

白鹿洞独对亭

五老隔青冥，寻常不易见。我来骑白鹿，凌空陟飞巘。长风卷浮云，褰帷始窥面。一笑仍旧颜，愧我鬓先变。我来尔为主，乾坤亦邮传。海灯照孤月，静对有余眷。彭蠡浮一觞，宾主聊酬劝。悠悠万古心，默契可无辩。

丰城阻风 前岁遇难于此，得北风幸免。

北风休叹北船穷，此地曾经拜北风。勾践敢忘尝胆地？齐威长忆射钩功。桥边黄石机先授，海上陶朱意颇同。况是倚门衰白甚，岁寒茅屋万山中。

江上望九华不见

五旬三过九华山，一度阴寒一度雨。此来天色稍晴明，忽复昏霾起亭午。平生山水最多缘，独此相逢容有数。人言此山天所秘，山下居人不常睹。蓬莱涉海或可求，瑶水昆仑俱旧游。洞庭何止吞八九，五岳曾向囊中收。不信开云扫六合，手扶赤日照九州。驾风骑气览八极，视此琐屑真浮沤。

江施二生与医官陶野冒雨登山人多笑之戏作歌

江生施生颇好奇，偶逢陶野奇更痴。共言山外有佳寺，劝予往游争愿随。是时雷雨云雾塞，多传险滑难车骑。两生力陈道非远，野请登高觇路歧。三人冒雨陟冈背，即仆复起相牵携。同侪咻笑招之返，奋袂经往凌嵚崎。归来未暇顾沾湿，且说地近山径夷。青林宿霭渐开霁，碧巘绛气浮微曦。津津指譬在必往，兴剧不到旁人嗤。予亦对之成大笑，不觉老兴如童时。平生山水已成癖，历深探隐忘饥疲。年来世务颇羁缚，逢场遇境心未衰。野本求仙志方外，两生学士亦尔为。世人趋逐但声利，赴汤踏火甘倾危。解脱尘嚣事行乐，尔辈狂简翻见讥。归与归与吾与尔，阳明之麓终尔期。

游九华道中

微雨山路滑，山行入轻舟。桃花夹岸迷远近，回峦叠嶂盘深幽，奇峰应接劳回首，瞻之在前忽在后。不道舟行转屈曲，但怪青山亦奔走。薄午雨霁云亦开，青鞋布袜无尘埃。梅蹊柳径度村落，长松白石穿林隈。始攀风磴出木杪，更俯悬崖听瀑雷。乱山高顶藏平野，茆屋高低自成社。此中那得有人家？恐是当年避秦者。西岩日色渐欲下，且向前林秣吾马。世途浊隘不可居，吾将此地营兰若。

芙蓉阁

九华之山何崔嵬，芙蓉直傍青天栽。刚风倒海吹不动，大雪裂地冻还开。夜半峰头挂明月，宛如玉女临妆台。我拂沧海写图画，题诗还愧谪仙才。

重游无相寺次韵四首

游兴殊未尽，尘寰不可留。山青只依旧，白尽世间头。

人迹不到地，茆茨亦数间。借问此何处？云是九华山。

拔地千峰起，芙蓉插晓寒。当年看不足，今日复来看。

瀑流悬绝壁，峰月上寒空。鸟鸣苍涧底，僧住白云中。

登莲花峰

莲花顶上老僧居，脚踏莲花不染泥。夜半花心吐明月，一颗悬空黍米珠。

重游无相寺次旧韵

旧识仙源路未差，也从谷口问桃花。屡攀绝栈经残雪，几度清溪踏月华。虎穴相邻多异境，鸟飞不到有僧家。频来休下仙翁榻，只借峰头一片霞。

登云峰望始尽九华之胜因复作歌

九华之峰九十九，此语相传俗人口；俗人眼浅见皮肤，焉测其中之所有？我登华顶拂云雾，极目奇峰那有数？巨壑中藏万玉林，大剑长枪攒武库。有如智者深韬藏，复如淑女避谗妒。暗然避世不求知，卑己尊人羞逞露。何人不道九华奇，奇中之奇人未知。我欲穷搜尽拈出，秘藏恐是天所私。旋解诗囊旋收拾，脱颖露出锥参差。从来题诗李白好，渠于此山亦潦草。曾见王维画辋川，安得渠来拂纤缟？

双峰遗柯生乔

尔家双峰下，不见双峰景。如锥处囊中，深藏未脱颖。盛德心愈卑，幽人迹多屏。悠然望双峰，可以发深省。

归途有僧自望华亭来迎且请诗

方自华峰下，何劳更望华。山僧援故事，要我到渠家。自谓游已至，那知望转佳。正如酣醉后，醒酒却须茶。

无相寺金沙泉次韵

黄金不布地，倾沙泻流泉。潭净长开镜，池分或铸莲。兴云为大雨，济世作丰年。纵有贪夫过，清风自洒然。

夜宿天池月下闻雷次早知山下大雨三首

昨夜月明峰顶宿，隐隐雷声在山麓；晓来却问山下人，风雨三更卷茆屋。

野人权作青山主，风景朝昏颇裁取。岩傍日脚半溪云，山下声声一村雨。

天池之水近无主，木魅山妖竞偷取；公然又盗山头云，去向人间作风雨。

文殊台夜观佛灯

老夫高卧文殊台，拄杖夜撞青天开；散落星辰满平野，山僧尽道佛灯来。

书汪进之太极岩二首

一窍谁将混沌开？千年样子道州来。须知太极元无极，始信心非明镜台。

始信心非明镜台，须知明镜亦尘埃；人人有个圆圈在，莫向蒲团坐死灰。

劝酒

平生忠赤有天知，便欲欺人肯自欺？毛发暗从愁里改，世情明向笑中危。春风脉脉回枯草，残雪依依恋旧枝。谩对芳樽辞酩酊，机关识破已多时。

重游化城寺二首

爱山日日望山晴，忽到山中眼自明。鸟道渐非前度险，龙潭更比旧时清。会心人远空遗洞，识面僧来不记名。莫谓中丞喜忘世，前途风浪苦难行。

山寺从来十九秋，旧僧零落老比丘。帘松尽长青冥干，瀑水犹悬翠壁流。人住层崖嫌洞浅，鸟鸣春涧觉山幽。年来别有闲寻意，不似当时孟浪游。

游九华

九华原亦是移文，错怪山头日日云。乘兴未甘回俗驾，初心终不负灵均。紫芝香暖春堪茹，青竹泉高晚更分。幽梦已分尘土累，清猿正好月中闻。

弘治壬戌尝游九华值时阴雾竟无所睹至是正德庚辰复往游之风日清朗尽得其胜喜而作歌

昔年十日九华住，云雾终旬竟不开。有如昏夜入宝藏，两目无睹成空回。每逢好事谈奇胜，即思策蹇还一来。频年驱逐事兵革，出入贼垒冲风埃。尝恐昼夜不遑息，岂复山水能徘徊？鄱湖一战偶天幸，远随归凯停江隈。是时军务颇多暇，况复我马方虺隤。旧游诸生亦群集，遂将童冠登崔嵬。先晨霏霭尚暝晦，却疑山意犹嫌猜。肩舆一入青阳境，忽然白日开西岭。长风拥慧扫浮阴，九十九峰如梦醒。群峦踊跃争献奇，儿孙俯伏摩具顶。今来始识九华面，恨无诗笔为传影。层楼叠阁写未工，千朵芙蓉抽玉井。怪哉造化亦安排，天下奇山此兼并。揽衣登高望八荒，双阙下见日月光。长江如带绕山麓，五湖七泽皆陂塘。蓬瀛海上浮拳石，举足可到虹可梁。仙人为我启阊阖，鸾軿鹤驾纷翱翔。从兹脱屣谢尘世，飘然拂袖凌苍苍。

岩头闲坐漫成

尽日岩头坐落花，不知何处是吾家。静听谷鸟迁乔木，闲看林蜂散午衙。翠壁泉声穿乱石，碧潭云影透晴沙。痴儿公事真难了，须信吾生自有涯。

将游九华移舟宿寺山二首

逢山未惬意，落日更移船。峡寺缘溪径，云林带石泉。钟声先度岭，月色已浮川。今夜岩房宿，寒灯不待悬。

维舟谷口傍烟霏，共说前冈石径微。竹仗穿云寻寺去，藤筐采药带花归。诸生晚佩联芳杜，野老春霞缀衲衣。风咏不须沂水上，碧山明月更清辉。

登云峰二三子咏歌以从欣然成谣二首

淳气日凋薄，邹鲁亡真承。世儒倡臆说，愚瞽相因仍。晚途益沦溺，手援吾不能。弃之入烟霞，高历云峰层。开茅傍虎穴，结屋依岩僧。岂曰事高尚？庶免无予憎。好鸟求其侣，嘤嘤林间鸣；而我在空谷，焉得无良朋？飘飘二三子，春服来从行；咏歌见真性，逍遥无俗情。各勉希圣志，毋为尘所萦。

深林之鸟何间关？我本无心云自闲。大舜亦与木石处，醉翁惟在山林间。晴窗展卷有会意，绝壁题诗无厚颜。顾谓从行二三子，随游麋鹿俱忘还。

有僧坐岩中已三年诗以励吾党

莫怪岩僧木石居，吾侪真切几人如？经营日夜身心外，剽窃糠粃齿颊余。俗学未堪欺老衲，昔贤取善及陶渔。年来奔走成何事？此日斯人亦起予。

春日游齐山寺用杜牧之韵二首

即看花发又花飞，空向花前叹式微。自笑半生行脚过，何人未老乞身归？江头鼓角翻春浪，云外旌旗闪落晖。羡杀山中麋鹿伴，千金难买芰荷衣。

倦鸟投枝已乱飞，林间暝色渐霏微。春山日暮成孤坐，游子天涯正忆归。古洞湿云含宿雨，碧溪明月弄清辉。桃花不管人间事，只笑山人未拂衣。

重游开先寺戏题壁

中丞不解了公事，到处看山复寻寺。尚为妻孥守俸钱，至今未得休官去。三月开花两度来，寺僧倦客门未开。山灵似嫌俗士驾，溪风拦路吹人回。君不见富贵中人如中酒，折腰解醒须五斗？未妨适意山水间，浮名于我亦何有。

贾胡行

贾胡得明珠，藏珠剖其躯；珠藏未能有，此身已先无。轻己重外物，贾胡一何愚。请君勿笑贾胡愚，君今奔走声利途；钻求富贵未能得，役精劳形骨髓枯。竟日惶惶忧毁誉，终宵惕惕防艰虞。一日仅得五升米，半级仍甘九族诛。胥靡接踵略无悔，请君勿笑贾胡愚。

送邵文实方伯致仕

君不见埘下鸡，引类呼群啄且啼？稻粱已足脂渐肥，毛羽脱落充庖厨。又不见笼中鹤，敛翼垂头困牢落？笼开一旦入层云，万里翱翔从廖廓。人生山水须认真，胡为利禄缠其身？高车驷马尽桎梏，云台麟阁皆埃尘。鸱夷抱恨浮江水，何似乘舟逃海滨？舜水龙山予旧宅，让公且作烟霞伯。拂衣便拟逐公回，为予先扫峰头石。

纪梦 并序

正德庚辰八月廿八夕，卧小阁，忽梦晋忠臣郭景纯氏以诗示予，且极言王导之奸，谓世之人徒知王敦之逆，而不知王导实阴主之。其言甚长，不能尽录。觉而书其所示诗于壁，复为诗以纪其略。嗟乎。今距景纯若干年矣，非有实恶深冤郁结而未暴，宁有数千载之下尚怀愤不平若是者耶。

秋夜卧小阁，梦游沧海滨。海上神仙不可到，金银宫阙高嶙峋。中有仙人芙蓉巾，顾我宛若平生亲；欣然就语下烟雾，自言姓名郭景纯。携手历历诉衷曲，义愤感激难具陈。切齿尤深怨王导，深奸老猾长欺人。当年王敦觊神器，导实阴主相缘夤。不然三问三不答，胡忍使敦杀伯仁？寄书欲拔太真舌，不相为谋敢尔云。敦病已笃事已去，临哭嫁祸复卖敦。事成同享帝王贵，事败乃为顾命臣。几微隐约亦可见，世史掩覆多失真。袖出长篇再三读，觉来字字能书绅。开窗试抽晋史阅，中间事迹颇有因。因思景纯有道者，世移事往千余春；若非精诚果有激，岂得到今犹愤嗔。不成之语以箴戒，敦实气沮竟殒身。人生生死亦不易，谁能视死如轻尘？烛微先几炳易道，多能余事非所论。取义成仁忠晋室，龙逢龚胜心可伦。是非颠倒古多有，吁嗟景纯终见伸。御风骑气游八垠。彼敦之徒草木，粪土臭腐同沉沦。

我昔明易道，故知未来事。时人不我识，遂传耽一技。一思王导徒，神器良久觊。诸谢岂不力？伯仁见其底。所以敦者佣，罔顾天经与地义。不然百口未负托，何忍置之死。我于斯时知有分，日中斩柴市。我死何足悲，我生良有以。九天一人抚膺哭，晋室诸公亦可耻。举目山河徒叹非，携手登亭空洒泪。王导真奸雄，千载人未议。偶感君子谈中及，重与写真记。固知仓卒不成文，自今当与频谑戏。倘其为我一表扬，万世万世万万世。

右晋忠臣郭景纯自述诗，盖予梦中所得者，因表而出之。

无题

岩头有石人，为我下嶙峋。脚踏破履五十两，身披旧衲四十斤。任重致远香象力，餐霜坐雪金刚身。夜寒双虎与温足，雨后秃龙来伴宿。手握顽砖镜未光，舌底流泉梅未熟。夜来拾得遇寒山，翠竹黄花好共看。同来问我安心法，还解将心与汝安。

游落星寺

女娲炼石补天漏，璇玑昼夜无停走。自从堕却玉衡星，至今七政迷前后。浑仪昼夜徒揣摩，敬授人时亦何有？玉衡堕却此湖中，眼前谁是补天手。

游通天岩示邹陈二子

邹陈二子皆好游，一往通天十日留。候之来归久不至，我亦乘兴聊寻幽。岩扉日出云气浮，二子晞发登岩头。谷转始闻人语响，苍壁杳杳长林秋。嗒然坐我亦忘去，人生得休且复休。采芝共约阳明麓，白首无惭黄绮俦。

青原山次黄山谷韵

咨观历州郡，驱驰倦风埃。名山特乘暇，林壑盘萦回。云石缘攲径，夏木深层隈。仰穷岚霏际，始睹台殿开，衣传西竺旧，构遗唐宋材。风松溪溜急，湍响空山哀。妙香隐玄洞，僧屋悬穹崖。扳依俨龙象，陟降临纬阶。飞泉泻灵窦，曲槛连云榱。我来慨遗迹，胜事多湮埋。邈矣西方教，流传遍中垓。如何皇极化，反使吾人猜？剥阳幸未绝，生意存枯荄。伤心眼底事，莫负生前杯。烟霞有本性，山水乞归骸。崎岖羊肠坂，车轮几倾摧。萧散麋鹿伴，涧谷终追陪。恬愉返真澹，阒寂辞喧豗。至乐发天籁，丝竹谢淫哇。千古自同调，岂必时代偕。珍重二三子，兹游非偶来。且从山叟宿，勿受役夫催。东峰上烟月，夜景方徘徊。

睡起偶成

四十余年睡梦中，而今醒眼始朦胧。不知日已过亭午，起向高楼撞晓钟。

起向高楼撞晓钟，尚多昏睡正懵懵。纵令日暮醒犹得，不信人间耳尽聋。

立春

荒村乱后耕牛绝，城郭春来见土牛。家业苟存乡井恋，风尘先幸甲兵休。未能布德惭时令，聊复题诗写我忧。为报胡雏须远塞，暂时边将驻南州。

游庐山开先寺

清晨入谷到斜曛，遍历青霞蹑紫云。阊阖远从双剑辟，银河真自九天分。驱驰此日原非暇，梦想当年亦自勤。断拟罢官来驻此，不教林鹤更移文。

登小孤次陆良弼韵

看尽东南百二峰，小孤江上是真龙。攀龙我欲乘风去，高蹑层霄绝世踪。

月下吟三首

露冷天清月更辉，可看游子倍沾衣。催人岁月心空在，满眼兵戈事渐非。方朔本无金马意，班超惟愿玉门归。白头应倚庭前树，怪我还期秋又违。

江天月色自清秋，不管人间底许愁。谩拟翠华旋北极，正怜白发倚南楼。狼烽绝塞寒初入，鹤怨空山夜未休。莫重三公轻一日，虚名真觉是浮沤。

依依窗月夜还来，渺渺乡愁坐未回。素位也知非自得，白头无奈是亲衰。当年竹下曾裘仲，何日花前更老莱？恳疏乞骸今几上，中宵翘首望三台。

月夜二首

高台月色倍新晴，极浦浮沙远树平。客久欲迷乡国望，乱余愁听鼓鼙声。湖南水潦频移粟，碛北风烟且罢征。濡手未辞援溺苦，白头方切倚闾情。

举世困酣睡，而谁偶独醒？疾呼未能起，瞪目相怪惊。反谓醒者狂，群起环门争。洙泗辍金铎，濂洛传微声。谁鸣荼毒鼓，闻者皆昏冥。嗟尔欲奚为？奔走皆营营？何当闻此鼓，开尔天聪明。

雪望四首

风雪楼台夜更寒，晓来霁色满山川。当歌莫放阳春调，几处人家未起烟。

初日湖上雪未融，野人村落闭重重。安居信是丰年兆，为语田夫莫惰农。

霁景朝来更好看，河山千里思漫漫。茅檐日色犹堪曝，应是边关地更寒。

法象冥濛失巨纤，连朝风雪费妆严。谁将尘世化珠玉？好与贫家聚米盐。

火秀宫次一峰韵三首

兹山堪遁迹，上应少微星。洞里乾坤别，壶中日月明。道心空自警，尘梦苦难醒。方峤由来此，虚无隔九溟。

清溪曲曲转层林，始信桃源路未深。晚树烟霏山阁静。古松雷雨石坛阴。丹炉遗火飞残药，仙乐浮空寄绝音。莫道山人才一到，千年陈迹此重寻。

落日下清江，怅望阁道晚。人言玉笥更奇绝，漳口停舟路非远。肩舆取径沿村落，心目先驰嫌足缓。山昏欲就云储眠，疏林月色与风泉。梦魂忽忽到真境，侵晓遁迹来洞天。洞天非人世，予亦非世人；当年曾此寄一迹，屈指忽复三千春。岩头坐石剥落尽，手种松柏枯龙鳞。三十六峰仅如旧，涧谷渐改溪流新。空中仙乐风吹断，化为鼓角惊风尘。风尘惨淡半天地，何当一扫还吾真？从行诸生骇吾说，问我恐是兹山神。君不见广成子，高卧崆峒长不死，到今一万八千年；阳明真人亦如此。

归怀

行年忽五十，顿觉毛发改。四十九年非，童心独犹在。世故渐改涉，遇坎稍无馁。每当快意事，退然思辱殆。倾否作圣功，物睹岂不快？奈何桑梓怀，衰白倚门待。

啾啾吟

知者不惑仁不忧，君胡戚戚眉双愁？信步行来皆坦道，凭天判下非人谋。用之则行舍即休，此身浩荡浮虚舟。丈夫落落掀天地，岂顾束缚如穷囚。千金之珠弹鸟雀，掘土何烦用镯镂？君不见东家老翁防虎患，虎夜入室衔其头？西家儿童不识虎，报竿驱虎如驱牛。痴人惩噎遂废食，愚者畏溺先自投。人生达命自洒落，忧谗避毁徒啾啾。

居越诗三十四首 正德辛巳年归越后作。

归兴二首

百战归来白发新，青山从此作闲人。峰攒尚忆冲蛮阵，云起犹疑见虏尘。岛屿微茫沧海暮，桃花烂漫武陵春。而今始信还丹诀，却笑当年识未真。

归去休来归去休，千貂不换一羊裘。青山待我长为主，白发从他自满头。种果移花新事业，茂林修竹旧风流。多情最爱沧州伴，日日相呼理钓舟。

次谦之韵

珍重江船冒暑行，一宵心话更分明。须从根本求生死，莫向支流辨浊清。久奈世儒横臆说，竞搜物理外人情。良知底用安排得？此物由来自浑成。

再游浮峰次韵

廿载风尘始一回，登高心在力全衰。偶怀胜事乘春到，况有良朋自远来。还指松萝寻旧隐，拨开云石翦蒿莱。后期此别知何地？莫厌花前劝酒杯。

夜宿浮峰次谦之韵

日日春山不厌寻，野情原自懒朝簪。几家茅屋山村静，夹岸桃花溪水深。石路草香随鹿去，洞门萝月听猿吟。禅堂坐久发清磬，却笑山僧亦有心。

再游延寿寺次旧韵

历历溪山记旧踪，寺僧遥住翠微重。扁舟曾泛桃花入，歧路心多草树封。谷口鸟声兼伐木，石门烟火出深松。年来百好俱衰薄，独有幽探兴尚浓。

碧霞池夜坐

一雨秋凉入夜新，池边孤月倍精神。潜鱼水底传心诀，栖鸟枝头说道真。莫谓天机非嗜欲，须知万物是吾身。无端礼乐纷纷议，谁与青天扫宿尘？

秋声

秋来万木发天声，点瑟回琴日夜清。绝调回随流水远，余音细入晚云轻。洗心真已空千古，倾耳谁能辨九成？徒使清风传律吕，人间瓦缶正雷鸣。

林汝桓以二诗寄次韵为别

断云微日半晴阴，何处高梧有凤鸣？星汉浮槎先入梦，海天波浪不须惊。鲁郊已自非常典，膰肉宁为脱冕行。试向沧浪歌一曲，未云不是九韶声。

尧舜人人学可齐，昔贤斯语岂无稽？君今一日真千里，我亦当年苦旧迷。万理由来吾具足，六经原只是阶梯。山中仅有闲风月，何日扁舟更越溪？

月夜二首 与诸生歌于天泉桥。

万里中秋月正晴，四山云霭忽然生。须臾浊雾随风散，依旧青天此月明。肯信良知原不昧，从他外物岂能撄。老夫今夜狂歌发，化作钧天满太清。

处处中秋此月明，不知何处亦群英？须怜绝学经千载，莫负男儿过一生。影响尚疑朱仲晦，支离羞作郑康成。铿然舍瑟春风里，点也虽狂得我情。

秋夜

春园花木始菲菲，又是高秋落叶稀。天回楼台含气象，月明星斗避光辉。闲来心地如空水，静后天机见隐微。深院寂寥群动息，独怜乌鹊绕枝飞。

夜坐

独坐秋庭月色新，乾坤何处更闲人？高歌度与清风去，幽意自随流水春。千圣本无心外诀，《六经》须拂镜中尘。却怜扰扰周公梦，未及惺惺陋巷贫。

心渔歌为钱翁希明别号题 钱翁，德洪父。三岁双瞽，好古博学，能诗文。

有渔者歌曰："渔不以目惟以心，心不在鱼渔更深。北溟之鲸殊小小，一举六鳌未足歆。""敢问何如其为渔耶？"曰："吾将以斯道为网，良知为纲，太和为饵，天地为舫，洁之无意，散之无方。是谓得无所得，而忘无可忘者矣。"

登香炉峰次萝石韵

曾从炉鼎蹑天风，下数天南百二峰。胜事纵为多病阻，幽怀还与故人同。旌旗影动星辰北，鼓角声回沧海东。世故茫茫浑未定，且乘溪月放归蓬。

观从吾登炉峰绝顶戏赠

道人不奈登山癖，日暮犹思绝栈云。岩底独行窝虎穴，峰头清啸乱猿群。清溪月出时寻寺，归棹城隅夜款门。可笑中郎无好兴，独留松院坐黄昏。

书扇赠从吾

君家只在海西隈，日日寒潮去复回。莫遣扁舟成久别，炉峰秋月望君来。

嘉靖甲申冬二十一日再登秦望自弘治戊午登后二十七年矣将下适董萝石与二三子来复坐久之暮归同宿云门僧舍

初冬风日佳，杖策登崔嵬。自予羁宦迹，久与山谷违。屈指廿七载，今兹复一来。沿溪寻往路，历历皆所怀。跻险还屡息，兴在知吾衰。薄午际峰顶，旷望未能回；良朋亦偶至，归路相徘徊。夕阳飞鸟静，群壑风泉哀。悠悠观化意，点也可与偕。

山中漫兴

清晨急雨度林扉，余滴烟梢尚湿衣。雨水霞明桃乱吐，沿溪风暖药初肥。物情到底能容懒，世事从前顿觉非。自拟春光还自领，好谁歌咏月中归。

挽潘南山

圣学宫墙亦久荒，如公精力可升堂。若为千古经纶手，只作终年著述忙。末俗浇漓风益下，平生辛苦意难忘。西风一夜山阳笛，吹尽南冈落木霜。

和董萝石菜花韵

油菜花开满地金，鹁鸠声里又春深。闾阎正苦饥民色，畎亩长怀老圃心。自有牡丹堪富贵，也从蜂蝶谩追寻。年年开落浑闲事，来赏何人共此襟？

天泉楼夜坐和萝石韵

莫厌西楼坐夜深，几人今夕此登临？白头未是形容老，赤子依然浑沌心。隔水鸣榔闻过棹，映窗残月见疏林。看君已得忘言意，不是当年只苦吟。

咏良知四首示诸生

个个人心有仲尼，自将闻见苦遮迷。而今指与真头面，只是良知更莫疑。

问君何事日憧憧？烦恼场中错用功。莫道圣门无口诀，良知两字是参同。

人人自有定盘针，万化根源总在心。却笑从前颠倒见，枝枝叶叶外头寻。

无声无臭独知时，此是乾坤万有基。抛却自家无尽藏，沿门持钵效贫儿。

示诸生三首

尔身各各自天真，不用求人更问人。但致良知成德业，谩从故纸费精神。乾坤是易原非画，心性何形得有尘？莫道先生学禅语，此言端的为君陈。

人人有路透长安，坦坦平平一直看。尽道圣贤须有秘，翻嫌易简却求难。只从孝弟为尧舜，莫把辞章学柳韩。不信自家原具足，请君随事反身观。

长安有路极分明，何事幽人旷不行？遂使蓁茅成间塞，仅教麋鹿自纵横。徒闻绝境劳悬想，指与迷途却浪惊。冒险甘投蛇虺窟，颠崖堕壑竟亡生。

答人问良知二首

良知即是独知时，此知之外更无知。谁人不有良知在，知得良知却是谁？

知得良知却是谁？自家痛痒自家知。若将痛痒从人问，痛痒何须更问为？

答人问道

饥来吃饭倦来眠，只此修行玄更玄。说与世人浑不信，却从身外觅神仙。

寄题玉芝庵 丙戌

尘途骏马劳千里，月树鷦鷯足一枝。身既了时心亦了，不须多羡碧霞池。

别诸生

绵绵圣学已千年，两字良知是口传。欲识浑沦无斧凿，须从规矩出方圆。不离日用常行内，直造先天未画前。握手临歧更可语？殷勤莫愧别离筵。

后中秋望月歌

一年两度中秋节，两度中秋一样月。两度当筵望月人，几人犹在几人别？此后望月几中秋？此会中人知在否？当筵莫惜殷勤望，我已衰年半白头。

书扇示正宪

汝自冬春来，颇解学文义，吾心岂不喜？顾此枝叶事，如树不植根，暂荣终必瘁。植根可如何？愿汝且立志。

送萧子雍宪副之任

衰疾悟止足，闲居便静修。采芝深谷底，考槃南涧头。之子亦早见，杜帆经旧邱。幽寻意始结，公期已先遒。星途触来暑，拯焚能自由。黄鹄一高举，刚风翼难收。怀兹恋邱陇，回顾未忘忧。往志局千里，岂伊枋榆投。哲士营四海，细人聊自谋。圣作正思治，吾衰亮何酬。所望登才俊，济济扬鸿休。隐者嘉肥遁，仕者当谁俦？宁无寥寂念？宜急疮痍瘳。舍藏应有时，行矣毋淹留。

中秋

去年中秋阴复晴，今年中秋阴复阴。百年好景不多遇，况乃白发相侵寻。吾心自有光明月，千古团圆永无缺。山河大地拥清辉，赏心何必中秋节。

嘉靖丙戌十二月庚申始得子年已五十有五矣六月静斋二丈昔与先公同举于乡闻之而喜各以诗来贺蔼然世交之谊也次韵为谢二首

海鹤精神老益强，晚途诗价重珪璋。洗儿惠兆金钱贵，烂目光呈奎井祥。何物敢云绳祖武，他年只好共爷长。偶逢灯事开汤饼，庭树春风转岁阳。

自分秋禾后吐芒，敢云琢玉晚珪璋。漫凭先德余家庆，岂是生申降岳祥。携抱且堪娱老况，长成或可望书香。不辞岁岁临汤饼，还见吾家第几郎？

两广诗二十一首 嘉靖丁亥起，平思田之乱。

秋日饮月岩新构别王侍御

湖山久系念，块处限形迹。遥望一水间，十年靡由即。军旅起衰废，驱驰岂遑息。前旌道回冈，取捷上崎侧。新构郁层椒，石门转深寂。是时霜始降，风凄群卉拆。壑静响江声，窗虚函海色。夕阴下西岑，凉月穿东壁。观风此余情，抚景见高臆。匪从群公饯，何因得良觌？南徼方如毁，救焚敢辞亟。来归幸有期，终遂幽寻癖。

复过钓台

忆昔过钓台，驱驰正军旅。十年今始来，复以兵戈起。空山烟雾深，往迹如梦里。微雨林径滑，肺病双足胝。仰瞻台上云，俯濯台下水。人生何碌碌？高尚当如此。疮痍念同胞，至人匪为己。过门不遑人，忧劳岂得已。滔滔良自伤，果哉末难矣。

右正德己卯献俘行在，过钓台而弗及登。今兹复来，又以兵革之役，兼肺病足疮，徒顾瞻怅望而已。书此付桐庐尹沉元材刻置亭壁，聊以纪经行岁月云耳。嘉靖丁亥九月廿二四书，时从行进士钱德洪、王汝中、建德尹杨思臣及元材，凡四人。

方思道送西峰

西峰隐真境，微境临通衢。行役空屡屡，过眼被尘迷。青林外延望，中閟何由窥？方子岩廊器，兼已云霞姿；每逢泉石处，必刻棠陵诗。兹山秀常玉，之子囊中锥。群峰灏秋气，乔木含凉吹。此行非佳饯，谁为发幽奇？奈何眷清赏，局促牵至期。悠悠伤绝学，之子亦如斯；为君指周道，直往勿复疑。

西安雨中诸生出候因寄德洪汝中并示书院诸生

几度西安道，江声暮雨时。机关鸥鸟破，踪迹水云疑。仗钺非吾事，传经愧尔师。天真石泉秀，新有鹿门期。

德洪汝中方卜书院盛称天真之奇并寄及之

不踏天真路，依稀二十年。石门深竹径，苍峡泻云泉。泮壁环胥海，龟畴见宋田。文明原有象，卜筑岂无缘？

寄石潭二绝

仆兹行无所乐，乐与二公一会耳。得见闲斋，固已如见石潭矣。留不尽之兴于后期，岂谓乐不可极耶？闻尊恙已平复，必于不出见客，无乃太以界限自拘乎？奉次二绝，用发一笑，且以致不及请教之憾。

见说新居止隔山，肩舆晓出暮堪还。知公久已藩篱撤，何事深林尚闭关？

乘兴相寻涉万山，扁舟亦复及门还。莫将身病为心病，可是无关却有关。

长生

长生徒有慕，苦乏大药资。名山遍探历，悠悠鬓生丝。微躯一系念，去道日远而。中岁忽有觉，九还乃在兹。非炉亦非鼎，何坎复何离；本无终始究，宁有死生期？彼哉游方士，诡辞反增疑；纷然诸老翁，自传困多歧。乾坤由我在，安用他求为？千圣皆过影，良知乃吾师。

南浦道中

南浦重来梦里行，当年锋镝尚心惊。旌旗不动山河影，鼓角犹传草木声。已喜闾阎多复业，独怜饥馑未宽征。迂疏何有甘棠惠，惭愧香灯父老迎。

重登黄土脑

一上高原感慨重，千山落木正无穷。前途且与停西日，此地曾经拜北风。剑气晚横秋色净，兵声寒带暮江雄。水南多少流亡屋，尚诉征求杼轴空。

过新溪驿

犹记当年筑此城，广瑶湖寇正纵横。人今乐业皆安堵，我亦经过一驻兵。香火沿门惭老稚，壶浆远道及从行。峰山拿手疲劳甚，且放归农莫送迎。

梦中绝句 此予十五岁时梦中所作。今拜伏波祠下，宛如梦中。兹行殆有不偶然者，因识其事于此。

卷甲归来马伏波，早年兵法鬓毛皤。云埋铜柱雷轰折，六字题诗尚不磨。

谒伏波庙二首

四十年前梦里诗，此行天定岂人为。徂征敢倚风云阵，所过须同时雨师。尚喜远人知向望，却惭无术救疮痍。从来胜算归廊庙，耻说兵戈定四夷。

楼船金鼓宿乌蛮，鱼丽群舟夜上滩。月绕旌旗千嶂静，风传铃柝九溪寒。荒夷未必先声服，神武由来不杀难。想见虞廷新气象，两阶干羽五云端。

破断藤峡

绕看干羽格苗夷，忽见风雷起战旗。六月徂征非得已，一方流毒已多时。迁宾玉石分须早，聊庆云霓怨莫迟。嗟尔有司惩既往，好将恩信抚遗黎。

平八寨

见说韩公破此蛮，貔貅十万骑连山；而今止用三千卒，遂尔收功一月间。岂是人谋能妙算？偶逢天助及师还。穷搜极讨非长计，须有恩威化梗顽。

南宁二首

一驻南宁五月余，始因送远过僧庐。浮屠绝壁经残燹，井灶沿村见废墟。抚恤尚惭凋弊后，游观正及省耕初。近闻襁负归瑶僮，莫陋夷方不可居。

劳矣田人莫远迎，疮痍未定犬犹惊。燹余破屋须先缉，雨后荒畬莫废耕。归喜逃亡来负襁，贫怜繻绔缀旗旌。圣朝恩泽宽如海，甑鲋盆鱼纵尔生。

往岁破桶冈宗舜祖世麟老宣慰实来督兵今兹思田之役乃随父致仕宣慰明辅来从事目击其父子孙三世皆以忠孝相承相尚也诗以嘉之

宣慰彭明辅，忠勤晚益敦。归师当五月，冒暑净蛮氛。九霄虽已老，报国意犹勤。五月冲炎暑，回军立战勋。爱尔彭宗舜，少年多战功；从亲心已孝，报国意尤忠。

题甘泉居

我闻甘泉居，近连菊坡麓。十年劳梦思，今来快心目。徘徊欲移家，山南尚堪屋。渴饮甘泉泉，饥餐菊坡菊。行看罗浮云，此心聊复足。

书泉翁壁

我祖死国事，肇禋在增城。荒祠幸新复，适来奉初蒸。亦有兄弟好，念言思一寻。苍苍蒹葭色，宛隔环瀛深。入门散图史，想见抱膝吟。贤郎敬父执，童仆意相亲。病躯不遑宿，留诗慰殷勤。落落千百载，人生几知音？道通著形迹，期无负初心。

雨霁游龙山次五松韵

晴日须登独秀台，碧山重叠画图开。闲心自与澄江老，逸兴离还白发来？潮入海门舟乱发，风临松顶鹤双回。夜凭虚阁窥星汉，殊觉诸峰近斗魁。

严光亭子胜云台，雨后高凭远目开。乡里正须吾辈在，湖山不负此公来。江边秋思丹枫尽，霜外缄书白雁回。幽朔会传戈甲散，已闻南檄授渠魁。

雪窗闲卧

梦回双阙曙光浮，懒卧茅斋且自由。巷僻料应无客到，景多唯拟作诗酬。千岩积素供开卷，叠嶂回溪好放舟，破虏玉关真细事，未将吾笔遂轻投。

次韵毕方伯写怀之作

孔颜心迹皋夔业，落落乾坤无古今。公自平王怀真气，谁能晚节负初心？猎情老去惊犹在，此乐年来不费寻。矮屋低头真局促，且从峰顶一高吟。

春晴散步

清晨急雨过林霏，余点烟稍尚滴衣。隔水霞明桃乱吐，沿溪风暖药初肥。物情到底能容懒，世事从前且任非。对眼春光唯自领，如谁歌咏月中归。

又

祇用舞霓裳，岩花自举觞。古崖松半朽，阳谷草长芳。径竹穿风磴，云萝绣石床。孤吟动梁甫，何处卧龙冈？

次魏五松荷亭晚兴

入座松阴尽日清，当轩野鹤复时鸣。风光于我能留意，世味酣人未解醒。长拟心神窥物外，休将姓字重乡评。飞腾岂必皆伊吕，归去山田亦可耕。

又

醉后飞觞乱掷梭，起从风竹舞婆娑。疏慵已分投箕颍，事业无劳问保阿。碧水层城来鹤驾，紫云双阙笑金娥。抟风自有天池翼，莫倚逢蒿斥鷃窠。

次张体仁联句韵

眼底湖山自一方，晚林云石坐高凉。闲心最觉身多系，游兴还堪鬓未苍。树杪风泉长滴翠，霜前岩菊尚余芳，秋江画舫休轻发，忍负良宵镫烛光。

又

山寺寻幽亦惜忙，长松落落水浪浪。深冬平野风烟淡，斜日沧江鸥鹭翔。海内交游唯酒伴，年来踪迹半僧房。相过未尽青云话，无奈官程促去航。

又

青林人静一灯归，回首诸天隔翠微。千里月明京信远，百年行乐故人稀。已知造物终难定，唯有烟霞或可依。总为迂疏多抵牾，此生何忍便脂韦。

题郭诩濂溪图

郭生作濂溪像，其类与否吾何从辨之？使无手中一图，盖不知其为谁矣。然笔画老健超然，自不妨为名笔。

郭生挥写最超群，梦想形容恐未真。霁月光风千古在，当时黄九解传神。

西湖醉中谩书

湖光潋滟晴偏好，此语相传信不诬。景中况有佳宾主，世上更无真画图。溪风欲雨吟堤树，春水新添没渚蒲。南北双峰引高兴，醉携青竹不须扶。

文衡堂试事毕书壁

棘闱秋锁动经旬，事了惊看白发新。造作曾无酣蚁句，支离莫作画蛇人。寸丝拟得长才补，五色兼愁过眼频。袖手虚堂听明发，此中豪杰定谁真。

白发漫书一绝

诸君以予白发之句，试观予鬓，果见一丝。予作诗实未尝知也。漫书一绝识之。

忽然相见尚非时，岂亦殷勤效一丝？总使皓然吾不恨，此心还有尔能知。

游泰山

飞湍下云窟，千尺泻高寒。昨向山中见，真如画里看。松风吹短鬓，霜气肃群峦。好记相从地，秋深十八盘。

雪岩次苏颖滨韵

客途亦幽寻，窈窕穿谷底。尘土填胸臆，到此方一洗。仰视剑戟锋，巑岏皼有泚。俯窥蛟龙窟，匍伏首如稽。绝境固灵秘，兹游实天启。梵宇遍岩壑，檐牙相角抵。山僧出延客，经营设酒醴。道引入云雾，峻陟历堂陛。石田唯种椒，晚炊仍有米。张灯坐小轩，矮榻便倦体。清游感畴昔，陈李两昆弟。侵晨访旧迹，古碣埋荒荠。

试诸生有作

醉后相看眼倍明，绝怜诗骨逼人清。菁莪见辱真惭我，胶漆常存底用盟。沧海浮云悲绝域，碧山秋月动新情。忧时谩作中宵坐，共听萧萧落木声。

再试诸生

草堂深酌坐寒更，蜡炬烟消落降英。旅况最怜文作会，客心聊喜困还亨。春回马帐惭桃李，花满田家忆紫荆。世事浮云堪一笑，百年持此竟何成？

夏日登易氏万卷楼用唐韵

高楼六月自生寒，沓嶂回峰拥碧兰。久客已忘非故土，此身兼喜是闲官。幽花傍晚烟初暝，深树新晴雨未干。极目海天家万里，风尘关塞欲归难。

再试诸生用唐韵

天涯犹未隔年回，何处严光有钓台？樽酒可怜人独远，封书空有雁飞来。渐惊雪色头颅改，莫漫风情笑口开。遥想阳明旧诗石，春来应自长莓苔。

次韵陆文顺佥宪

春王正月十七日，薄暮甚雨雷电风。卷我茅堂岂足念，伤兹岁事难为功。金縢秋日亦已异，鲁史冬月将无同。老臣正忧元气泄，中夜起坐心忡忡。

太子桥

乍寒乍暖早春天，随意寻芳到水边。树里茅亭藏小景，竹间石溜引清泉。汀花照日犹含雨，岸柳垂阴渐满川。欲把桥名寻野老，凄凉空说建文年。

与胡少参小集

细雨初晴蠛蠓飞，小亭花竹晚凉微。后期客到停杯久，远道春来得信稀。翰墨多凭消旅况，道心无赖入禅机。何时喜遂风泉赏，甘作山中一白衣？

再用前韵赋鹦鹉

低垂犹忆陇西飞，金锁长羁念力微。只为能言离土远，可怜折翼叹群稀。春林羞比黄鹂巧，晴渚思忘白鸟机。千古正平名正赋，风尘谁与惜毛衣？

送客过二桥

下马溪边偶共行，好山当面正如屏。不缘送客何因到，还喜门人伴独醒。小洞巧容危膝坐，清泉不厌洗心听。经过转眼俱陈迹，多少高厓漫勒铭。

复用杜韵一首

濯缨何处有清流，三月寻幽始得幽。送客正逢催驿骑，笑人且复任沙鸥。厓傍石偃门双启，洞口萝垂箔半钩。淡我平生无一好，独于泉石尚多求。

先日与诸友有郊园之约是日因送客后期小诗写怀

郊园隔宿有幽期，送客三桥故故迟。樽酒定应须我久，诸君且莫向人疑。同游更忆春前日，归醉先拼日暮时。却笑相望才咫尺，无因走马送新诗。

自欲探幽肯后期，若为尘事故能迟。缓归已受山童促，久坐翻令溪鸟疑。竹里清醅应几酌，水边相候定多时。临风无限停云思，回首空歌伐木诗。

三桥客散赴前期，纵辔还嫌马足迟。好鸟花间先报语，浮云山顶尚堪疑。曾传江阁邀宾句，颇似篱边送酒时。便与诸公须痛饮，日斜潦倒更题诗。

待诸友不至

花间望眼欲崇朝，何事诸君迹尚遥？自处岂宜同俗驾，相期不独醉春瓢。忘形尔我虽多缺，义重师生可待招。自是清游须秉烛，莫将风雨负良宵。

夏日游阳明小洞天喜诸生偕集偶用唐韵

古洞闲来日日游，山中宰相胜封侯。绝粮每自嗟尼父，愠见还时有仲由。云里高厓微入暑，石间寒溜已含秋。他年故国怀诸友，魂梦还须到水头。

将归与诸生别于城南蔡氏楼

天际层楼树杪开，夕阳下见鸟飞回。城隅碧水光连座，槛外青山翠作堆。颇恨眼前离别近，惟余他日梦魂来。新诗好记同游处，长扫溪南旧钓台。

诸门人送至龙里道中二首

蹊路高低入乱山，诸贤相送愧闲关。溪云压帽兼愁重，峰雪吹衣著鬓斑。花烛夜堂还共语，桂枝秋殿听跻攀。跻攀之说甚陋，聊取其对偶耳。相思不用勤书札，别后吾言在订顽。

雪满山城入暮天，归心别意两茫然。及门真愧从陈日，微服还思过宋年。樽酒无因同岁晚，缄书有雁寄春前。莫辞秉烛通宵坐，明日相思隔陇烟。

赠陈宗鲁

学文须学古，脱俗去陈言。譬若千丈木，勿为藤蔓缠。又如昆仑派，一泻成大川。人言古今异，此语皆虚传。吾苟得其意，今古何异焉？子才良可进，望汝师圣贤。学文乃余事，聊云子所偏。

醉后歌用燕思亭韵

万峰攒簇高连天，贵阳久客经徂年。思亲谩想斑衣舞，寄友空歌伐木篇。短鬓萧疏夜中老，急管哀丝为谁好，敛翼樊笼恨已迟，奋翮云霄苦不早。缅怀冥寂岩中人，萝衣菭佩芙蓉巾。黄精紫芝满山谷，采石不愁仓菌贫。清溪常伴明月夜，小洞自报梅花春。高间岂说商山皓，绰约真如藐姑神。封书远寄贵阳客，胡不来归浪相忆？记取青松涧底枝，莫学杨花满阡陌。

题施总兵所翁龙

君不见所翁所画龙，虽画两目不点瞳。曾闻弟子误落笔，即时雷雨飞腾空。运精入神夺元化，浅夫未识徒惊诧。操舵移山律回阳，世间不独所翁画。高堂四壁生风云，黑雷紫电日昼昏。山崩谷陷屋瓦震，雨声如泻长平军。头角峥嵘岁千丈，倏忽神灵露干象。小臣正抱乌号思，一堕胡髯不可上。视久眩定凝心神，生绡漠漠开嶙峋。乃知所翁遗笔迹，当年为写苍龙真。只今旱剧枯原野，万国苍生望霑丽。凭谁拈笔点双睛，一作甘霖遍天下。

黄楼夜涛赋 朱君朝章将复黄楼，为予言其故。夜泊彭城之下，子瞻呼予曰："吾将与子听黄楼之夜涛乎？"觉则梦也。感子瞻之事，作《黄楼夜涛赋》。

子瞻与客宴于黄楼之上。已而客散日夕，暝色横楼，明月未出。乃隐几而坐，嗒焉以息。忽有大声起于穹窿，徐而察之，乃在西山之麓。倏焉改听，又似夹河之曲，或隐或隆，若断若逢，若揖让而乐进，歙掀舞以相雄。触孤愤于崖石，驾逸气于长风。尔乃乍阖复辟，既横且纵，摐摐汎汎，汹汹瀜瀜，若风雨骤至，林壑崩奔，振长平之屋瓦，舞泰山之乔松。咽悲吟于下浦，激高响于遥空。恍不知其所止，而忽已过于吕梁之东矣。

子瞻曰："噫嘻异哉。是何声之壮且悲也？其乌江之兵，散而东下，感帐中之悲歌，慷慨激烈，吞声饮泣，怒战未已，愤气决臆，倒戈曳戟，纷纷籍籍，狂奔疾走，呼号相及，而复会于彭城之侧者乎？其赤帝之子，威加海内，思归故乡，千乘万骑，雾奔云从，车辙轰霆，旌旗蔽空，击万夫之鼓，撞千石之钟，唱《大风》之歌，按节翱翔而将返于沛宫者乎？"于是慨然长噫，欠伸起立，使童子启户凭栏而望之。则烟光已散，河影垂虹，帆樯泊于洲渚，夜气起于郊垧，而明月固已出于芒砀之峰矣。

子瞻曰："噫嘻。予固疑其为涛声也。夫风水之遭于澒洞之滨而为是也，兹非南郭子綦之所谓天籁者乎？而其谁倡之乎？其谁和之乎？其谁听之乎？当其滔天浴日，湮谷崩山，横奔四溃，茫然东翻，以与吾城之争于尺寸间也。吾方计穷力屈，气索神惫，懔孤城之岌岌，觊须臾之未坏，山颓于目懵，霆击于耳聩，而岂复知所谓天籁者乎？及其水退城完，河流就道，脱鱼腹而出涂泥，乃与二三子徘徊兹楼之上而听之也。然后见其汪洋涵浴，潏潏汩汩，彭湃掀簸，震荡泽渤，吁者为竽，喷者为篪，作止疾徐，钟磬柷敔，奏文以始，乱武以居，呶者嗃者，嚣者嗥者，翕而同者，绎而从者，而啁啁者，而嘐嘐者，盖吾俯而听之，则若奏箫咸于洞庭，仰而闻焉，又若张钧天于广野，是盖有无之相激，其殆造物者将以写千古之不平，而用以荡吾胸中之壹郁者乎？而吾亦胡为而不乐也？"

客曰："子瞻之言过矣。方其奔腾漂荡而以厄子之孤城也，固有莫之为而为者，而岂水之能为之乎？及其安流顺道，风水相激，而为是天籁也，亦有莫之为而为者，而岂水之能为之乎？夫水亦何心之有哉？而子乃欲据其所有者以为欢，而追其既往者以为戚，是岂达人之大观，将不得为上士之妙识矣。"

子瞻展然而笑曰："客之言是也。"乃作歌曰："涛之兴兮，吾闻其声兮。涛之息兮，吾泯其迹兮。吾将乘一气以游于鸿蒙兮，夫孰知其所极兮。"弘治甲子七月，书于百步洪之养浩轩。

来雨山雪图赋

昔年大雪会稽山，我时放迹游其间。岩岫皆失色，崖壑俱改颜。历高林兮入深峦，银幢宝纛森围圆。长矛利戟白齿齿，骇心栗胆如穿虎豹之重关。涧溪埋没不可辨，长松之杪，修竹之下，时闻寒溜声潺潺。沓嶂连天，凝华积铅，嵯峨崭削，浩荡无颠。嶙峋眩耀势欲倒，溪回路转，忽然当之，却立仰视不敢前。嵌窦飞瀑，忽然中泻，冰磴崚嶒，上通天罅，枯藤古葛倚岩嶅而高挂，如瘦蛟老螭之蟠纠，蜕皮换骨而将化。举手攀援足未定，鳞甲纷纷而乱下。侧足登龙虬，倾耳俯听寒籁之飕飕，陆风蹀躞，直际缥缈，恍惚最高之上头。乃是仙都玉京，中有上帝遨游之三十六瑶宫，傍有玉妃舞婆娑十二层之琼楼，下隔人世知几许，真境倒照见毛发，凡骨高寒难久留。划然长啸，天花坠空，素屏缟障坐不厌，琪林珠树窥玲珑。白鹿来饮涧，骑之下千峰。寡猿怨鹤时一叫，彷佛深谷之底呼其侣，苍茫之外争行鼍阵排天风。鉴湖万顷寒濛濛，双袖拂开湖上云，照我须眉忽然皓白成衰翁。手掬湖水洗双眼，回看群山万朵玉芙蓉。草围蒲帐青莎蓬，浩歌夜宿湖水东。梦魂清徹不得寐，乾坤俯仰真在冰壶中。幽朔阴岩地，岁暮常多雪，独无湖山之胜，使我每每对雪长郁结。朝回策马入秋台，高堂大壁寒崔嵬，恍然昔日之湖山，双日惊喜三载又一开。谁能缩地法此景，何来石田画师，我非尔，胸中胡为亦有此？来君神骨清莫比，此景奇绝酷相似。石田此景非尔不能摸，来君来君非尔不可当此图。我尝亲游此景得其趣，为君题诗，非我其谁乎？

卷五　杂著

杂　著

书汪汝成格物卷 癸酉

予于汝成"格物致知"之说、"博文约礼"之说、"博学笃行"之说、"一贯忠恕"之说，盖不独一论再论，五六论、数十论不止矣。汝成于吾言，始而骇以拂，既而疑焉，又既而大疑焉，又既而稍释焉，而稍喜焉，而又疑焉。最后与予游于玉泉，盖论之连日夜，而始快然以释，油然以喜，冥然以契。不知予言之非汝成也？不知汝成之言非予言也？于戏。若汝成，可谓不苟同于予，亦非苟异于予者矣。

卷首汝成之请，盖其时尚有疑于予；今既释然，予可以无言也已。叙其所以而归之。

书石川卷 甲戌

先儒之学得有浅深，则其为言亦不能无同异。学者惟当反之于心，不必苟求其同，亦不必故求其异，要在于是而已。今学者于先儒之说苟有未合，不妨致思。思之而终有不同，固亦未为甚害，但不当因此而遂加非毁，则其为罪大矣。同志中往往似有此病，故特及之。程先生云："贤且学他是处，未须论他不是处。"此言最可以自警。见贤思齐焉，见不贤而内自省，则不至于责人已甚，而自治严矣。

议论好胜，亦是今时学者大病。今学者于道，如管中窥天，少有所见，即自足自是，傲然居之不疑。与人言论，不待其辞之终而已先怀轻忽非笑之意，訑訑之声音颜色，拒人于千里之外。不知有道者从旁视之，方为之疏息汗颜，若无所容；而彼悍然不顾，略无省觉，斯亦可哀也已。近时同辈中往往亦有是病者，相见时可出此以警励之。

某之于道，虽亦略有所见，未敢尽以为是也；其于后儒之说，虽亦时有异同，未敢尽以为非也。朋友之来问者，皆相爱者也，何敢以不尽吾所见。正期体之于心，务期真有所见其孰是孰非而身发明之，庶有益于斯道也。若徒入耳出口，互相标立门户，以为能学，则非某之初心，其所以见罪之者至矣。近闻同志中亦有类此者，切须戒勉，乃为无负。孔子云："默而识之，学而不厌"，斯乃深望于同志者也。

与傅生凤 甲戌

祁生傅凤，志在养亲而苦于贫。徐曰仁之为祁也，悯其志，尝育而教之。及曰仁去祁，生乃来京师谒予，遂从予而南。闻予言，若有省，将从事于学。然痛其亲之贫且老，其继母弟又瞽而愚，无所资以为养，乃记诵训诂，学文辞，冀以是于升斗之禄。日夜不息，遂以是得危疾，几不可救。同门之士百计宽譬之，不能已，乃以质于予。予曰："嘻。若生者亦诚可怜者也。生之志诚出于孝亲，然已陷于不孝而不之觉矣。若生者亦诚可怜者也。"生闻之悚然，来问曰："家贫亲老，而不为禄仕，得为孝乎？"予曰："不得为孝矣。欲求禄仕而至于成疾，以殒其躯，得为孝乎？"生曰："不得为孝矣。""殒其躯而欲读书学文以求禄仕，禄仕可得乎？"生曰："不可得禄仕矣。"曰："然则尔何以能免于不孝？"于是泫然泣下，甚悔，且曰："凤何如而可以免于不孝？"予曰："保尔精，毋绝尔生；正尔情，毋辱尔亲；尽尔职，毋以得失为尔惕；安尔命，毋以外物戕尔性。斯可以免矣。"其父闻其疾危，来视，遂欲携之同归。予怜凤之志而不能成也，哀凤之贫而不能赈也，悯凤之去而不能留也。临别，书此遗之。

书王天宇卷 甲戌

徐曰仁数为予言天宇之为人，予既知之矣。今年春，始与相见于姑苏，话通宵，益信曰仁之言。天宇诚忠信者也，才敏而沉潜者也。于是乎慨然有志于圣贤之学，非豪杰之士能然哉。出兹卷，请予言。予不敢虚，则为诵古人之言曰："圣，诚而已矣。"君子之学以诚身。格物致知者，立诚之功也。譬之植焉，诚，其根也；格致，其培壅而灌溉之者也。后之言格致者，或异于是矣。不以植根而徒培壅焉、灌溉焉，敝精劳力而不知其终何所成矣。是故闻日博而心日外，识益广而伪益增，涉猎考究之愈详而所以缘饰其奸者愈深以甚。是其为弊亦既可睹矣，顾犹泥其说而莫之察也，独何欤？今之君子或疑予言之为禅矣，或疑予言之求异矣，然吾不敢苟避其说，而内以诬于己，外以诬于人也。非吾天宇之高明，其孰与信之。

书王嘉秀请益卷 甲戌

仁者以天地万物为一体，莫非己也，故曰："己欲立而立人，己欲达而达人。"古之人所以能见人之善若己有之，见人之不善则恻然若己推而纳诸沟中者，亦仁而已矣。今见善而妒其胜己，见不善而疾视轻蔑不复比数者，无乃自陷于不仁之甚而弗之觉者邪？夫可欲之谓善，人之秉彝，好是懿德，故凡见恶于人者，必其在己有未善也。瑞凤祥麟，人争快睹；虎狼蛇蝎，见者持挺刃而向之矣。夫虎狼蛇蝎，未必有害人之心，而见之必恶，为其有虎狼蛇蝎之形也。今之见恶于人者，虽其自取，未必尽恶，无亦在外者犹有恶之形欤？此不可以不自省也。

君子之学，为己之学也。为己故必克己，克己则无己。无己者，无我也。世之学者执其自私自利之心，而自任以为为己；漭焉入于隳堕断灭之中，而自任以为无我者，吾见亦多矣。呜呼。自以为有志圣人之学，乃堕于末世佛、老邪僻之见而弗觉，亦可哀也夫。"有一言而可以终身行之者，其恕乎"，"强恕而行，求仁莫近焉"，"恕"之一言，最学者所吃紧。其在吾子，则犹封病之良药，宜时时勤服之也。"见贤思齐焉，见不贤而内自省。"夫能见不贤而内自省，则躬自厚而薄责于人矣，此远怨之道也。

书孟源卷 乙亥

圣贤之学，坦如大路，但知所从入，苟循循而进，各随分量，皆有所至。后学厌常喜异，往往时入断蹊曲径，用力愈劳，去道愈远。向在滁阳论学，亦惩末俗卑污，未免专就高明一路开导引接。盖矫枉救偏，以拯时弊，不得不然；若终迷陋习者，已无所责。其间亦多兴起感发之士，一时趋向，皆有可喜。近来又复渐流空虚，为脱落新奇之论，使人闻之，甚为足忧。虽其人品高下，若与终迷陋习者亦微有间，然究其归极，相去能几何哉。

孟源伯生复来金陵请益，察其意向，不为无进；而说谈之弊，亦或未免，故因其归而告之以此。遂使归告同志。务相勉于平实简易之道，庶无负相期云耳。

书杨思元卷 乙亥

杨生思元自广来学，既而告归曰："夫子之教，思元既略闻之。惧不克任，请所以砭其疾者而书诸绅。"予曰："子强明者也，警敏者也。强明者病于矜高，是故亢而不能下；警敏者病于浅陋，是故浮而不能实。砭子之疾，其谦默乎。谦则虚，虚则无不容，是故受而不溢，德斯聚矣；默则慎，慎则无不密，是故积而愈坚，诚斯立矣。彼少得而自盈者，不知谦者也；少见而自炫者，不知默者也。自盈者吾必恶之，自炫者吾必耻之。而人有不我恶者乎？有不我耻者乎？故君子之观人而必自省也。其谦默乎。"

书玄默卷 乙亥

玄默志于道矣，而犹有诗文之好，何耶？弈，小技也，不专心致志则不得，况君子之求道，而可分情于他好乎？孔子曰："辞达而已矣。"盖世之为辞章者，莫不以是藉其口，亦独不曰"有德者必有言，有言者不必有德"乎？德，犹根也；言，犹枝叶也。根之不植，而徒以枝叶为者，吾未见其能生也。予别玄默久，友朋得玄默所为诗者，见其辞藻日益以进。其在玄默，固所为根盛而枝叶茂者耶？

玄默过留都，示予以斯卷，书此而遗之。玄默尚有以告我矣。

书顾维贤卷 辛巳

维贤以予将远去，持此卷求书警戒之辞。只此“警戒”二字，便是予所最叮咛者。今时朋友大患不能立志，是以因循懈驰，散漫度日。若立志，则警戒之意当自有不容已。故警戒者，立志之辅。能警戒，则学问思辩之功、切磋琢磨之益，将日新又新，沛然莫之能御矣。程先生云：“学者为气所胜、习所夺，只好责志。”又云：“凡为诗文亦丧志。”又言“且省外事，但明乎善，惟尽诚心，其文章虽不中，不远矣。所守不约，泛滥无功。学问之道，《四书》中备矣。”后儒之论，未免互有得失。其得者不能出于《四书》之外，失者遂有毫厘千里之谬，故莫如专求之《四书》。《四书》之言简实，苟以忠信进德之心求之，亦自明白易见。与不善人居，如入鲍鱼之肆，久而不觉其臭，则与之俱化。孔子大圣，尚赖“三益”之资，致“三损”之戒。吾侪从事于学，顾随俗同污，不思辅仁之友，欲求致道，恐无是理矣。非笑诋毁，圣贤所不免。伊川有涪州之行，孔子尚微服过宋，今日风俗益偷，人心日以沦溺，苟欲自立，违俗拂众，指摘非笑纷然而起，势所必至；亦多由所养未深，高自标榜所至。学者便不当自立门户，以招谤速毁；亦不当故避非毁，同流合污。维贤温雅，朋友中最为难得，似非微失之弱，恐诋笑之来，不能无动；逸为所动，即依阿隐忍，久将沦胥以溺。每到此便须反身，痛自切责。为己之志未能坚定，亦便志气激昂奋发。但知明己之善，立己之诚，以求快足乎己，岂暇顾人非笑指摘？故学者只须责自家为己之志未能坚定，志苟坚定，则非笑诋毁不足动摇，反皆为砥砺切磋之地矣。今时人多言人之非毁亦当顾恤，此皆随俗习非之久，相沿其说，莫知以为非。不知里许尽是私意，为害不小，不可以不察也。

书张思钦卷 乙酉

三原张思钦元相将葬其亲，卜有日矣，南走数千里而来请铭于予。予之不为文也久矣，辞之固，而请弗已，则与之坐而问曰："子之乞铭于我也，将以图不朽于其亲也，则亦宁非孝子之心乎。虽然，子以为孝子之图不朽于其亲也，尽于是而已乎？将犹有进于是者也？夫图之于人也，则曷若图之于子乎？传之于其人之口也，则曷若传之于其子之身乎？故子为贤人也，则其父为贤人之父矣；子为圣人也，则其父为圣人之父矣。其与托之于人之言也，孰愈夫叔梁纥之名，至今为不朽矣。则亦以仲尼之为子耶？抑亦以他人为之铭耶？"思钦蹙然而起，稽颡而后拜曰："元相非至于夫子之门，则几失所以图不朽于其亲者矣。"明日，入而问圣人之学，则语以格致之说焉；求格致之要，则语之以良知之说焉。思钦跃然而起，拜而复稽曰："元相苟非至于夫子之门，则尚未知有其心，又何以图不朽于其亲乎。请归葬吾亲，而来卒业于夫子之门，则庶几其不朽之图矣。"

书中天阁勉诸生 乙酉

"虽有天下易生之物，一日暴之，十日寒之，未有能生者也。"承诸君之不鄙，每予来归，咸集于此，以问学为事，甚盛意也。然不能旬日之留，而旬日之间，又不过三四会。一别之后，辄复离群索居，不相见者动经年岁。然则岂惟十日之寒而已乎？若是而求萌蘖之畅茂条达，不可得矣。故予切望诸君勿以予之去留为聚散。或五六日、八九日，虽有俗事相妨，亦须破冗一会于此。务在诱掖奖劝，砥砺切磋，使道德仁义之习日亲日近，则世利纷华之染亦日远日疏，所谓“相观而善，百工居肆以成其事”者也。相会之时，尤须虚心逊志，相亲相敬。大抵朋友之交，以相下为益。或议论未合，要在从容涵育，相感以诚，不得动气求胜，长傲遂非。务在默而成之，不言而信。其或矜己之长，攻人之短，粗心浮气，矫以沽名，讦以为直，扶胜心而行愤嫉，以圮族败群为志，则虽日讲时习于此，亦无益矣。诸君念之念之。

书朱守乾卷 乙酉

黄州朱生守乾请学而归，为书“致良知”三字。夫良知者，即所谓“是非之心，人皆有之”，不待学而有，不待虑而得者也。人孰无是良知乎？独有不能致之耳。自圣人以至于愚人，自一人之心，以达于四海之远，自千古之前以至于万代之后，无有不同。是良知也者，是所谓“天下之大本”也。致是良知而行，则所谓“天下之达道”也，天地以位，万物以育，将富贵贫贱，患难夷狄，无所入而弗自得也矣。

书正宪扇 乙酉

今人病痛，大段只是傲。千罪百恶，皆从傲上来。傲则自高自是，不肯屈下人。故为子而傲，必不能孝；为弟而傲，必不能弟；为臣而傲，必不能忠。象之不仁，丹朱之不肖，皆只是一“傲”字，便结果了一生，做个极恶大罪的人，更无解救得处。汝曹为学，先要除此病根，方才有地步可进。“傲”之反为“谦”。“谦”字便是对症之药。非但是外貌卑逊，须是中心恭敬，撙节退让，常见自己不是，真能虚己受人。故为子而谦，斯能孝；为弟而谦，斯能弟；为臣而谦，斯能忠。尧舜之圣，只是谦到至诚处，便是允恭克让，温恭允塞也。汝曹勉之敬之，其毋若伯鲁之简哉。

书魏师孟卷 乙酉

心之良知是谓圣。圣人之学，惟是致此良知而已。自然而致之者，圣人也；勉然而致之者，贤人也；自蔽自昧而不肯致之者，愚不肖者也。愚不肖者，虽其蔽昧之极，良知又未尝不存也。苟能致之，即与圣人无异矣。此良知所以为圣愚之同具，而人皆可以为尧舜者，以此也。是故致良知之外无学矣。自孔孟既没，此学失传几千百年。赖天之灵，偶复有见，诚千古之一快，百世以俟圣人而不惑者也。每以启夫同志，无不跃然以喜者，此亦可以验夫良知之同然矣。间有听之而疑者，则是支离之习没溺既久，先横不信之心而然。使能姑置其旧见，而平气以绎吾说，盖亦未有不幡然而悔悟者也。

南昌魏氏兄弟旧学于予，既皆有得于良知之说矣。其季良贵师孟，因其诸兄而来请。其资禀甚颖，而意向甚笃，然以偕计北上，不得久从于此。吾虽略以言之而未能悉也，故特书此以遗之。

书朱子礼卷 甲申

子礼为诸暨宰，问政，阳明子与之言学而不及政。子礼退而省其身，惩己之忿，而因以得民之所恶也；窒己之欲，而因以得民之所好也；舍己之利，而因以得民之所趋也；惕己之易，而因以得民之所忽也；去己之蠹，而因以得民之所患也；明己之性，而因以得民之所同也；三月而政举。叹曰："吾乃今知学之可以为政也已。"

他日，又见而问学，阳明子与之言政而不及学。子礼退而修其职，平民之所恶，而因以惩己之忿也；从民之所好，而因以窒己之欲也；顺民之所趋，而因以舍己之利也；警民之所忽，而因以惕己之易也；拯民之所患，而因以去己之蠹也；复民之所同，而因以明己之性也；期年而化行。叹曰："吾乃今知政之可以为学也已。"

他日，又见而问政与学之要。阳明子曰："明德、亲民，一也。古之人明明德以亲其民，亲民所以明其明德也。是故明明德，体也；亲民，用也。而止至善，其要矣。"子礼退而求至善之说，炯然见其良知焉，曰："吾乃今知学所以为政，而政所以为学，皆不外乎良知焉。信乎，止至善其要也矣。"

书林司训卷 丙戌

林司训年七十九矣，走数千里，谒予于越。予悯其既老且贫，愧无以为济也。嗟乎。昔王道之大行也，分田制禄，四民皆有定制。壮者修其孝弟忠信；老者衣帛食肉，不负戴于道路；死徒无出乡；出入相友；疾病相扶持。乌有耄耋之年而犹走衣食于道路者乎。周衰而王迹熄，民始有无恒产者。然其时圣学尚明，士虽贫困，犹有固穷之节；里闾族党，犹知有相恤之义。逮其后世，功利之说日浸以盛，不复知有明德亲民之实。士皆巧文博词以饰诈，相规以伪，相轧以利，外冠裳而内禽兽，而犹或自以为从事于圣贤之学。如是而欲挽而复之三代，呜呼其难哉。吾为此惧，揭知行合一之说，订致知格物之谬，思有以正人心，息邪说，以求明先圣之学，庶几君子闻大道之要，小人蒙至治之泽。而哓哓者皆视以为狂惑丧心，诋笑訾怒。予亦不自知其力之不足，日挤于颠危莫之救，以死而不顾也。不亦悲夫。

予过彭泽时，尝悯林之穷，使邑令延为社学师。至是又失其业。于归也，不能有所资给，聊书此以遗之。

书黄梦星卷 丁亥

潮有处士黄翁保号坦夫者，其子梦星来越从予学。越去潮数千里，梦星居数月，辄一告归省其父；去二三月辄复来。如是者屡屡。梦星性质温然，善人也，而甚孝。然禀气差弱，若不任于劳者。窃怪其乃不惮道途之阻远，而勤苦无已也，因谓之曰："生既闻吾说，可以家居养亲而从事矣。奚必往来跋涉若是乎？"梦星跽而言曰："吾父生长海滨，知慕圣贤之道，而无所从求入。既乃获见吾乡之薛、杨诸子者，得夫子之学，与闻其说而乐之，乃以责梦星曰：'吾衰矣，吾不希汝业举以干禄。汝但能若数子者，一闻夫子之道焉，吾虽啜粥饮水，死填沟壑，无不足也矣。'梦星是以不远数千里而来从。每归省，求为三月之留以奉菽水，不许；求为逾月之留，亦不许。居未旬日，即已具资粮，戒童仆，促之启行。梦星涕泣以请，则责之曰：'唉。儿女子欲以是为孝我乎？不能黄鹄千里，而思为翼下之雏，徒使吾心益自苦。'故亟游夫子之门者，固梦星之本心。然不能久留于亲侧，而倏往倏来，吾父之命，不敢违也，"予曰："贤哉，处士之为父。孝哉，梦星之为子也。勉之哉。卒成乃父之志，斯可矣。"

今年四月上旬，其家忽使人来讣云，处士没矣。呜呼惜哉。呜呼惜哉。圣贤之学，其久见弃于世也，不啻如土苴。苟有言论及之，则众共非笑诋斥，以为怪物。惟世之号称贤士大夫者，乃始或有以之而相讲究，然至考其立身行己之实，与其平日家庭之间所以训督期望其子孙者，则又未尝不汲汲焉惟功利之为务，而所谓圣贤之学者，则徒以资其谈论、粉饰文具于其外，如是者常十而八九矣。求其诚心一志，实以圣贤之学督教其子，如处士者，可多得乎。而今亡矣，岂不惜哉。岂不惜哉。

阻远无由往哭，遥寄一奠，以致吾伤悼之怀，而叙其遣子来学之故若此，以风励夫世之为父兄者，亦因以益励梦星，使之务底于有成，以无忘乃父之志。

墓志铭　墓表　墓碑　传　碑刻　赞　箴　祭文

易直先生墓志 壬戌

易直先生卒，乡之人相与哀思不已，从而纂述其行以诔之曰：

呜呼。先生之道，谅易平直。内笃于孝友，外孚于忠实；不戚戚于穷，不欣欣于得。剪彻厓幅，于物无柢；于于施施，率意任真，而亦不干于礼。艺学积行，将施于邦；六举于乡，竟弗一获以死，呜呼伤哉。自先生之没，乡之子弟无所式，为善者无所倚，谈经究道者莫与考论，含章秘迹，林栖而泽遁者，莫与遨游以处。天胡夺吾先生之速耶。先生姓王，名衮，字德章。古者贤士死则有以易其号，今先生没且三年，而独袭其常称，其谓乡人何。盍相与私谥之曰易直。

于是先生之侄守仁闻而泣曰："叔父有善，吾子侄弗能纪述，而以辱吾之乡老，亦奚为于子侄？请得志诸墓。"

呜呼。吾宗江左以来，世不乏贤。自吾祖竹轩府君以上，凡积德累仁者数世，而始发于吾父龙山先生。叔父生而勤修砥砺，能协成吾父之志。人谓相继而兴以昌王氏者，必在叔父；而又竟止于此，天意果安在哉。叔母叶孺人，先叔父十有三年卒，生二子，守礼、守信。继孺人方氏，生一子守恭。叔父之生，以正统己巳十月戊午，得寿四十有九；而以弘治戊午之八月廿三卒。卒之岁，太夫人岑氏方就养于京，泣曰："须吾归，视其柩。"于是壬戌正月，太夫人自京归，始克以十月甲子葬叔父于邑东穴湖山之阳，南去竹轩府君之墓十武而近，去叶孺人之墓十武而遥。未合葬，盖有所俟也。

陈处士墓志铭 癸亥

处士讳泰，字思易。父刚，祖仲彰，曾祖胜一。世居山阴之钱清。刚戍辽左，娶马氏，生处士。正统甲子，处士生十二年矣，始从其父自辽来归。当是时，陈虽巨族，然已三世外戍，基业凋废殆尽。处士归，与其弟耕于清江之上，数年遂复其故。处士狷介纯笃，处其乡族亲党，无内外少长戚疏，朴直无委曲；又好面折人过，不以毛发假借，不为斩险刻削。故其生也，人争信惮；其死也，莫不哀思之。处士于书史仅涉猎，不专于文；敦典崇礼，务在躬行。郡中名流以百数，皆雕绘藻饰，熻熠以贾声誉；然称隐逸之良，必于处士，皆以为有先太丘之风焉。弘治癸亥正月庚寅以疾卒，年七十二。

九月己丑，其子琢卜葬于郡西之回龙山。

初，处士与同郡罗周、管士弘、朱张弟涎友，以善交称。成化间，涎以岁贡至京。某时为童子，闻涎道处士，心窃慕之。至是归，求其庐，则既死矣。涎侄孙节与予游，以世交之谊为处士请铭。且曰："先生于处士心与之久矣，即为之铭，亦延陵挂剑之意耶。"予曰："诺。"明日，与琢以状来请。

惟陈氏世有显闻。刚之代父戍辽也，甫年十四。主帅壮其为人，召与语，大说，遂留参幙下。累立战功，出奇计。当封赏，辄为当事者沮抑，竟死牖下。处士亦状貌魁岸，幼习边机，论议根核，的然可施于用。性孝友，属其家多难，收养其弟侄之孤，掇拾扶持，不忍舍去，遂终其身。琢亦能诗有行。次子玠、三孙徕、卫、彶皆向于学。夫屡抑其进，其后将必有昌者，铭曰：

嗟惟处士，敦朴厚坚；犹玉在璞，其辉熠然。秉义揭仁，乡之司直。邈矣太丘，其孙孔式。胡溘而逝。其人则亡，德音孔迩。乡人相告，毋或而弛；无宁处士，愧其孙子。回龙之冈，其郁有苍；毋尔刍伐，处士所藏。

平乐同知尹公墓志铭 癸亥

尹自春秋为著姓，降及汉、唐，代不乏贤；至宋而太常博士源、中书舍人洙及其孙焞，皆以道学为世名儒。其后有为点检者，自洛徙越之山阴；迨公七世矣。公父达，祖性中，曾祖齐贤，皆有闻于乡。公生十八年，选为郡庠弟子，以诗学知名。远近从之游者数十，往往取高第，跻显级；而公乃七试有司不偶。天顺年，诏求遗才可经济大用者，于是有司以公应诏；而公亦适当贡，遂卒业大学。成化某甲子，授广西南宁通判。时郡中久苦瑶患，方议发兵，人情汹汹。公至，请守得缓旬日，稍图之。乃单骑入瑶峒，呼酋长与语。诸酋仓卒不暇集谋，相与就公问所由来。公曰：“斯行为尔曹乞生，无他疑也。”因为具陈祸福，言辩爽慨。诸酋感动，顾谓其党曰：“何如？”皆曰：“愿从使君言。”遂相率罗拜，定约而出。寻督诸军讨木头等峒，皆捷。大臣交章荐公可大用。庚子，擢同知平乐府事。平乐地皆崭山互壑，瑶凭险出没深翳，非时剽掠，居民如处阱中，动虑机触，不敢轻往来，农末俱废。闻公至，喜曰：“南宁尹使君来，吾无恐耳已。”居月余，公从土著间行岩谷，尽得其形势。纵火悉焚林薄，瑶失藉，溃散。公因尽筑城堡，要害据守。瑶来无所匿，从高巅远觇，叹息踟蹰而去。盖自是平乐遂为安土。居三年，屡以老请，辄为民所留。弘治改元，以庆贺赴京师，力求致仕以归。家居十四年，乃卒，得寿若干。

公性孝友淳笃，自其贫贱时，即委产三弟，拾取其遗。少壮衰老，虽盛暑急遽，未尝见其不以袛服。与物熙然无牴。至其莅官当事，奋毅敢直，析法绳理，势悍无所挠避。庶几古长者，而今亡矣。

先后娶陈氏、朱氏、殷氏，子骐，孙公贵、公荣。卒之又明年癸亥，将葬，骐以币状来姚请铭。某幼去其乡，闻公之为人，恨未尝从之游，铭固不辞也。公讳浦，字文渊，葬在郡东保山，合殷氏之兆。铭曰：

赫赫尹氏，望于宗周；源洙比颖，焞畅厥休。自洛徂越，公启其暗；君子之泽，十世未斩。笃敬忠信，蛮貊以行；一言之烈，雄于九军。岂惟威仪，式其党里；岂惟友睦，笃其昆弟。彼保之阳，维石岩岩；尹公之墓，今人所瞻。

徐昌国墓志 辛未

正德辛未三月丙寅，太学博士徐昌国卒，年三十三。士夫闻而哭之者皆曰:“呜呼，是何促也。”或曰:“孔门七十子，颜子最好学，而其年独不永，亦三十二而亡。”说者谓颜子好学，精力瘁焉。夫颜虽既竭吾才，然终日如愚，不改其乐也；此与世之谋声利，苦心焦劳，患得患失，逐逐终其身，耗劳其神气，奚啻百倍。而皆老死黄馘，此何以辨哉？天于美质，何生之甚寡而坏之特速也。夫鼪鼯以夜出，凉风至而玄鸟逝，岂非凡物之盛衰以时乎？夫嘉苗难植而易槁，芝荣不逾旬，蔓草剃而益繁，鸱枭虺蝮遍天下，而麟凤之出，间世一睹焉。商、周以降，清淑日浇而浊秽熏积，天地之气则有然矣，于昌国何疑焉。

始昌国与李梦阳、何景明数子友，相与砥砺于辞章，既殚力精思，杰然有立矣。一旦讽道书，若有所得，叹曰:“弊精于无益，而忘其躯之毙也，可谓知乎？巧辞以希俗，而捐其亲之遗也，可谓仁乎？”于是习养生。有道士自西南来，昌国与语，悦之，遂究心玄虚，益与世泊，自谓长生可必至。正德庚午冬，阳明王守仁至京师。守仁故善数子，而亦尝没溺于仙释，昌国喜，驰往省，与论摄形化气之术。当是时，增城湛元明在坐，与昌国言不协，意沮去。异日复来，论如初。守仁笑而不应，因留宿，曰:“吾授异人五金八石之秘，服之冲举可得也，子且谓何？”守仁复笑而不应。乃曰:“吾隳黜吾昔而游心高玄，塞兑敛华而灵株是固，斯亦去之竞竞于世远矣。而子犹余拒然，何也？”守仁复笑而不应。于是默然者久之，曰:“子以予为非耶？抑又有所秘耶？夫居有者，不足以超无；践器者，非所以融道。吾将去知故而宅于埃壒之表，子其语我乎？”守仁曰:“谓吾为有秘，道固无形也；谓吾谓子非，子未吾是也。虽然，试言之。夫去有以超无，无将奚超矣？外器以融道，道器为偶矣。而固未尝超乎。而固未尝融乎。夫盈虚消息，皆命也；纤巨内外，皆性也；隐微寂感，皆心也。存心尽性，顺夫命而已矣，而奚所趋舍于其间乎？”昌国首肯，良久曰：“冲举有诸？”守仁曰：“尽鸢之性者，可以冲于天矣；尽鱼之性者，可以泳于川矣。”曰：“然则有之。”曰：“尽人之性者，可以知化育矣。”昌国俯而思，蹶然而起曰：“命之矣。吾且为萌甲，吾且为流澌，子其煦然属我以阳春哉。”数日，复来谢曰：“道果在是，而奚以外求。吾不遇子，几亡人矣。然吾疾且作，惧不足以致远，则何如？”守仁曰：“悸乎？”曰：“生，寄也；死，归也。何悸？”津津然既有志于斯，已而不见者逾月，忽有人来讣，昌国逝矣。王、湛二子驰往哭，尽哀，因商其家事。其长子伯虬言，昌国垂殁，整衽端坐，托徐子容以后事。子容泣，昌国笑曰：“常事耳。”谓伯虬曰：“墓铭其请诸阳明。”气益微，以指画伯虬掌，作“冥冥漠漠”四字，余遂不可辨，而神气不乱。

呜呼。吾未竟吾说以时昌国之及，而昌国乃止于是，吾则有憾焉。临殁之托，又何负之？昌国名祯卿，世姑苏人。始举进士，为大理评事。不能其职，于是以亲老求改便地为养。当事者目为好异，抑之；已而降为五经博士。故虽为京官数年，卒不获封其亲，以为憾。所著有《谈艺录》、古今诗文若干首，然皆非其至者。昌国之学凡三变，而卒乃有志于道。墓在虎丘西麓。铭曰：

惜也昌国。吾见其进，未见其至。早攻声词，中乃谢弃；脱淖垢浊，修形练气；守静致虚，恍若有际。道几朝闻，遐夕先逝。

不足者命，有余者志。璞之未琢，岂方顽砺？隐埋山泽，有虹其气。后千百年，曷考斯志。

凌孺人杨氏墓志铭 乙亥

古之葬者不封不树。葬之有铭，非古矣，然必其贤者也。然世之皆有铭也，亦非古矣，而妇人不特铭。妇人之特铭也，则又非古矣，然必其贤者也。贤而铭，虽妇人其可哉。是故非其人而铭之，君子不与也；铭之而非其实，君子不为也。吾于铭人之墓也，未尝敢以易；至于妇人，而加审焉，必有其证矣。凌孺人杨氏之铭也，曷证哉？证于其夫之状，证于其子之言，证于其乡人之所传，其贤者也。

孺人之夫为封监察御史凌公石岩讳云者也。石岩之状，谓孺人为通怀远将军之曾孙女，茂年十八而来归。姑舅爱之，族党称之，乡闾则之；不悉数其行，则贤可知矣。子佥宪相，与同年，贤也；地官员外郎楷，又贤也；孺人之慈训存焉。相尝为予言孺人之贤，十余年矣，与今石岩之状同也。吾乡之士游业于通者以十数，称通之巨族以凌氏为最；凌氏之贤以石岩为最，则因及于孺人之内助。其所称举与今之状又同也。夫夫或溺誉焉，子或溢羡焉，吾乡人之言不要而实契，斯又何疑矣。

孺人之生以正统丁卯十二月九日，卒于正德癸酉十一月九日，寿盖六十七。男四：长即相；次棋，早卒；次即楷；次栻。女二。孙男八，女三。曾孙男一，女一。相将以乙亥正月内丙寅附葬孺人于祖茔之左，而格于其次，乃以石岩之状来请铭，且问葬。“合葬非古也，周公以来，未之有改也，先孺人附于祖茔之左，昭也，家君百岁后将合焉。葬左则疑于阳，虚右则疑于阴，若之何则可？”

予曰：“附也，则祖为之尊，左阳右阴也。阳兼阴而主变者也，阴从阳而主常者也。阳在左则居左，而在右则居右；阴在左则从左，而在右则从右。其虚右而从左乎？”于是孺人之葬虚右而从左。铭曰：

孺人之贤，予岂究知。知子若夫，乡议是符。如彼作室，则观其隅。彼昏懵懵谓予尽诬。狼山之西，祖茔是依。左藏右虚，孺人之居。

文橘庵墓志 乙亥

高吾之丘兮，胡然其峭峭兮？乡人所培兮。高吾之木兮，胡然其赜赜兮？乡人所植兮。高吾之行兮，胡然其砥砥兮？乡人所履兮。阳明子曰：“呜呼。兹橘庵文子之墓耶？”冀元亨曰：“昔阳明子自贵移庐陵，道出辰、常间，遇文子于武陵溪上，与之语三夕而不辍，旬有五日而未能去。门人问曰：‘夫子何意之深耶？’阳明子曰：‘人也朴而理，直而虚，笃学审问，比耄而不衰。吾闻其莅官矣，执而恕，惠而节，其张叔之俦欤？吾闻其居乡矣，励行饬己，不言而俗化，其太丘之俦欤？呜呼。于今时为难得也矣。’别以其墓铭属，阳明子心许之而不诺。门人曰：‘文子之是请也，殆犹未达欤？’阳明子曰：‘达也。’曰：‘达何以不诺也？’曰：‘古之葬者不封不树，铭非古也。后世则有铭，既葬而后具，豫不可也。’曰：‘然则恶在其为达矣？’曰：‘死生之变大，而若人昼夜视之不以讳，非达欤？盖晋之末有陶潜者，尝自志其墓。’”文子既殁，其子棐棠、东集、杕葬之高吾之原。阳明子乃掇其所状而为之铭。

文子名澍，字汝霖，号橘庵。举进士，历官刑部郎中。出为重庆守。已而忤时贵，改思州，遂谢病去。文子之先为南昌人。曾祖均玉，始避地桃源。门人有闵廷圭者，为之行状，甚悉。

登仕郎马文重墓志铭 丙子

沛汉台里有马翁者，长身而多知。涉书史，少喜谈兵，交四方之贤，指画山川道里弛张阖辟，自谓功业可掉臂取。尝登芒砀山，左右眺望，嘻吁慷慨；时人莫测也。中年从县司辟为掾，已得选，忽不惬，复遂弃去，授登仕郎。归与家人力耕，致饶富，辄以散其族党乡邻。葬死恤孤，赈水旱，修桥梁，惟恐有间。既老，乃益循饬。邑人望而尊之，以为大宾焉。年八十六，正德丙子四月三日无疾而卒。长子思仁，时为鸿胪司仪署丞，勤而有礼，予既素爱之。至是闻父丧，恸毁几绝；以状来请予铭，又哀而力，遂不能辞。按状，翁名珍，字文重。父某、祖某、曾某，皆有隐德。子男若干人，女若干人。以是年某月某日葬祖茔之侧。为之铭曰：

丰沛之间，自昔多魁。若汉之萧、曹，使不遇高祖，乘风云之会，固将老终其身于刀笔之间。世之怀奇不偶，无以自见于时，名湮没而不著者，何可胜数？若翁者，亦其人非耶？然考其为迹，亦异矣。呜呼。千里之足，困于伏枥；连城之珍，或混瓦砾。不琢其章，于璧何伤？不驾以骧，奚损于良？呜呼马翁，兹焉允臧。

明封刑部主事浩斋陆君墓碑志 丙子

封君之葬也，子澄毁甚，失明，病不能事事，以问于阳明子曰：“吾湖俗之葬也，咸竭资以盛宾主，至于毁家，不则以为俭其亲也。不肖孤则何费之敢靳。大惧疾之不任，遂底于颠殒，以重其不孝。

敢请已之，如何？”阳明子曰：“不亦善乎。棺椁衣衾之得为也者，君子不以俭其亲。徇湖俗之所尚，是以其亲遂非而导侈也。又况以殆其遗体乎？吾子已之，既葬而以礼告，人岂有非之者。将湖俗之变，必自吾子始矣。一举而三善，吾子其已之。”既而复以志墓之文请。阳明子辞之不得，则谓之曰：“志墓非古也。古之葬者，不封不树。孔子之葬其亲也，自以为东西南北之人，不可以无识也，而封之，崇四尺。其于季札之葬，则为之识曰：‘有吴延陵季子之墓’。后之志者，若是焉可矣。而内以诬其亲，外以诬于人，是故君子耻之。吾子志于贤圣之学，苟卒为贤圣之归，是使其亲为贤圣者之父也，志孰大焉。吾子曷已之？封君之存也，尝以其田二顷给吾党之贫者以资学，是于斯文为有襄也。而又重以吾子之好，无已，则如夫子之于札也乎？”因为之题其识墓之石，曰“皇明封刑部主事浩斋陆君之墓”，而书其事于石之阴。君讳璩，字文华，湖之归安人。墓在樊泽。子澄，举进士，方为刑部员外郎。澄之兄曰津。

谥襄惠两峰洪公墓志铭

特进光禄大夫柱国太子太保刑部尚书兼都察院左都御史致仕洪公，以嘉靖二年四月十九日薨，时年八十有一矣。讣闻，天子遣官九谕祭，锡谥襄惠，赐葬钱塘东穆坞之原。其嗣子澄将以明年乙酉月日举葬事，以币以状来请铭。

维洪氏世显于鄱阳。自宋太师忠宣公皓始赐第于钱塘西湖之葛岭，三子景伯、景严、景卢皆以名德相承，遂为钱塘望族。八世祖讳其一，仕宋，为浙东安抚使。元兴，避地上虞。曾祖讳荣甫。祖讳有恒。迨皇朝建国，乃复还家钱塘。有恒初名洪武昌，忌者上书言其名犯年号。高皇帝亲录之，曰："此朕兴之兆耳。"御书"有恒"易之。父讳薪，徽州街口批验所大使。自曾祖以下，皆以公贵，赠太子太保刑部尚书；妣皆赠一品夫人。公讳钟，字宣之。自幼歧嶷不凡。成化戊子，年二十六，以《易经》领乡荐。乙未举进士，授官刑部主事，谙习宪典。时相继为大司寇者皆耆德宿望，咸器重礼信之。委总诸司章奏，疑议大狱，取裁于公，声闻骤起。庚子，升员外郎，仍领诸司事。癸卯丁内艰。丙午起复，升郎中，寻虑囚山西。乙巳，江西、福建流贼甫定，公承命往审处之。归，言福建之武平、上杭、清流、永定，江西之安远、龙南，广东之程乡，皆流移混杂，习于斗争，以武力相尚，是以易哄而乱。譬若群豺虎而激怒之，欲其无相攫噬，难矣。宜及其平时令有司多立社学，以训诲其子弟，销其兵器，易之以诗书礼让，庶几潜化其奸宄。时以为知本之论。弘治己酉，升江西按察副使。癸丑，升四川按察使。所在发奸擿伏，无所挠避；而听决如流，庭无宿讼。由是横豪屏息，自十官宣慰使，皆懔懔奉约束。安氏世有马湖，恃力骄僭，为地方患。公从容画策去之，请吏于朝，遂以帖定，丙辰入觐，升江西右布政使。丁巳，转福建左布政使。著绩两省。戊午，升都察院右副都御史，巡抚顺天等府，兼整饬蓟州诸边备。时朵颜虏势日猖獗，公以边备积弛，乃建议增筑边墙。自山海关界岭口西北至密云古北口黄花镇直抵居庸，延亘千余里，缮复城堡三百七十，悉城沿边诸县，官无浪费而民不知劳。自是缓急有赖。又奏减防秋官兵六千人，岁省挽输犒赏之费以数万。创建浮桥于通州，以利病涉。毁永平陶窑，以息军民横役之苦。夺民产及牧围草场之入于权贵者而悉还之。远近大悦，名称籍甚。然权贵人之扼势失利者，数短公于上，遂改云南巡抚，再改贵州。顷之，召还督理漕运，兼巡抚凤阳诸处。正德丁卯，升右都御史，仍董漕政。戊辰，命掌南京都察院事，寻升南京刑部尚书。己巳，改北京工部，复改刑部，兼都察院左都御史，加太子少保，赐玉带。庚午，特命出总川、陕、湖、河四省军务。时沔阳洞庭水寇丘仁、杨清等攻掠城邑，其锋甚锐，官军屡失利。公至，以计擒灭之。蓝五起蜀，与鄢老人等聚众往来，寇暴川、陕间，远近骚动。公涉历险阻，深入贼巢，运谋设奇，躬冒矢石，前后斩获招降以十数万，擒其渠酋二十八人，露布以闻。土官杨友、杨爱相仇激为变，众至三万余，流劫重庆、保宁诸州县。公随调兵剿平之，复其故业。朝廷七降敕奖励，赐白金麒麟服，进太子太保。公辞不获，则引年恳疏乞归。章七上，始允之。圣谕优奖，赐驰驿还，仍进光禄大夫，录其孙一人入胄监。

公既归，筑两峰书院于西湖之上，自号两峰居士。日与朋旧倘佯诗酒以为乐，如是者十有一年。嘉靖改元之壬午，朝廷念公寿耇，诏进公阶，特进光禄大夫柱国，赐玄纁羊酒，遣有司劳问。士夫之议者，咸以公先朝之老，抱负经济，年虽若迈而精力未衰，优之廊庙，足倚以为重，思复起公于家，而公已不可作矣。

公元娶郑氏，累赠一品夫人。继周氏、徐氏；又继魏氏，南京吏部尚书文靖公之女，女卒，赠一品夫人。二子魏出，长澄，乡进士，才识英敏，方向于用；次涛，荫授南京都察院都事，先卒。女二，侧出，长适漕运参将张奎；次适国子生李綦。孙男四，梗、楠、桥、檀。女七。墓合魏夫人之兆。铭曰：

桓桓襄惠，嶷然人杰。自其始仕，声闻已揭。于臬于藩，益弘以骞。略于西陲，实屏实垣。既荒南服，圻漕是督。亟命于南，亟召于北。司空司寇，邦宪是肃。帝曰司寇，尔总予师。寇贼奸宄，维尔予治。既狻既遏，豕豝狐逸。暨其成功，卒以老乞。天子曰俞，可长尔劬；西湖之湄，徉徉于于。圣化维新，聿怀旧臣。公已不作，维时之屯。天子曰咨，谥锡有跻。哀荣终始，其畴则如。穆坞之原，有郁其阡。诗此贞石，垂千万年。

赠翰林院编修湛公墓表 壬申

呜呼。圣学晦而中行之士鲜矣。世方弇阿为工，方特为厉，纷纵倒置，孰定是非之归哉。盖公冶长在缧绁之中，仲尼明非其罪；匡章通国称不孝，孟子辩之；夫然后在所礼貌焉。刚狷振砺之士，独行违俗，为世所娼嫉，卒以倾废踣堕，又浼以非其罪者，可胜道哉。予读怡庵志而悲之。

怡庵湛公英者，广之增城人。介直方严，刻行砥俗，乡之善良咸服信取则，倚以扶弱御侮。然不辞色少贷人，面斥人过恶，至无所容。狡狯之徒动见矫拂，嫉视如仇，聚谋必覆公于恶，毋使抗吾为。公直行其心，不顾，竟为所构诬。愤，发病以死。公既死，其徒恶益行。乡之人遂皆谓湛公行义，顾报戾其施，而恶者自若，吾侪何以善为。后十余年，为奸者贯盈，剪灭浸尽，而公子若水求濂洛之学，为世名儒，举进士，官国史编修。推原寻绎，公德益用表著。朝廷赠官如子，日显赫竦耀。乡人相与追嗟慕叹，为善之报何如？向特未定耳。呜呼。古有狷介特行之士，直志犯众恶，之死靡悔，湛公殆其人，非邪？向使得志立朝，当大节，其肯俯首为奸人仆役，呴濡喘息以蕲缓须臾死？其不能矣。夫脂韦佞悦，亦何能缓急有毫毛之赖？为国者当何取哉？予悲斯人之不遇，而因重有所感也。昔者君子显微阐幽，以明世警瞶。信暴者无庸扬矣，彼忞然就抑，蒙溷垢而弗雪，其可以无表而出之。

节庵方公墓表 乙酉

苏之昆山有节庵方翁麟者，始为士业举子，已而弃去，从其妻家朱氏居。朱故业商，其友曰:“子乃去士而从商乎？”翁笑曰:“子乌知士之不为商，而商之不为士乎？”其妻家劝之从事，遂为郡从事。其友曰：“子又去士而从从事乎？”翁笑曰：“子又乌知士之不为从事，而从事之不为士乎？”居久之，叹曰：“吾愤世之碌碌者，刀锥利禄，而屑为此以矫俗振颓，乃今果不能为益也。”又复弃去。会岁歉，尽出其所有以赈饥乏。朝廷义其所为，荣之冠服，后复遥授建宁州吏目。翁视之萧然若无与，与其配朱竭力农耕植其家，以士业授二子鹏、凤，皆举进士，历官方面。翁既老，日与其乡士为诗酒会。乡人多能道其平生，皆磊落可异。顾太史九和云：“吾尝见翁与其二子书，亹亹皆忠孝节义之言，出于流俗，类古之知道者。”阳明子曰：“古者四民异业而同道，其尽心焉，一也。士以修治，农以具养，工以利器，商以通货，各就其资之所近，力之所及者而业焉，以求尽其心。其归要在于有益于生人之道，则一而已。士农以其尽心于修治具养者，而利器通货，犹其士与农也；工商以其尽心于利器通货者，而修治具养，犹其工与商也。故曰：四民异业而同道。盖昔舜叙九官，首稷而次契。垂工益、虞，先于夔、龙。商、周之代，伊尹耕于莘野，传说板筑于岩，胶鬲举于鱼盐，吕望钓于磻渭，百里奚处于市，孔子为乘田委吏，其诸仪封晨门荷蒉斫轮之徒，皆古之仁圣英贤，高洁不群之士。书传所称，可考而信也。自王道熄而学术乖，人失其心，交骛于利以相驱轶，于是始有歆士而卑农，荣宦游而耻工贾。夷考其实，射时罔利有甚焉。特异其名耳。极其所趋驾，浮辞诡辩以诬世惑众，比之具养器货之益，罪浮而实反不逮。吾观方翁'士商从事'之喻，隐然有当于古四民之义，若有激而云者。呜呼。斯义之亡也久矣。翁殆有所闻欤？抑其天质之美，而默有契也？吾于是而重有所感焉。吾尝获交于翁二子，皆颖然敦古道，敏志于学。其居官临民，务在济世及物，求尽其心。吾以是得其源流，故为之论著之云耳。"翁既殁，葬于邑西马鞍山之麓。配朱孺人，有贤行，合葬焉。乡人为表其墓，曰:"明赠礼部主事节庵方公之墓"。呜呼。若公者其亦可表也矣。

湛贤母陈太孺人墓碑 甲戌

湛子之母卒于京师，葬于增城。阳明子迎而吊诸龙江之浒，已，湛子泣曰："若水之辱于吾子，盖人莫不闻。吾母殁而子无一言，人将以病子。"阳明子曰："名者，为之铭矣；表者，为之表矣。某何言。虽然，良亦无以纾吾情。吾闻太孺人之生七十有九，其在孀居者余四十年，端靖严洁如一日。既老，虽其至亲卑幼之请谒，见之未尝逾阈也，不亦贞乎。绩麻舂粱，教其子以显，尝使从白沙之门，曰:'宁学圣人而未至也'，不亦知乎。恤其庶姑与其庶叔，化厉为顺，抚孤与女，爱不违训，不亦慈乎。已膺封锡，禄养备至，而缟衣疏食，不改其初，不亦俭乎。贞知慈俭，老而弥坚，不亦贤乎。请著其石曰'湛贤母之墓'。"湛子拜泣而受之。既行，人曰:"湛母之贤，信矣。若湛子之贤，则吾犹有疑焉。湛子始以其母之老，不试者十有三年，是也。复出而取上第，为美官，则何居？母亦老矣，又去其乡而迎养，既归复往，卒于旅，则何居？”阳明子曰:“是乌足以疑湛子矣。夫湛子，纯孝人也，事亲以老于畎亩，其志也;其出而仕，母命之也;其迎之也，母欲之也；既归而复往，母泣而强之也。是能无从乎？无大拂于义，将东西南北之惟命。彼湛子者，亦岂以人之誉毁于外者，以易其爱亲之诚乎？”曰：“湛子而是，则湛母非欤？”曰：“乌足以非湛母矣。夫湛父之早世也，属其子曰：‘必以显吾世。’故命之出者，行其夫之志也；就之养者，安其子之心也；强之往者，勉其子之忠，以卒其夫之愿也。昔者孟母断机以励其子，盖不归者几年，君子不以孟子为失养，孟母为非训。今湛母之心亦若此，而湛子之又未尝违乎养也。故湛母，贤母也;湛子，孝子也。然犹不免于世惑，吾虽欲无言也，可得乎？”

程守夫墓碑 甲申

吾友程守夫以弘治丁已之春卒于京，去今嘉靖甲申二十有八年矣。呜呼。朋友之墓有宿草则勿哭，而吾于君，尚不能无潸然也。君之父味道公与家君为同年进士，相知甚厚，故吾与君有通家之谊。弘治壬子，又同举于乡，已而又同卒业于北雍，密迩居者四年有余。凡风雪之晨，花月之夕，山水郊园之游，无不与共。盖为时甚久而为迹甚密也，而未尝见君有愤词忤色，情日益笃，礼日以恭。其在家庭，雍雍于于，内外无间。交海内之士，无贵贱少长，咸敬而爱之。虽粗鄙暴悍，遇君未有不熏然而心醉者。当是时，予方驰骛于举业词章，以相矜高为事，虽知爱重君，而未尝知其天资之难得也。其后君既殁，予亦入仕，往往以粗浮之气得罪于人。稍知创艾，始思君为不可及。寻谪贵阳，独居幽寂穷苦之乡，困心衡虑，乃从事于性情之学。方自苦其胜心之难克。而客气之易动；又见夫世之学者，率多娼嫉险隘，不能去其有我之私，以共明天下之学，成天下之务，皆起于胜心客气之为患也。于是愈益思君之美质，盖天然近道者，惜乎当时莫有以圣贤之学启之。有启之者，其油然顺道，将如决水之赴壑矣。呜呼惜哉。乃今稍见端绪，有足以启君者，而君已不可作也已。君之子国子生烓致君临没之言，欲予与林君利瞻为之表志。林君既为之表，而君之葬已久，志已无所及，则为书其墓之碑，聊以识吾之哀思。夫君者，不徒嬉游征逐之好而已。君讳文楷，世居严之淳安，其详已具于墓表。

太傅王文恪公传 丁亥

公讳鏊，字济之，王氏。其先自汴扈宋南渡。讳百八者，始居吴之洞庭山。曾祖伯英。祖惟道。考光化，知县朝用。皆赠光禄大夫柱国少傅兼太子太傅户部尚书武英殿大学士，妣三代皆一品夫人。公自幼颖悟不凡，十六随父读书太学，太学诸生争传诵其文，一时先达名流咸屈年行求为友。侍郎叶文庄、提学御史陈士贤，咸有重望于时，见而奇之，曰“天下士”。于是名声动远迩。成化甲午，应天乡试第一，主司异其文，曰：“苏子瞻之流也。”录其论策，不易一字。乙未会试，复第一，入奉廷对，众望翕然。执政忌其文，乃置一甲第三，时论以为屈。授翰林编修，闭门力学，避远权势，若将浼焉。九载，升侍讲。宪庙《实录》成，升右谕德，寻荐为侍讲学士兼日讲官。每进讲至天理人欲之辩，君子小人之用舍，必反覆规谕，务尽启沃。方春，上游后苑，左右谏不听，公讲文王不敢盘于游田，上为罢游。讲罢，常召所幸广戒之，曰："今日讲官所指，殆为若等好为之。"时东宫将出阁，大臣请选正人以端国本，首荐用公以本官兼谕德。寻升少詹事兼侍讲学士。既而吏部阙侍郎，又遂以为吏部。时北虏入寇，公上筹边八事，虽忤权幸，而卒多施行，公辅之，望日隆。于是灾异，内阁谢公引咎求退，遂举公以自代。武宗在亮暗，内侍八人，荒游乱政，台谏交章，中外汹汹。公协韩司徒率文武大臣伏阁以请，上大惊怒，有旨召公等。至左顺门，中官传谕甚厉，众相视莫敢发言。公曰："八人不去，乱本不除，天下何由而治。"议论侃侃，韩亦危言继之，中官语塞。一时国论倚以为重。然自是八人者竟分布要路，瑾入柄司礼，而韩公遂逐，内阁刘、谢二公亦去矣。诏补内阁缺，瑾意欲引冢宰焦，众议推公。瑾虽中忌而外难公论，遂与焦俱入阁。瑾方威钳士类，按索微瑕，辄枷械之，几死者累累。公亟言于瑾曰："士大夫可杀不可辱，今既辱之，又杀之，吾尚何颜于此。"由是类从宽释。瑾衔韩不已，必欲置之死，无敢言者；又欲以他事中内阁刘、谢二公；前后力救之，乃皆得免。大司马华容刘公以瑾旧怨，逮至京，将坐以激变土官岑氏罪死。公曰："岑氏未叛，何名为激变乎？"刘得减死。或恶石淙杨公于瑾，谓其筑边太费，屡以为言。公曰："杨有高才重望，为国修边，乃可以功为罪乎？"瑾议焚废后吴氏之丧以灭迹，曰："不可以成服。"公曰："服可以不成，葬不可以苟。"景泰汪妃薨，疑其礼。公曰："妃废不以罪，宜复其故号，葬以妃，祭以后。"皆从之。当是时，瑾权倾中外，虽意不在公，然见公开诚与言，初亦间听。及焦专事媕阿，议弥不协。而瑾骄悖日甚，毒流缙绅。公遏之不能得，居常戚然。瑾曰："王先生居高位，何自苦乃尔耶？"公日求去。

瑾意愈咈，众虞祸且不测。公曰："吾义当去，不去乃祸耳。"瑾使伺公，无所得，且闻交贽亦绝，乃笑曰："过矣。"于是恳疏三上，许之。赐玺书、乘传、岁夫、月米以归。时方危公之求去，咸以为异数云。

公既归吴，屏谢纷嚣，悠然山水之间，究心理性，尚友千古。至其与人，清而不绝于俗，和而不淆于时；无贵贱少长，咸敬慕悦服，有所兴起。平生嗜欲澹然，吴中士夫所好尚珍赏观游之具，一无所人。惟喜文辞翰墨之事，至是亦皆脱落雕绘，出之自然。中年尝作《明理》、《克己》二箴，以进德砥行。及充养既久，晚益纯明，心有著述，必有所发。其论性善云："欲知性之善乎，盍反而内观乎？寂然不动之中，而有至虚至灵者存焉。湛兮其非有也，窅兮其非无也；不堕于中边，不杂于声臭。当是时也，善且未形，而恶有所谓恶者哉？恶有所谓善恶混者哉？恶有所谓三品者哉？性，其犹监乎。鉴者，善应而不留。物来则应，物去则空，监何有焉。性，惟虚也，惟灵也，恶安从生？具生于蔽乎。气质者，性之所寓也，亦性之所出敝也。气质异而性随之。譬之球焉，坠于澄渊则明，坠于浊水则昏，坠于污秽则秽。澄渊，上智也；浊水，凡庶也；污秽，下愚也。天地间腷塞充满，皆气也；气之灵，皆性也。人得气以生而灵随之，譬之月在天，物各随其分而受之。江湖淮海，此月也；池沼，此月也；沟渠，此月也；坑堑，亦此月也，岂必物物而授之。心者，月之魄也；性者，月之光也；情者，光之发于物者也。"其所论造，后儒多未之及。居闲十余年，海内士夫交章论荐不辍。及今上即位，始遣官优礼，岁时存问。将复起公，而公已没，时嘉靖三年三月十一日，寿七十五矣。赠太傅，谥文恪，祭葬有加礼。四子：延喆，中书舍人；延素，南京中军都督府都事；延陵，郡学生；延昭，尚幼。皆彬彬世其家。

史臣曰：世所谓完人，若震泽先生王公者，非邪？内裕伦常，无俯仰之憾；外际明良，极禄位声光之显。自为童子至于耆耋，自庙朝下逮闾巷至于偏隅，或师其文学，或慕其节行，或仰其德业；随所见异其称，莫或有瑕疵之者。所谓寿福康宁，攸好德而考终命，公殆无愧尔矣。无锡邵尚书国贤与公婿徐学士子容，皆文名冠一时，其称公之文规模昌黎，以及秦汉，纯而不流于弱，奇而不涉于怪，雄伟俊洁，体裁截然，振起一代之衰，得法于《孟子》；论辩多古人未发；诗萧散清逸，有王、岑风格；书法清劲自成，得晋、唐笔意；天下皆以为知言。阳明子曰："王公所深造，世或未之能尽也，然而言之亦难矣。著其'性善之说'，以微见其概，使后世之求公者以是观之。"

平茶寮碑 丁丑

正德丁丑，瑶寇大起，江、广、湖、郴之家骚然，且三四年矣。于是三省奉命会征。乃十月辛亥，予督江西之兵自南康入。甲寅，破横水、左溪诸巢，贼败奔。庚申，复连战，奔桶冈。十一月癸酉，攻桶冈，大战西山界。甲戌，又战，贼大溃。丁亥，尽殪之。凡破巢八十有四，擒斩三千余，俘三千六百有奇。释其胁从千有余众，归流亡，使复业。度地居民，凿山开道，以夷险阻。辛丑，师旋。于乎。兵惟凶器，不得已而后用。刻茶寮之石，匪以美成，重举事也。提督军务都御史王某书。

平浰头碑 丁丑

四省之寇，惟浰尤黠，拟官僭号，潜图孔亟。正德丁丑冬，崒、瑶既殄，益机险阱毒，以虞王师。我乃休士归农。戊寅正月癸卯，计擒其魁，遂进兵击其懈。丁未，破三浰，乘胜归北。大小三十余战，灭巢三十有八，俘斩三千余。三月丁未，回军。壶浆迎道，耕夫遍野，父老咸欢。农器不陈，于今五年;复我常业，还我室庐，伊谁之力？赫赫皇威，匪威曷凭？爰伐山石，用纪厥成。提督军务都御史王某书。

田州立碑 丙戌

嘉靖丙戌夏，官兵伐田，随与思恩之人相比复煽，集军四省，汹汹连年，于时皇帝忧悯：“元元容有无辜而死者乎？”乃命新建伯王守仁:“曷往视师。其以德绥，勿以兵虔。”班师撤旅，信义大宣。诸夷感慕，旬日之间，自缚来归者，七万一千。悉放之还农，两省以安。昔有苗徂征，七旬来格；今未期月而蛮夷率服。绥之斯来，速于邮传，舞干之化，何以加焉。爰告思、田，毋忘帝德;爰勒山石，昭此赫赫。文武圣神，率土之滨，凡有血气，莫不尊亲。

田州石刻

田石平，田州宁民谣如此；田水萦，田山迎府治新向；千万世，巩皇明。嘉靖岁，戊子春，新建伯，王守仁，勒此石，告后人。

陈直夫南宫像赞

夫子称史鱼曰：“直哉。邦有道如矢，邦无道如矢。”谓祝鮀、宋朝曰:“非斯人,难免乎今之世矣。”予尝三复而悲之。直道之难行,而谄谀之易合也,岂一日哉。鱼之直,信乎后世,其在当时,不若朝与鮀之易容也,悲夫。

吾越直夫陈先生,严毅端洁,其正言直气,放荡佞谀之士,嫉视若仇。彼宁无知之,卒于己非便也。故先生举进士不久,辄致仕而归;屡荐复起,又不久辄退,以是也哉。然天下之言直者,必先生与焉。始予拜先生于钱清江上,欢然甚得。先生奚取于予?殆空谷之足音也。世日趋于下,先生而在,虽执鞭之事,吾亦为之。今既没矣,其子子钦以先生南宫图像请识一言。先生常尘视轩冕,岂一第之为荣。闻之子钦,盖初第时有以相遗者,受而存之。先生没,子钦始装潢,将藏诸庙,则又为子者宜尔也。诗曰:

有服襜襜,有冠翼翼;在彼周行,其容孔式。秉笏端弁,中温且栗。既醉以酒,既饱以德。彼何人斯?邦之司直。邦之司直;宜公宜孤。既来既徂,为冠为模。孰久其道,众听且孚。如江如河,其趋弥污。邦之司直,今也则亡。

三箴

呜呼小子,曾不知警。尧讵未圣?犹日兢兢。既坠于渊,犹恬履薄;既折尔股,犹迈奔蹶;人之冥顽,则畴与汝。不见瘇肿,砭乃斯愈?不见痿痹,剂乃斯起?人之毁诟,皆汝砭剂。汝曾不知,反以为怒。匪怒伊色,亦反其语;汝之冥顽,则畴之比。呜呼小子。告尔不一。既四十有五,而曾是不忆。

呜呼小子,慎尔出话。憸言维多,吉言维寡。多言何益?徒以取祸。德默而成,仁者言讱。孰默而讥?孰讱而病?誉人之善,过情犹耻；言人之非，罪曷有已？呜呼多言，亦惟汝心。汝心而存，将日钦钦；岂遑多言，上帝汝临。

呜呼小子，辞章之习，尔工何为。不以钓誉，不以蛊愚。佻彼优伶，尔视孔丑；覆蹈其术，尔颜不厚？日月逾迈，尔胡不恤？弃尔天命，昵尔仇贼；昔皇多士，亦胥兹溺。尔独不鉴，自抵伊亟。

南镇祷雨文 癸亥

惟神秉灵毓秀，作镇于南，实与五岳分服而治。维是扬州之域，咸赖神休，以生以养，凡其疾疫灾眚之不时，雨阳寒暑之弗莫，无有远近，莫不引颈企足，惟神是望。怨有归，功有底，神固不得而辞也。而况绍兴一郡，又神之宫墙辇毂之下乎？谓宜风雨节而寒暑当，民无疾而五谷昌，特先诸郡以霑神惠。而乃入夏以来，亢阳为虐，连月弗雨，泉源告竭，黍苗荐槁，岁且不登，民将无食。农夫相与咨于野，商贾相与憾于市，行旅相与怨于途，守土之官帅其吏民奔走呼号。维是祈祷告请，亦无不至矣；而犹雨泽未应，旱烈益张，是岂吏之不职而贪墨者众欤？赋敛繁刻而狱讼冤滞欤？祀典有弗修欤？民怨有弗平欤？夫是数者，皆吏之谪，而民何咎之有？夫怒吏之不臧，而移其谪于民，又知神之所不忍也。不然，岂民之冥顽妄作者众，将奢淫暴殄以怒神威，神将罚而惩之欤？夫薄罚以示戒，神之威灵亦即彰矣。百姓震惧忧惶，请罪无所，遂弃而绝之，使无噍类，神之慈仁固应不为若是之甚也。夫民之所赖者神，神之食于兹土，亦非一日矣。今民不得已有求于神，而神无以应之，然则民将何恃？而神亦何以信于民乎？

某生长兹土，犹乡之人也。乡之人以某尝读书学道，缪以为是乡人之杰者，其有得于山川之秀为多，藉之以为吾愚民之不能自达者，通诚于山川之神，其宜有感。夫某非其人也，而冒有其名；人而冒以其名加我，我既不得而辞矣，又何敢独辞其责耶？是以冒昧辄为之请，固知明神亦有所不得而辞也。谨告。

瘗旅文 戊辰

维正德四年秋月三日，有吏目云自京来者，不知其名氏；携一子一仆，将之任，过龙场，投宿土苗家。予从篱落间望见之，阴雨昏黑，欲就问讯北来事，不果。明早遣人觇之，已行矣。薄午有人自蜈蚣坡来，云一老人死坡下，傍两人哭之哀。予曰："此必吏目死矣。伤哉。"薄暮复有人来，云："城下死者二人，傍一人坐叹。"询其状，则其子又死矣。明日复有人来，云："见坡下积尸三焉。"则其仆又死矣。呜呼伤哉。念其暴骨无主，将二童子持畚锸，往瘗之，二童子有难色然。予曰："嘻。吾与尔犹彼也。"二童悯然涕下，请往；就其傍山麓为三坎埋之，又以只鸡饭三盂，嗟吁涕洟而告之。曰：

呜呼伤哉。系何人？系何人？吾龙场驿丞余姚王守仁也。吾与尔皆中土之产，吾不知尔郡邑，尔乌为乎来为兹山之鬼乎？古者重去其乡，游宦不逾千里。吾以窜逐而来此，宜也；尔亦何辜乎？闻尔官，吏目耳，俸不能五斗，尔率妻子躬耕，可有也，乌为乎以五斗而易尔七尺之躯？又不足，而益以尔子与仆乎？呜呼伤哉。尔诚恋兹五斗而来，则宜欣然就道，乌为乎吾昨望见尔容蹙然，盖不任其忧者？夫冲冒雾露，扳援崖壁，行万峰之顶，饥渴劳顿，筋骨疲惫，而又瘴厉侵其外，忧郁攻其中，其能以无死乎？吾固知尔之必死，然不谓若是其速，又不谓尔子尔仆亦遽尔奄忽也。皆尔自取，谓之何哉。吾念尔三骨之无依而来瘗尔，乃使吾有无穷之怆也，呜呼痛哉。纵不尔瘗，幽崖之狐成群，阴壑之虺如车轮，亦必能葬尔于腹，不致久暴露尔。尔既已无知，然吾何能为心乎？自吾去父母乡国而来此，二年矣，历瘴毒而苟能自全，以吾未尝一日之戚戚也。念悲伤若此，是吾为尔者重而自为者轻也。吾不宜复为尔悲矣。吾为尔歌，尔听之。歌曰：

连峰际天兮，飞鸟不通；游子怀乡兮，莫知西东。莫知西东兮，维天则同。异域殊方兮，环海之中；达观随寓兮，奚必予宫？魂兮魂兮，无悲以恫。

又歌以慰之，曰：

与尔皆乡土之离兮，蛮之人言语不相知兮。性命不可期，吾苟死于兹兮，率尔子仆来从予兮。吾与尔遨以嬉兮，骖紫彪而乘文螭兮，登望故乡而嘘唏兮。吾苟获生归兮，尔子尔仆尚尔随兮，无以无侣悲兮。道傍之冢累累兮，多中土之流离兮，相与呼啸而徘徊兮。飧风饮露，无尔饥兮；朝友麋鹿，暮猿与栖兮。尔安尔居兮，无为厉于兹墟兮。

祭郑朝朔文 甲戌

维正德九年，岁次甲戌，七月壬戌朔越十有六日丁丑，南京鸿胪寺卿王守仁驰奠于监察御史亡友郑朝朔之墓。

呜呼。“道之将行，其命也与。道之将废，其命也与。”呜呼朝朔。命实为之，将何如哉。将何如哉。辛未之冬，朝于京师，君为御史，余留铨司。君因世杰，谬予是资；予辞不获，抗颜以尸。君尝问予：“圣学可至？”余曰：“然哉。克念则是。”隐辞奥义，相与剖析；探本穷原，夜以继日。君喜谓予：“昔迷今悟；昔陷多歧，今由大路。”呜呼绝学。几年于兹。孰沿就绎？君独奋而。古称豪杰，无文犹兴；有如君者，无愧斯称。当是之时，君疾已构；忍痛扶孱，精微日究。人或劝君：“盍亦休只？”君曰：“何哉？夕死可矣。”君遂疾告，我亦南行。君与世桀，访予阳明。君疾亦笃，遂留杭城。天不与道，善类云倾。呜呼痛哉。时予祖母，亦婴危疾；汤药自须，风江阻涉。君丧遂行，靡由一诀。扶榇而南，事在世杰；负恨负愧，予复何说。嗟予颛弱，实赖友朋；砥砺切磋，庶几有成。死者生者，索居离群。静言永怀，中心若焚。墓草再青，甫兹驰奠；遥望岭云，有泪如霰。呜呼哀哉。予复何言？尚飨。

祭浰头山神文 戊寅

维正德十三年戊寅，二月十五日甲申，提督军务都御史王某谨以刚鬣柔毛，昭告于浰头山川之神。

惟广谷大川，阜财兴物，以域民畜众。故古者诸侯祭封内山川，亦惟其有功于民。然地灵则人杰，人之无良，亦足以为山川之羞。兹土为盗贼所盘据且数十年，远近之称浰头者，皆曰：“贼巢”，耻莫大焉，是岂山川之罪哉？虽然，清冽之井，粪秽而不除，久则同于而厕溷矣；丹凤之穴，鸱狐聚而不去，久则化为妖窟矣。粪秽之所，过者掩鼻；妖孽之窟，人将持刃燔燎，环而攻之。何者？其积聚招致使然也。诚使除其粪秽，刮剜涤荡，将不终朝而复其清冽；鸱狐逐而鸾凤归，妖孽之窟还为孕祥育瑞之所矣。今兹土之山川，亦何以异于是？

守仁奉天子明命，来镇西陲。愤浰贼之凶悖，民苦荼毒，无所控吁，故迩者计擒渠魁，提兵捣其巢穴。所向克捷，动获如志。斯固人怨神怒，天人顺应之理，将或兹土山川之神厌恶凶残，思欲洗其积辱，阴有以相协，假手于予。今驻兵于此弥月余旬，虽巢穴悉已扫荡，擒斩十且八九，然漏殄之徒，尚有潜逃，小民不能无怨于山川之神为之逋逃主萃渊薮也。今予提兵深入，岂独除民之害，亦为山川之神雷其耻。夫安旧染，弃新图，非中人之情，而况于鬼神乎？今此残徒，势穷力屈，亦方遣人投招，将顺而抚之，则虑其无革心之诚，复遗患于日后；逆而弗受，又恐其或出于诚心，杀之有不忍也。神其阴有以相协，使此残寇而果诚心邪，即阴佑其衷，俾尽携其党类，自缚来投，若水之赴壑，予将堤沿停畜之；如其设诈怀奸，即阴夺其魄，张我军威，风驰电扫，一鼓而歼之。兹惟下民之福，亦惟神明之休。坛而祀之，神亦永永无祚。惟神实鉴图之。尚飨。

祭徐曰仁文 戊寅

呜呼痛哉，曰仁。吾复何言。尔言在吾耳，尔貌在吾目，尔志在吾心，吾终可奈何哉。记尔在湘中，还，尝语予以寿不能长久，予诘其故。云："尝游衡山，梦一老瞿昙抚曰仁背，谓曰：'子与颜子同德。'俄而曰：'亦与颜子同寿。'觉而疑之。"予曰："梦耳。子疑之，过也。"曰仁曰："此亦可奈何？但令得告疾早归林下，冀从事于先生之教，朝有所闻，夕死可矣。"呜呼。吾以为是固梦耳，孰谓乃今而竟如所梦邪。向之所云，其果梦邪？今之所传，其果真邪？今之所传，亦果梦邪？向之所梦，亦果妄邪？呜呼痛哉。

曰仁尝语予："道之不明，几百年矣。今幸有所见，而又卒无所成，不亦尤可痛乎？愿先生早归阳明之麓，与二三子讲明斯道，以诚身淑后。”予曰:“吾志也。”自转官南赣，即欲过家，坚卧不出。曰仁曰 :“未可。纷纷之议方驰，先生且一行。爰与二三子姑为饘粥计，先生了事而归。”鸣呼。孰谓曰仁而乃先止于是乎。吾今纵归阳明之麓，孰与予共此志矣。二三子又且离群而索居，吾言之，而孰听之？吾倡之，而孰和之？吾知之，而孰问之？吾疑之，而孰思之？鸣呼。吾无与乐余生矣。吾已无所进，曰仁之进未量也。天而丧予也,则丧予矣,而又丧吾曰仁何哉？天胡酷且烈也。鸣呼痛哉。朋友之中，能复有知予之深、信予之笃如曰仁者乎？夫道之不明也，由于不知不信。使吾道而非邪，则已矣；吾道而是邪，吾能无蕲于人之不予知予信乎？

自得曰仁讣，盖哽咽而不能食者两日。人皆劝予食。鸣呼。吾有无穷之志，恐一旦遂死不克就，将以托之曰仁，而曰仁今则已矣。曰仁之志，吾知之，幸未即死，又忍使其无成乎？于是复强食。鸣呼痛哉。吾今无复有意于人世矣。姑俟冬夏之交，兵革之役稍定，即拂袖而归阳明。二三子苟有予从者，尚与之切磋砥砺。务求如平日与曰仁之所云。纵举世不以予为然者，亦且乐而忘其死，惟百世以俟圣人而不惑耳。曰仁有知，其尚能启予之昏而警予之惰邪？鸣呼痛哉。予复何言。

祭孙中丞文 己卯

鸣呼。弇阿苟容，生也何庸。慷慨激烈，死也何恫。勤劳施于国，而惠泽被于民，孰谓公之死而非生乎？守臣节以无亏，秉大义而不屈，孰谓公之归而非全乎？方逆焰之已炎，公盖力扑其燎原之势而不能;屡疏乞免，又不获请;则旁行曲成，冀缓其怒而徐为之图。

盖公处事之权，而人或未之尽知也。比其当危临难，伏节申忠，之死靡回，然后见公守道之常，心迹如青天白日，而天下之人始洞然无疑矣。呜呼。逆藩之谋，积之十有余年，而败之旬日，岂守仁之智谋才力能及此乎？是固祖宗之德泽，朝廷之神武，而公之精忠愤烈，阴助默相于冥冥之中，是亦未可知也。公之子挟刃赴仇，奔走千里，至则逆贼已擒，遂得改殡正殓，扶公榇而还。父子之间，忠孝两无所怆矣，亦何憾哉。守仁于公，既亲且友，同举于乡，同官于部，今又同遭是难，岂偶然哉。灵舟将发，薄奠写哀，言有尽而意无穷。呜呼。

祭外舅介庵先生文 辛巳

呜呼。自公之葬兹土，逮今二十有六年，乃始复一拜墓下。中间盛衰之感，死生之戚，险夷之变，聚散之情，可悲可愕，可扼腕而流涕者，何可胜道？呜呼伤哉。死者日以远，生者日以谢，而少者日以老矣。自今以往，其可悲可愕，可扼腕而流涕者，其又可胜道耶？二十六年而始获一拜，自今以往，获拜公之墓下者知复能几？呜呼伤哉。惟是公之子姓群然集于墓下，皆鸾停鹤峙，振羽翮而翱乎云霄未已也。所以报纯德而慰公于地下者，庶亦在兹已乎。某奉召北行，便道归省，甫申展谒，辄已告辞，言有尽而意无穷。顾瞻丘垅，岂胜凄断。尚飨。

祭文相文

呜呼。文相迈往直前之气，足以振颓靡而起退懦；通敏果决之才，足以应烦剧而解纷拿；激昂奋迅之谈，足以破支辞而折多口。此文相之所以超然特出乎等夷，而世之人亦方以是而称文相者也。然吾之所望于文相，则又宁止于是而已乎。与文相别数年矣，去岁始复一会于江浒。握手半日之谈，豁然遂破百年之惑，一何快也。吾方日望文相反其迈往直前之气，以内充其宽裕温厚之仁；敛其通敏果决之才，以自昭其文理密察之智；收其奋迅激昂之辩，以自全其发强刚毅之德；固将日趋于和平而大会于中正。斯乃圣贤之德之归矣，岂徒文章气节之士而已乎？惜乎，吾见其进而未见其止也。一疾奄逝，岂不痛哉。闻讣实欲渡江一恸，以舒永诀之哀。暑病且冗，欲往不能；临风长号，有泪如雨。呜呼文相，予复何言。

又祭徐曰仁文 甲申

呜呼曰仁。别我而逝兮，十年于今。葬兹丘兮，宿草几青。我思君兮一来寻，林木拱兮出日深，君不见兮，窅嵯峨之云岑。四方之英贤兮日来臻，君独胡为兮与鹤飞而猿吟？忆丽泽兮欷歔，奠椒醑兮松之阴，良知之说兮闻不闻？道无间于隐显兮，岂幽明而异心。我歌白云兮，谁同此音？

祭国子助教薛尚哲文 甲申

呜呼。良知之学不明于天下，几百年矣。世之学者，蔽于见闻习染，莫知天理之在吾心，而无假于外也。皆舍近求远，舍易求难，纷纭交鹜，以私智相高，客气相竞，日陷于禽兽夷狄而不知。间有独觉其非而略知反求其本源者，则又群相诟笑，斥为异学。呜呼，可哀也已。

盖自十余年来，而海内同志之士稍知讲求于此，则亦如晨星之落落，乍明乍灭，未见其能光大也。潮阳在南海之滨，闻其间亦有特然知向之士，而未及与见。间有来相见者，则又去来无常。自君之弟尚谦始从予于留都，朝夕相与者三年。归以所闻于予者语君，君欣然乐听不厌，至忘寝食，脱然弃其旧业如敝屣。君素笃学高行，为乡邦子弟所宗依，尚谦自幼受业焉。至是闻尚谦之言，遂不知己之为兄，尚谦之为弟；己之尝为尚谦师，而尚谦之尝师于己也。尽使其群子弟侄来学于予，而君亦躬枉辱焉。非天下之大勇，能自胜其有我之私而果于徙义者，孰能与于此哉。自是其邑之士，若杨氏兄弟与诸后进之来者，源源以十数。海内同志之盛，莫有先于潮阳者，则实君之昆弟之为倡也。其有功于斯道，岂小小哉。

方将因藉毗赖，以共明此学，而君忽逝矣，其为同志之痛，何可言哉。虽然，君于斯道亦既有闻，则夕死无憾矣，其又奚悲乎？吾之所为长号涕洟而不能自已者，为吾道之失助焉耳。天也，可如何哉。

相望千里，靡由走哭；因风寄哀，言有尽而意无穷。呜呼，哀哉。

祭朱守忠文 甲申

呜呼。圣学之不明也久矣。予不自量，犯天下之诋笑，而冒非其任。恃以无恐者，谓海内之同志若守忠者，为之胥附先后，终将必有所济也。而自十余年来，若吾姚之徐曰仁，潮阳之郑朝朔、杨仕德，武陵之冀惟乾者，乃皆相继物故。其余诸同志之尚存足可倚赖者，又皆离群索居，不能朝夕相与以资切磋砥砺之益。今守忠又复弃我而逝，天其或者既无意于斯文已乎？何其善类之难合而易暌，善人之难成而易丧也。呜呼痛哉。

守忠之于斯道，既已识其大者，又能乐善不倦，旁招博采，引接同志而趋之同归于善，若饥渴之于饮食，视天下之务不啻其家事，每欲以身殉之。今兹之没也，实以驱贼山东，昼夜劳瘁，至殒其身而不顾。呜呼痛哉。

始守忠之赴山东也，过予而告别，云："节于先生之学，诚有终身几席之愿，顾事功之心犹有未能脱然者。先生将何以裁之？"予曰："君子之事，敬德修业而已。虽位天地、育万物，皆己进德之事，故德业之外无他事功矣。乃若不由天德，而求骋于功名事业之场，则亦希高慕外。后世高明之士，虽知向学，而未能不为才力所使者，犹不免焉。守忠既已心觉其非，固当不为所累矣。"呜呼，岂知竟以是而忘其身乎。

守忠之死，盖御灾捍患而死勤事，能为忠臣志士之所难能矣。而吾犹以是为憾者，痛吾道之失助，为海内同志之不幸焉耳。呜呼痛哉。灵辆云迈，一奠永诀；岂无良朋，孰知我心之悲。呜呼痛哉。

祭洪襄惠公文

呜呼。公以雄特之才，豪迈之气，际明良之会，致位公孤。勋业振于当时，声光被于远迩；功成身退，全节令终。若公真可谓有济时之具，而为一世之杰矣。悲夫，才之难成也。干云合抱，岂岁月所能致？任之栋梁，已不为不见用矣，又辍而置之闲散者十余年，不亦人可惜也乎。天岂以公有克肖之子，将敛其所未尽者而大发诸其后人也乎？公优游林下，以乐太平之盛；其没也，天子锡之祭葬，褒以美谥。生荣死哀，亦复何憾矣。而予独不能无悲且感者。方公之生，人皆知公之才美，而忌者抑之，使不得尽用，时之人顾亦概然视之，曾不知以为意。呜呼。岂知其没也，遂一仆而不可复起矣。老成典型，为世道计者，能无悲伤乎哉。

先君子素与于公，守仁虽晚，亦辱公之知爱。公子尝以公之墓铭见属，曾不能发扬盛美。兹公之葬，又不能奔走执绋，驰奠一觞。聊以寓其不尽之衷焉尔。呜呼哀哉。尚飨。

祭杨士鸣文 丙戌

呜呼士鸣。吾见其进也，而遽见其止耶。往年士德之殁，吾已谓天道之无知矣，今而士鸣又相继以逝，吾安所归咎乎？呜呼痛哉。

忠信明睿之资，一郡一邑之中不能一二见，而顾萃于一家之兄弟，又皆与闻斯道，以承千载之绝学，此岂也出于偶然者。固宜使之得志大行，发圣学之光辉，翼斯文于悠远。而乃栽培长养，则若彼其艰；而倾覆摧折，又如此其易。其果出于偶然，倏聚倏散，而天亦略无主宰于其间耶？呜呼痛哉。

潮郡在南海之涯，一郡耳。一郡之中，有薛氏之兄弟子侄，既足盛矣，而又有士鸣之昆季。其余聪明特达毅然任道之器，后先颉颃而起者以数十。其山川灵秀之气，殆不能若是其淑且厚，则亦宜有盈虚消息于其间矣乎？士鸣兄弟虽皆中道而逝，然今海内善类，孰不知南海之滨有杨士德、杨士鸣者为成德之士？如祥麟瑞凤。争一睹之为快，因而向风兴起者比比。则士鸣昆季之生，其潜启默相以有绩于斯道，岂其微哉。彼黄馘槁毙，与草木同腐者，又何可胜数。求如士鸣昆季一日之生以死，又安可得乎？呜呼。道无生死，无去来，士鸣则既闻道矣，其生也奚以喜？其死亦奚以悲。独吾党之失助而未及见斯道之大行也，则吾亦安能以无一恸乎。呜呼痛哉。

祭元山席尚书文 丁亥

呜呼元山。真可谓豪杰之士，社稷之臣矣。世方没溺于功利辞章，不复知有身心之学，而公独超然远览，知求绝学于千载之上；世方党同伐异，徇俗苟容，以钓声避毁，而公独卓然定见，惟是之从，盖有举世非之而不顾；世方植私好利，依违反覆，以垄断相与，而公独世道是忧。义之所存，冒孤危而必吐；心之所宜，经百折而不回。盖其所论虽或亦有动于气、激于忿，而其心事磊磊，则如青天白日，洞然可以信其无他。世方娼嫉谗险，排胜己以嫉高明，而公独诚心乐善。求以伸人之才，而不自知其身之为屈，求以进贤于国，而不自知其怨谤之集于其身。盖所谓“断断休休，人之有技，若己有之者”。此大臣之盛德，自古以为难，非独近世之所未见也。呜呼。世固有有君而无臣，亦有有臣而无君者矣。以公之贤，而又遭逢主上之神圣，知公之深而信公之笃，不啻金石之固、胶漆之投，非所谓明良相逢，千载一时者欤？是何天意之不可测？其行之也，方若巨舰之遇顺风，而其倾之也，忽中流而折樯舵；其植之也，方尔枝叶之敷荣，而摧之也，遂根株而蹶拔。其果无意于斯世斯人也乎？呜呼痛哉。呜呼痛哉。

某之不肖，屡屡辱公过情之荐，自度终不能有济于时，而徒以为公知人之累，每切私怀惭愧。又忆往年与公论学于贵州，受公之知实深。近年以来，觉稍有所进，思得与公一面，少叙其愚以来质正，斯亦千古之一快；而公今复已矣。呜呼痛哉。

闻公之讣，不能奔哭；千里设位，一恸割心。自今以往，进吾不能有益于君国，退将益修吾学，期终不负知己之报而已矣。呜呼痛哉。言有尽而意无穷，呜呼痛哉。

祭吴东湖文 丁亥

呜呼吴公。吾不可得而见之矣。公之才如干将、莫邪，随其所试，皆迎刃而解；公之志如长川逝河，信其所趣，虽百折不回；公之节如坚松古柏，必岁寒而后见；公之学如深林邃谷，必穷探而始知。自其筮仕，迄于退休，扬历中外，几于四十年，而天下皆以为未能尽公之才；登陟崇显，至于大司空，而天下皆以为未能行公之志。虽未尝捐躯丧元，而天下信其有成仁死义之勇；虽未尝讲学论道，而天下知其有避邪卫正之心。呜呼。若公者，真可谓一世豪杰，无所待而兴者矣。

某与公未获倾盖，而向慕滋切；未获识公之面，而久已知公之心。公于某，其教爱勤惓，不特篇章之稠叠，而过情推引，亦复荐剡之频烦。长愧菲薄，何以承公之教？而惧其终不免为知人之累也。今兹承乏是土而来，正可登堂请谢，论心求益，而公则避我长逝已一年矣。呜呼伤哉。幸与公并生斯世，而复终身不及一面，茫茫天壤，竟成千古之神交，岂不痛哉。薄奠一觞，以哭我私；公神有知，尚来格斯。

祭永顺宝靖土兵文 戊子

维湖广永顺、宝靖二司之土兵，多有物故于南宁诸处者。嘉靖七年六月十五日乙卯，钦差总制四省军务尚书左都御史新建伯王委南宁府知府蒋山卿等告于南宁府城隍之神，使号召诸物故者之魂魄，以牛二、羊四、豕四，祭而告之曰：

呜呼。诸湖兵壮士，伤哉。尔等皆勤国事而来死于兹土，山溪阻绝，不能一旦归见其父母妻子，旅魂飘遥于异城，无所依倚，呜呼痛哉。三年之间，两次调发，使尔络绎奔走于道途，不获顾其家室，竟死客乡，此我等上官之罪也，复何言哉。复何言哉。古者不得已而后用兵，先王不忍一夫不获其所，况忍群驱无辜之赤子而填之于沟壑？且兵之为患，非独锋镝死伤之酷而已也。所过之地，皆为荆棘；所住之处，遂成涂炭。民之毒苦，伤心惨目，可尽言乎？迩者思、田之役，予所以必欲招抚之者，非但以思、田之人无可剿之罪，于义在所当抚，亦正不欲无故而驱尔等于兵刃之下也。而尔等竟又以疾病物故于此，则岂非命耶？呜呼伤哉。人孰无死，岂必穷乡绝域能死人乎？今人不出户庭，或饮食伤多，或逸欲过节，医治不痊，亦死矣。今尔等之死，乃因驱驰国事，捍患御侮而死，盖得其死所矣。古人之固有愿以马革裹尸，不愿死于妇人女子之手者。若尔等之死，真无愧于马革裹尸之言矣。呜呼壮士。尔死何憾乎？

今尔等徒侣，皆已班师去矣。尔等游魂漂泊，正可随之西归。尔等尚知之乎？尔等其收尔游魂，敛尔精魄，驾风逐雾，随尔徒侣去归其乡。依尔祖宗之坟墓，以栖尔魂；享尔妻子之蒸尝，以庇尔后。尔等徒侣或有征调之役，则尔等尚鼓尔生前义勇之气，以阴助尔徒侣立功报国，为民除患。岂不生为壮烈之夫，而没为忠义之士也乎。

予因疾作，不能亲临祭所，一哭尔等，以舒予伤感之怀。临文凄怆，涕下沾臆。今委知府布告予衷，尔等有灵，尚知之乎？呜呼伤哉。

祭军牙六纛之神文 戊子

惟神秉扬神武，三军司命。今制度聿新，威灵丕振。伏惟仰镇国家，缉定祸乱，平服蛮夷，以永无穷之休。尚飨。

祭南海文 戊子

天下之水，萃于南海；利济四方，涵濡万类。自有天地，厥功为大。今皇圣明，露降河清。我实受命，南荒以平。阴阳表里，维海效灵。乃陈牲帛，厥用告成。尚飨。

祭六世祖广东参议性常府君文 戊子

于惟我祖，效节于高皇之世；肇禋兹土，岁久沦芜。无宁有司之不遑，实我子孙门祚衰微，弗克灵承显扬。盖冥迷昏隔者八九十年，言念怆恻，子孙之心，亦徒有之。

恭惟我祖晦迹长遁，迫而出仕，务尽其忠，岂曰有身没之祀？父死于忠，子殚其孝，各安其心，白刃不见，又知有一祀之荣乎？顾表扬忠孝，树之风声，实良有司修举国典，以宣流王化之盛美，我祖之烈，因以复彰。见人心之不泯，我子孙亦藉是获申其怆郁，永有无穷之休焉。及兹庙成，而末孙某适获来蒸，事若有不偶然者。我祖之道，其殆自兹而昌乎。

某承上命，来抚是方。上无补于君国，下无益于生民，循例省绩，实怀多惭。至于心之不敢以不自尽，则亦求无忝于我祖而已矣。承事之余，敢告不忘。以五世祖秘湖渔隐先生彦达府君配。尚飨。

书同门科举题名录后

尝读《文中子》，见唐初诸名臣若房、杜、王、魏之流，大抵皆出其门，而论者犹以文中子之书乃其徒伪为之而托焉者，未必其实然也。今以邃庵先生之徒观之，则文中子之门又奚足异乎？予尝论文中子盖后世之大儒也，自孔、孟既没，而周、程未兴，董、韩诸子未或有先焉者。

先生自为童子，即以神奇荐入翰林，未弱冠而已为人师。其颖悟之蚤，文学之懿，比之文中，实无所愧。而政事之敏卓，才识之超伟，文中未有见焉。文中之在当时，尝以策干隋文，不及一试，而又蚤死。先生少发科第，入中书，督学政，典礼太常，经略边陲，弭奸战乱，陟司徒，登冢宰，晋位师相，威名振于夷狄，声光被于海宇，功成身退，优游未老之年，以身系天下安危，圣天子且将复起之，以恢中兴之烈，而海内之士日翘首跂足焉。则天之厚于先生者，殆文中子所不能有也。

文中之徒，虽显于唐，然皆异代隔世。若先生之门，具体而微者，亦且几人，其余或得其文学，或得其政事，或得其器识，亦各彬彬成章，足为名士，布列中外，不下数十，又皆同朝共事，光耀于时，其间乔、靳诸公，遂与先生同升相位，相继为冢宰。若此者，文中子之门，益有所不敢望矣。且文中子之门，其亲经指受，若董常、程元之流，多不及显而章明于世，往往或请益于片言，邂逅于一接，非若今之题名所载，皆出于先生之陶冶，其出于陶冶而不显于世，若常、元之徒，殆未暇悉数也。

先生之在吏部，守仁常为之属，受知受教，盖不止于片言一接者。然以未尝亲出陶冶，不敢憾于兹录之不与。若其出于陶冶而有若常、元者焉，或亦未可以其不显于世而遂使之不与也。续兹录者，且以为何如？嘉靖甲申季冬望。

书宋孝子朱寿昌孙教读源卷

教读朱源，见其先世所遗翰墨，知其为宋孝子寿昌之裔也，既弊烂矣，使工为装缉之。因论之曰：“孝，人之性也。置之而塞乎天地，溥之而横乎四海，施之后世而无朝夕。保尔先世之翰墨，则有时而弊；保尔先世之孝，无时而或弊也。人孰无是孝？岂保尔先世之孝，保尔之孝耳。保先世之翰墨，亦保其孝之一事，充是心而已矣。”源归，其以吾言遍谕乡邻，苟有慕寿昌之孝者，各充其心焉，皆寿昌也已。正德己卯春三月晦，书虔台之静观轩。

书汪进之卷

程先生云：“有求为圣人之志，然后可与共学。”夫苟有必为圣人之志，然后能加为己谨独之功。能加为己谨独之功，然后于天理人欲之辨日精日密，而于古人论学之得失，孰为支离，孰为空寂，孰为似是而非，孰为似诚而伪，不待辩说而自明。何者？其心必欲实有诸己也。必欲实有诸己，则殊途而同归，其非且伪者，自不得而强入。不然，终亦忘己逐物，徒弊精力于文句之间，而曰吾以明道，非惟有捕风捉影之弊，抑且有执指为月之病，辩析愈多，而去道愈远矣。故某于朋友论学之际，惟举立志以相切砺。其于议论同异之间，姑且置诸未辩。非不欲辩也，本之未立，虽欲辩之，无从辩也。夫志，犹木之根也；讲学者，犹栽培灌溉之也。根之未植，而徒以载培灌溉，其所滋者，皆萧艾也。进之勉之。

书赵孟立卷

赵仲立之判辰也，问政于阳明子。阳明子曰：“郡县之职，以亲民也。亲民之学不明，而天下无善治矣。”“敢问亲民。”曰：“明其明德以亲民也。”“敢问明明德。”曰：“亲民以明其明德也。”曰：“明德亲民一乎？君子之言治也，如斯而已乎？”曰：“亲吾之父，以及人之父，而孝之德明矣；亲吾之子，以明其明德以亲民也，故能以一身为天下；亲民以明其明德也，故能以天下为一身。夫以天下为一身也，则八荒四表，皆吾支体，而况一郡之治，心腹之间乎？”

书李白骑鲸

李太白，狂士也。其谪夜郎，放情诗酒，不戚戚于困穷。盖其性本自豪放，非若有道之士，真能无入而不自得也。然其才华意气，足盖一时，故既没而人怜之。骑鲸之说，亦后世好事者为之，极怪诞，明者所不待辨。因阅此，间及之尔。

书三酸

人言鼻吸五斗醋，方可作宰相。东坡平生自谓放达，然一滴入口，便尔闭目攒眉，宜其不见容于时也。偶披此图，书此发一笑。

书韩昌黎与太颠坐叙

退之与孟尚书书云：“潮州有一老僧，号太颠，颇聪明，识道理。与之语，虽不尽解，要自胸中无滞碍。因与来往，及祭神于海上，遂造其庐。来袁州，留衣服为别，乃人情之常，非崇信其法，求福田利益。”退之之交太颠，其大意不过如此。而后世佛氏之徒张大其事，往往见之图书，真若弟子之事严师者，则其诬退之甚矣。然退之亦自有以取此者。故君子之与人不可以不慎也。

春郊赋别引

钱君世恩之将归养也，厚于世恩者皆不忍其去，先行三日，会于天官郎杭世卿之第，以聚别。明日，再会于地官秦国声。与者六人：守仁与秋官徐成之、天官杨名父及世卿之弟进士东卿也。

世恩以其归也，以疾告也，皆不至。于是惜别之怀，无所于发，而托之诗，前后共得诗十首。六人者，以世恩之犹在也，而且再会而不一见，其既去也，又可以几乎。乃相与约为郊饯，必期与世恩一面以别。至日，成之以候旨，东卿以待选，世卿名父以各有部事，皆势不容出。及饯者，守仁与国声两人而已。世恩既去之明日，复会于守仁，各言所以，相与感叹咨嗟，复成二诗。

世卿曰："世恩之行也，终不及一饯。虽发之于诗，而不以致之世恩，吾心有缺也。盍亦章次而将之，何如？"皆曰："诺。"国声得小卷，使世卿首会之作，国声与名父、东卿分书再会，成之书末会，谓守仁弱也，宜为诸公执笔砚之役以叙。

嗟乎。一别之间，而事之参错者凡几。虽吾与世恩复期于来岁之秋，以为必得重聚于此，然又何可以逆定乎。惟是相勉以道义，而相期于德业，没之污涂之中，而质之天日之表，则虽断金石，旷百世，而可以自信其常合。然则未忘于言语之间者，其亦相厚之私欤。考功正郎乔希大闻之，来题其卷端曰："春郊赋别"。给事陈惇贤复为之图。皆曰："吾亦厚于世恩也，聊以致吾私。"

告谕庐陵父老子弟

庐陵文献之地，而以健讼称，甚为吾民羞之。县令不明，不能听断，且气弱多疾。今与吾民约，自今非有迫于躯命，大不得已事，不得辄兴词。兴词但诉一事，不得牵连，不得过两行，每行不得过三十字。过是者不听。故违者有罚。县中父老谨厚知礼法者，其以吾言归告子弟，务在息争兴让。呜呼。一朝之忿，忘其身以及其亲，破败其家，遗祸于其子孙。孰与和巽自处，以良善称于乡族，为人之所敬爱者乎？吾民其思之。

今灾疫大行，无知之民，惑于渐染之说，至有骨肉不相顾疗者。汤药饘粥不继，多饥饿以死。乃归咎于疫。夫乡邻之道，宜出入相友，守望相助，疾病相扶持。乃今至于骨肉不相顾。县中父老岂无一二敦行孝义，为子弟倡率者乎？夫民陷于罪，犹且三宥致刑。今吾无辜之民，至于阖门相枕藉以死。为民父母，何忍坐视？言之痛心。中夜忧惶，思所以救疗之道，惟在诸父老劝告子弟，兴行孝弟。各念尔骨肉，毋忍背弃。洒扫尔室宇，具尔汤药，时尔饘粥。贫弗能者，官给之药。虽已遣医生老人分行乡井，恐亦虚文无实。父老凡可以佐令之不逮者，悉已见告。有能兴行孝义者，县令当亲拜其庐。凡此灾疫，实由令之不职，乖爱养之道，上干天和，以至于此。县令亦方有疾，未能躬问疾者，父老其为我慰劳存恤，谕之以此意。

谕告父老，为吾训戒子弟，吾所以不放告者，非独为吾病不任事。以今农月，尔民方宜力田，苟春时一失，则终岁无望，放告尔民将牵连而出，荒尔田亩，弃尔室家，老幼失养，贫病莫全，称贷营求，奔驰供送，愈长刁风，为害滋甚。昨见尔民号呼道路，若真有大苦而莫伸者。姑一放告，尔民之来讼者以数千。披阅其词，类虚妄。

取其近似者，穷治之，亦多凭空架捏，曾无实事。甚哉，尔民之难喻也，自今吾不复放告。尔民果有大冤抑，人人所共愤者，终必彰闻，吾自能访而知之。有不尽知者，乡老据实呈县。不实，则反坐乡老以其罪。自余宿憾小忿，自宜互相容忍。夫容忍美德，众所悦爱，非独全身保家而已。嗟乎。吾非无严刑峻罚以惩尔民之诞，顾吾为政之日浅，尔民未吾信，未有德泽及尔，而先概治以法，是虽为政之常，然吾心尚有所未忍也。姑申教尔。申教尔而不复吾听，则吾亦不能复贷尔矣。尔民其熟思之，毋遗悔。

一应公差人员经过河下，验有关文，即行照关应付，毋得留难取罪。其无关文，及虽有关文而分外需求生事者，先将装载船户摘拿，送县取供。即与搜盘行李上驿封贮，仍将本人绑拿送县，以凭参究惩治。其公差人安分守法，以礼自处，而在官人役辄行辱慢者，体访得出，倍加惩究，不恕。

借办银两，本非正法。然亦上人行一时之急计，出于无聊也。今上人有急难，在尔百姓，亦宜与之周旋。宁忍坐视不顾，又从而怨詈讪讦之，则已过矣。夫忘身为民，此在上人之自处。至于全躯保妻子，则亦人情之常耳。尔民毋责望太过。吾岂不愿尔民安居乐业，无此等骚扰事乎？时势之所值，亦不得已也。今急难已过，本府决无复行追求之理。此必奸伪之徒，假府为名，私行需索。自后但有下乡征取者，尔等第与俱来，吾有以处之。毋遽汹汹。

今县境多盗，良由有司不能抚缉，民间又无防御之法，是以盗起益横。近与父老豪杰谋，居城郭者，十家为甲；在乡村者，村自为保。平时相与讲信修睦，寇至务相救援。庶几出入相友，守望相助之义。今城中略已编定。父老其各写乡村为图，付老人呈来。子弟平日染于薄恶者，固有司失于抚缉，亦父老素缺教诲之道也。今亦不追咎，其各改行为善。老人去，宜谕此意，毋有所扰。

谕示乡头粮长人等，上司奏定水次兑运，正恐尔辈在县拖延，不即起运。苟钱粮无亏，先期完事，岂有必以水次责尔之理？纵罪不免，比之后期不纳者，获罪必轻。昨呼兑运军期面语，亦皆乐从，不敢有异。尔辈第于水次速兑，苟有益于民，吾当身任其咎，不以累上官。但后期误事，则吾必尔罚。定限二十九日未时完报。

今天时亢旱，火灾流行，水泉枯竭，民无屋庐，岁且不稔。实由令之不职，获怒神人，以致于此。不然，尔民何罪？今方斋戒省咎，请罪于山川社稷，停催征。纵轻罪。尔民亦宜解讼罢争，息心火，无助烈焰。禁民间毋宰杀酗饮。前已遣老人遍行街巷，其益修火备，察奸民之因火为盗者。县令政有不平，身有缺失，其各赴县直言，吾不惮改。

昨行被火之家，不下千余，实切痛心。何延烧至是，皆由衢道太狭，居室太密，架屋太高，无砖瓦之间，无火巷之隔。是以一遇火起，即不可救扑。昨有人言，民居夹道者，各退地五尺，以辟衢道，相连接者，各退地一尺，以拓火巷。此诚至计。但小民惑近利，迷远图，孰肯为久长之虑，徒往往临难追悔无及。今与吾民约，凡南北夹道居者，各退地三尺为街；东西相连接者，每间让地二寸为巷。又间出银一钱，助边巷者为墙，以断风火。沿街之屋，高不过一丈五六，厢楼不过二丈一二。违者各有罚。地方父老及子弟之谙达事体者，其即赴县议处，毋忽。

昨吴魁昊、石洪等军民互争火巷，魁昊等赴县腾告，以为军强民弱已久。在县之人，皆请抑军扶民。何尔民视吾之小也？夫民吾之民，军亦吾之民也。其田业吾赋税，其室宇吾井落，其兄弟宗族吾役使，其祖宗坟墓吾土地，何彼此乎？今吉安之军，比之边塞虽有间，然其差役亦甚繁难，月粮不得食者半年矣。吾方悯其穷，又可抑乎？今法度严厉，一陷于罪，即投诸边裔，出乐土，离亲戚，坟墓不保其守领，国典具在，吾得而绳之，何强之能为？彼为之官长者，平心一视，未尝少有同异。而尔民先倡为是说，使我负愧于彼多矣。今姑未责尔，教尔以敦睦，其各息争安分，毋相侵陵。火巷吾将亲视，一不得，吾其罪尔矣。诉状诸军，明早先行赴县面审。

谕告父老子弟，县令到任且七月，以多病之故，未能为尔民兴利去弊。中间局于时势，且复未免催科之扰。德泽无及于民，负尔父老子弟多矣。今兹又当北觐，私计往返，与父老且有半年之别。兼亦行藏靡定，父老其各训诫子弟，息忿罢争，讲信修睦，各安尔室家，保尔产业，务为善良，使人爱乐，勿作凶顽，下取怨恶于乡里，上招刑戮于有司。呜呼。言有尽而意无穷，县令且行矣，吾民其听之。

教场石碑

正德丁丑，瑶寇大起，江、广、湖、郴之间，骚然且四三年矣。于是三省奉命会征。乃十月辛亥，予督江西之兵，自南康入。甲寅，破横水、左溪诸巢，贼败奔。庚辛，复连战，贼奔桶冈。十一月癸酉，攻桶冈，大战西山界。甲戌，又战，贼大溃。丁亥，尽殪之。凡破巢八十有四，擒斩三千余，俘三千六百有奇，释其胁从千有余众。归流亡，使复业。度地居民，凿山开道，以夷险阻。辛丑，师旋。于乎。兵惟凶器，不得已而后用。刻茶寮之石，匪以美成，重举事也。

戊寅正月癸卯，计擒其魁，遂进兵击其懈。丁未，破三浰，乘胜追北，大小三十余战，灭巢三十有八，俘斩三千余。三月丁未，回军，壶浆迎道，耕夫遍野，父老咸欢。农器不陈，于今五年，复我常业，还我室家，伊谁之力？四省之寇，惟浰尤黠，拟官僭号，潜图孔烝。正德丁丑冬，桊贼既殄，盖机险阱毒，以虞王师，我乃休士归农。赫赫皇威，匪威曷凭。爰伐山石，用纪厥成。

铭一首

来尔同志，古训尔陈。惟古为学，在求放心。心苟或放，学乃徒勤。勿忧文辞之不富，惟虑此心之未纯；勿忧名誉之不显，惟虑此心之或湮。斯须不敬鄙慢人，造次不谨放僻成。反观而内照，虚己以受人。言勿伤于烦易，志勿惰于因循。勿以亡而为有，勿以虚而为盈。勿遂非而文过，勿务外而徇名。温温恭人，允惟基德。堂堂张也，难与为仁。卓尔在如愚之回，一贯乃质鲁之参。终身可行惟一恕，三年之功去一矜。不贵其辩贵其讷，不患其钝患其轻。惟黾焉而时敏，乃门然而日新。凡我同志，宜鉴兹铭。

箴一首

古之教者，莫难严师。师严道尊，教乃可施。严师维何？庄敬自持，外内若一，匪徒威仪。施教之道，在胜己私，孰义孰利，辨析毫厘。源之弗洁，厥流孔而。毋忽其细，慎独谨微，毋事于言，以身先之。教不由诚，日惟自欺。施不以序，孰云匪愚。庶予知新，患在好焉。凡我师士，宜鉴于兹。

阳朔知县杨君墓志铭

阳明子谪居贵阳，有齐衰而杖者，因乡进士郑銮氏而来请曰：“阳朔令杨尚文卒，其孤侄卿来谓銮曰：‘先伯父死无嗣子，所知我。后人又不竞，非得当世名贤勖一言于墓，将先德其泯废无日。子辱于伯父久，亦宜所甚悯，其若之何？’敢遂以卿奉其先人之遗币，再拜阶下以请。”

阳明子曰：“嘻。予摈人惧僇辱之弗遑，奚取以铭人之墓为？其改图诸。”

卿伏阶下，泣弗兴。郑为之请益固。则登其状与币于席，而揖使归曰：“吾徐思之。”

明日，卿来伏阶下泣。又明日复来，曰：“不得命，无以即丧次。”馆下之士多为之请，且言尚文之为人曰：“尚文敦信狷直，其居乡不苟与，所交必名士巨人，视侪辈之弗臧者若浼焉。尝召其友饮，狂士有因其友愿纳欢者，与偕往。尚文拒弗受曰：‘吾为某不为若。’其峻绝如是。”

阳明子曰：“其然，斯亦难得矣。今之人，惟同汙逐垢，弗自振立，故风俗靡靡至此。若斯人，又易得耶？”

因取其状视之，多若馆下士之言焉，乃许为之志：

维杨氏之先，居扬之泰州，祖廉，为监察御史，擢参议贵阳，卒遂家焉。考祥，终昭化县尹。生三子：伯敩；仲敞，即尚文；季敬，宰荆门之建阳驿。

尚文始从同郡都宪徐公授《易》。寻举乡荐，中进士乙榜，三为司训庐江、溧阳、平乐，总试事于蜀。末用大臣荐，擢尹桂林阳朔县。

瑶顽，弗即工者累年，尚文谕以威德，皆相率来受约束，供赋税。流移闻之，归复业者以千数。部使者以闻，将加擢用，而尚文死矣。得年仅五十有五。又无嗣。天于善人何哉。

然尚文所历，三庠之士思其教，阳朔之民怀其惠，乡之后进高其行，其与身没而名踣。又为人所秽鄙者，虽有子若孙何如哉？

娶同郡阮氏瑞，新昌主簿君女。尚文虽无子，有卿存焉，犹子也。

铭曰：狮山之麓，有封若斧。左冈右砠，栩栩其树。爰有周行，于封之下。乡人过者，来视其处，曰："呜乎。斯杨尹之墓耶？"

刘子青墓表

此浙江按察佥事刘子青之墓。呜呼。子青洁其行不洁其名，有其实不宏其声。宁藩之讨，子青在师，相知甚悉。吾每称其才敏，而世或訾之以无能。吾每称其廉慎，而世或诟之以不清。岂非命耶？安常委命，其往而休。人谓子青为愤抑不平以卒，殆其不然。既以奠于子青，复以识其墓石。

祭刘仁征主事

维正德三年岁次戊辰十一月十八日，友生王某谨以清酌庶羞，致奠于亡友刘君。

呜呼。仁者必寿，吾敢谓斯言之予欺乎？作善而降殃，吾窃于君而有疑乎？蹠、蹻之得志，在往昔而既有，夷、平之馁以称也，亦宁独无于今之时乎？人谓君之死，瘴疠为之。

噫嘻。彼封豕长蛇，膏人之髓，肉人之肌者，何啻千百，曾不彼厄，而惟君是罹。斯言也，吾初不以为是。人又谓瘴疠盖不正之气，其与人相遭于幽昧谭难之区也，在险邪为同类，而君子为非宜。则斯言也，吾又安得而尽非之乎？

于乎。死也者，人之所不免。名也者，人之所不可期。虽修短枯荣，变态万状，而终必归于一尽。君子亦曰："朝闻道，夕死可矣。"视若夜旦。其生也奚以喜？其死也奚以悲乎？其视不义之物，若将浼己，又肯从而奔趋之乎？而彼认为已有，恋而弗能舍，因以沉酗于其间者，近不出三四年，或八九年，远及一二十年，固已化为尘埃，荡为沙泥矣。而君子之独存者，乃弥久而益辉。

呜呼。彼龟鹤之长年，蜉蝣亦何自而知之乎？属有足疾，弗能走哭，寄奠一觞，有泪盈掬。复何言哉。复何言哉。呜呼尚飨。

祭陈判官文

维嘉靖七年月日，钦差总制四省军务新建伯兵部尚书兼都察院左都御史王，差南宁府推官冯衡，南宁卫指挥王佐，致祭于已故德庆州陈判官之墓。

往年罗滂、渌水诸贼为地方患害，判官尝与已故指挥李松议设墟场以制御贼党，安靖地方，殚心竭力，尽忠国事，人皆知之。然其时百姓虽稍赖以宁，而各贼之不得肆其凶虐者，嫉恨日深。其后不幸判官与李松竟为贼首赵木子等所害。以忠受祸，心事未由暴白。连年官府亦欲为之讨贼雪愤，然以地方多事之故，又恐锋刃所加，玉石无分，滥及良善，是以因循未即进兵。今贼首赵木子等已为该道官兵用计擒获，明正典刑。松与判官之忠勤益以彰著。已特遣官以赵木子等各贼首级祭告于李松之墓矣。今复遣南宁府卫官祭告于判官之墓。死而有知，亦可以少泄连年忠愤不平之气也夫。

祭张广溪司徒

呜呼。留都之别，倏焉二载，讵谓迄今，遂成永诀，呜呼伤哉。悼朋侪之零落，悲岁月之遄逝，感时事之艰难，叹老成之凋谢。伤心触目，有泪如泻。灵柩南还，维江之湄。聊奠一觞，以寄我悲。呜呼伤哉。